U0840068

INTERNATIONAL RELATIONS STUDIES NO.1.2011
国际关系研究 2011年 · 第1辑（总第20辑）

后冷战时代欧亚国际关系的演进

上海社会科学院世界经济与政治研究院

时事出版社

丛书编辑委员会

目 录

欧亚问题

俄罗斯研究

能源与气候

中国对外关系

专题研究

会议综述

Content

Euro-Asia Issues

Russian Studies

Symposium Summaries

欧亚问题

中亚转型进程面临的新形势与上海合作组织的发展前景

潘　光*

内容提要：2005 年发生的“颜色革命”风潮和 2008 年以来的全球金融、经济危机，特别是近年来吉尔吉斯斯坦的动荡局势，对本来相对平稳发展的中亚转型进程产生了巨大冲击，使一系列影响和制约该进程的关键性因素更趋突出，而且具有一些值得注意的新发展和新特征。在中亚转型进程面临新形势和新问题的同时，伴随着该进程形成和发展、又与该进程密切相关的上海合作组织也走过了十年历程，既面临着一系列挑战，也有着可持续发展的机遇。

苏联解体后，中亚新独立国家的转型进程总体而言是比较稳健的，呈现渐进发展的态势。然而，2005 年的“颜色革命”风潮和 2008 年以来的全球金融、经济危机，特别是近年来吉尔吉斯斯坦的动荡局势，对这一进程产生了巨大的冲击，使之面临新

* 潘光，上海社科院欧亚研究所·上海国际问题研究中心研究员，上海合作组织研究中心主任。

形势和新问题。同时，与中亚转型进程密切相关的上海合作组织既面临着一系列挑战，也有着可持续发展的机遇。本文拟对此做一分析。

一、中亚转型进程中的关键性因素更显突出

2005年的"颜色革命"风潮和2008年以来的金融、经济危机，尤其是吉尔吉斯斯坦的动荡局面，使中亚转型进程中的若干关键性因素更显突出，而且具有一些值得注意的新发展和新特征。

1. 发展模式和政治体制之争

这个问题在中亚并没有解决，正是中亚仍处在转轨之中的重要标志。吉尔吉斯斯坦动乱再次将发展模式和政治体制之争摆在人们面前：是俄式（苏式）总统制还是欧美式议会制更有利于中亚的稳定和发展？通过2010年6月27日的全民公决，吉尔吉斯斯坦开始实行议会制。西方对此表示谨慎的欢迎，俄罗斯和中亚的一些要人却对此说了许多风凉话，俄总统梅德韦杰夫甚至公开称议会制不利于吉的稳定和发展。[1] 吉尔吉斯斯坦在2005年前一直被西方誉为中亚"民主橱窗"，但近5年来却是中亚最为动荡的国家，这本身就被视为西方议会制的失败。政治体制之争的背后是权力斗争，如吉前总统巴基耶夫上台前极力要求把总统制改为议会制，以削弱总统的权力，但自己上台后却迟迟不付诸行动，导致议会几度修改宪法、政府数次遭到解散。一些中亚国家还有新老交替的问题，从苏联走过来的老一代领导人不久后都要退出历史舞台，这使发展模式和体制之争又带上了争夺接班权的色彩。在吉尔吉斯斯坦等中亚国家，政府的执政能力和大众的民

① 俄罗斯新闻网（RUSNEWS.CN），加拿大多伦多2010年6月28日电。

生问题始终没有得到实质性的改善，这与发展模式不确定和政治体制多变也有关系。总体来看，中亚的有识之士已逐渐认识到：延续俄式（苏式）总统制还是照搬西式议会制都是不行的，只能找出一条符合本国实际情况的道路。

2. 贪污腐败和精英内斗

这个问题不仅在吉尔吉斯斯坦存在，在中亚其它国家也存在，只是没有爆发出来而已。在吉尔吉斯斯坦，巴基耶夫领导的政治反对派在2005年的“颜色革命”中打出了反腐败、要民主的旗号，将阿卡耶夫赶下了台。然而，巴基耶夫上台后随即重蹈阿卡耶夫的覆辙，在任人唯亲、腐败舞弊方面有过之而无不及。他的儿子、兄弟等亲属均通过经商获取暴利，形成官僚垄断财团。当时的反对派领导人奥通巴耶娃揭露：巴基耶夫一家居然有五个成员在政府中执掌大权。[①] 2009年，巴基耶夫的“光明道路党”在议会选举中“大获全胜”，但欧洲安全与合作组织称该党靠舞弊和恐吓取得了所获选票的80%。[②] 结果，政治精英内部的矛盾进一步激化，当年的盟友纷纷走向对立面而形成新的政治反对派。在中亚，精英的背后还有利益集团，地方势力，甚至部族的影响。今天是高官，明天便成为反对派，这在中亚司空见惯。在今后相当一段时间内，精英内斗仍将是导致中亚动荡的重要因素，而精英内斗又与贪污腐败问题密切相关。

3. 金融危机的冲击

国际金融危机对中亚的冲击是比较严重的：外部投资剧减，许多项目停建，不少企业关门；大批在外打工者因失业返回家乡，使吉尔吉斯斯坦、乌兹别克斯坦、塔吉克斯坦等国的外汇收入直线下跌；货币急剧贬值，而物价直线上升。如：2009年吉

---

① “The Truth Behind the Recent Unrest in Kyrgyzstan”, *Oilprice.com*, April 13, 2010.

② Dilip Hiro, “Kyrgyzstan Turmoil Puts US Base and Afghan War in Balance”, *Yale Global*, April 12, 2010.

尔吉斯斯坦经济增长率由上年度的8.4%大幅跌落到2.3%；截止到2010年5月1日，吉尔吉斯斯坦的国家外债达到23.486亿美元，占国家GDP的一半；[①] 吉尔吉斯斯坦500万人口中仍有三分之一生活在贫困线以下。面对这种状况，巴基耶夫政府所采取的应对措施却是将能源、电信等国有企业私有化，并将水、电、供暖等直接关系到民生的产品价格提高150%—400%，甚至开始征收不动产税，而手机服务费、天然气、食品和烟草等价格也在上涨。这种竭泽而渔的政策，无疑使原本就脆弱的国民经济雪上加霜，终于导致失望的民众再次涌向街头来表达强烈不满。目前，中亚虽然正在逐步走出金融危机，但一些后遗症却难以治愈。如：吉、塔、乌三国交界的费尔干纳盆地民众的失业率达到85%左右，甚至高于巴勒斯坦的加沙地区，已成为一个严重的不稳定因素。

4. 民族冲突与宗教极端主义

2010年6月中旬发生的吉尔吉斯族与乌兹别克族的民族冲突源于苏联时期的宿怨，导致了数千名无辜平民伤亡，几十万人沦为难民。吉尔吉斯斯坦奥什州前内务局长苏法纳里也夫指出，6月冲突表明，乌兹别克族民众深深地卷入了国家政治斗争之中，他们不信任98%为吉尔吉斯人的吉正规军，希望第三方、特别是俄罗斯干预吉局势。他认为："报复的危机依然存在"，"下一波冲击随时可能来临"。[②] 观察家认为，如民族冲突升级，将对吉尔吉斯斯坦与乌兹别克斯坦的关系产生灾难性的冲击，使吉国内乱局更加不可收拾，甚至波及整个中亚。同时，中亚地区的宗教极端思潮正对苏联时期形成的世俗主义形成冲击。如年轻男子又开始留长胡子，一些妇女开始戴面纱，不少人将苏联时期的俄式名字改回到穆斯林名字。虽然这些只是表象，但其背后

① "吉尔吉斯斯坦经济形势恶化"，引自新疆维吾尔自治区对外贸易经济合作厅网站：www.xjftec.gov.cn

② [俄]《生意人政权》，2010年第29期。

的、深层次的思潮和倾向却令人不安。

5. 三股势力再趋活跃

2010 年吉尔吉斯斯坦政权的非正常更迭又是以街头运动的暴力方式进行的，出现了严重的打砸抢烧暴力行为，特别是 6 月的民族冲突，导致了重大伤亡。挑动这次冲突的手法与 2009 年乌鲁木齐“7·5”事件前的情况似曾相识。目前已有充分证据证明，冲突背后就有“三股势力”的精心策划，如“基地”组织、塔利班、“乌兹别克斯坦伊斯兰运动”、“伊斯兰解放党”，甚至中国的“东突”恐怖组织等都在其中煽风点火、趁机渔利。[①] 最近，吉尔吉斯斯坦军队的大量雷管和导火线失踪，奥通巴耶娃总统警告说，有人正在策划恐怖事件。[②] 塔吉克斯坦最近也不太平，发生了多起暴力袭击事件，导致许多人伤亡。总体来看，费尔干纳盆地仍然是中亚动乱的发源地，极端势力和恐怖分子在那里十分活跃。需要指出的是，阿富汗的安全形势日趋严峻，美国和北约的增兵使阿富汗冲突更趋国际化，塔利班的活动已扩大到国土的 80%。同时，中东的动乱正从突尼斯、埃及、也门、巴林等国向四周蔓延。这些都是中亚“三股势力”更趋活跃的外部根源。

6. 俄、美、欧博弈出现新态势

近期，中亚地区的俄、美、欧博弈出现了一些令人注目的新发展。首先，从 2005 年的“颜色革命”到 2010 年的“俄色革命”，俄、美在中亚地区的地缘政治博弈已发生了攻防转换，俄罗斯扭转了被动局面而开始转守为攻。不过，俄罗斯虽然仍将中亚视为自己的势力范围，但并不想陷入吉尔吉斯斯坦纷争这样的乱局之中。其次，近期俄、美在防核扩散等全球性问题上互有所需，因此均在吉问题上保持低调，并不希望在中亚发生正面冲

---

① “吉尔吉斯斯坦当局对此已掌握了充分证据”，英国《每日电讯报》2010 年 6 月 20 日报道。

② [俄]《独立报》，2011 年 2 月 4 日。

突。美国近期对吉政策的主要目标就是保住马纳斯基地，在吉培植亲美势力，同时避免过深卷入吉事务或与俄发生对抗。调整后的美国“大中亚计划”的重点还是在阿富汗，并具有浓厚的经济色彩。再次，欧洲在吉尔吉斯斯坦动乱问题上表现积极，通过欧盟和欧安组织等发挥斡旋作用，成为俄、美、中国之外能够影响中亚发展的又一重要力量。哈萨克斯坦担任欧安组织轮值主席国期间，强调其外交的欧洲方向，为欧洲在中亚发挥更大作用创造了有利条件。同时，美国为避免直接卷入其中，也支持欧洲发挥更大作用，如表示支持由欧安组织向吉派维和警察。[①] 俄、美、欧在中亚地区既竞争又合作，会给中亚国家带来一些利益，但也使它们经常面临无所适从的难题。

7. 非传统安全问题导致中亚国家间矛盾加深

自 2008 年下半年金融、经济危机开始波及中亚地区以来，由于历史积怨、水资源分配、贸易纠纷、非法务工和债务等非传统安全问题，中亚国家之间的矛盾出现激化的趋势。特别是围绕苏联时期遗留下来的水资源分配及相关的电力供应问题，乌兹别克斯坦与塔吉克斯坦、吉尔吉斯斯坦、甚至哈萨克斯坦的关系趋于紧张。同时，由于国家间的矛盾上升，一些在中亚长期存在的非传统安全难题更得不到应有重视和及时处理，如制毒贩毒、武器走私、非法移民等跨国犯罪问题更加趋于严重，对地区安全形成严重威胁。2010 年，围绕水资源分配及相关的电力供应争端，处于下游的乌兹别克斯坦与处于上游的塔吉克斯坦矛盾激化，甚至因乌兹别克斯坦扣留过境的塔吉克斯坦物资发展到剑拔弩张的状态。

8. 中国—中亚合作的稳步发展

中国—中亚友好合作关系的稳步发展，特别是政治互信、经贸合作、文化交流及上海合作组织框架内安全合作的发展，对维

① 新华网，比什凯克 2010 年 7 月 14 日电。

护中亚稳定、促进中亚发展发挥着积极作用。特别是中国—中亚油气管道的开通，为中亚的未来发展打开了通向太平洋的大门，具有重要的历史意义。但是，大好形势下还存在若干隐患：一是仍有人拿已经解决的边界问题做文章。在吉尔吉斯斯坦，策动2010年4月政权更迭的实力派强人别克纳扎罗夫就激烈地批评中吉国界协定。[①] 不过，吉新政府立即表示将尊重以前签订的中吉国界协定和补充协定。二是包括“东突”恐怖团伙在内的“三股势力”有可能重建在费尔干纳地区的基地。恐怖组织“东突厥斯坦伊斯兰运动”（“东伊运”）曾以吉为基地对驻吉中国外交官和中吉之间的长途客运汽车实施恐怖袭击，导致数十人死亡。2002年，在中、美、吉、阿富汗等国的共同努力下，联合国正式将“东伊运”列入国际恐怖组织名单。此后，在中吉两国的协力打击下，“东伊运”头目大都逃离了吉尔吉斯斯坦。然而，吉政局近期动荡又为“东伊运”等团伙在吉重建活动基地提供了条件。三是破坏中国—中亚经贸合作尤其是边贸的发展，也对能源管道的安全形成威胁。在2005和2010年的吉动乱中，在吉中国商人均遭受了重大损失。如吉国内动乱旷日持久，在吉中国公民、企业的安全无法保障，必然严重破坏中吉经贸合作，尤其是边界贸易，也可能威胁中国—中亚油气管道的安全。

二、上海合作组织的发展前景

上海合作组织与中亚转型进程密切相关，上述中亚转型进程中关键性因素的新发展态势，使上海合作组织既面临着一系列挑战，也有着可持续发展的机遇。

---

① ［美］《华盛顿邮报》，2010年9月7日。

1. 上海合作组织面临的挑战

其一，吉尔吉斯斯坦危机凸显上海合作组织在维护中亚和平发展，特别是成员国内部稳定方面的重要作用面临严峻挑战。上合组织最初对吉事态发展没有仓促表态，但很快就发表了声明，希望吉“尽快恢复法律秩序，实现民族和解”。[①] 接着，其本人就是吉公民的上合组织秘书长伊马纳利耶夫访问了吉，努力在各方之间进行调解。上合组织塔什干峰会的一大成果就是在吉问题上达成了共识：“成员国强调吉尔吉斯斯坦政局尽快稳定对整个地区具有重要意义，表示愿为此向吉尔吉斯共和国提供必要的支持和帮助。”[②] 此后，上合组织积极组织成员国支持、援助吉尔吉斯斯坦，并派观察员参加了吉 6 月全民公决和 10 月议会选举。尽管如此，美国、欧盟、欧安组织、联合国、独联体、集体安全条约组织等各方积极、高调地介入吉尔吉斯斯坦的事态发展，毕竟对上合组织在维护包括吉在内的成员国内部稳定方面的重要作用形成了挑战。同时，俄罗斯、中国、哈萨克斯坦等上合组织成员国各自积极支持、援助吉尔吉斯斯坦，又使上合组织在维护吉内部稳定方面的整体作用相形见绌。

其二，阿富汗冲突的扩散效应和中亚三股势力蠢蠢欲动使上海合作组织的安全反恐合作机制面临新挑战。阿富汗冲突的扩散效应和中亚三股势力蠢蠢欲动对上合组织的直接威胁主要表现在三个方面：煽动民族、宗教极端主义，发动暴力、恐怖袭击，威胁上合组织成员国的稳定和发展；干扰和破坏上合组织的经济贸易合作，特别对中亚通向中国的油气管道，包括中哈输油管道和土—乌—哈—中输气管道形成严重威胁；直接威胁上合成员国在阿的人员和企业的安全。所有这些，均对上合组织的安全反恐合

---

① 上海合作组织秘书长就吉尔吉斯共和国事件发表的声明，2010 年 4 月 8 日，北京。

② 上海合作组织成员国元首理事会第 10 次会议宣言，2010 年 6 月 11 日，塔什干。

作机制形成新挑战，使上合组织领导人面临一系列需要回答的问题。如：除了联合演习和大型活动的安保合作机制外，要不要建立联合的快速反应实体？如何确保上合组织成员国之间能源管线的安全？在美国和北约逐步撤出阿富汗的形势下，上合组织应在阿发挥什么样的作用？

其三，逐步走出金融危机的全球经济进入新的调整恢复期，对仍然滞后于政治、安全合作的上海合作组织经济合作形成压力和挑战。随着全球逐步走出金融危机，中亚也进入了一个新的调整恢复期，上海合作组织的中亚成员国都在努力医治危机的后遗症，以尽快重振国民经济和改善人民生活。在这样的形势下，作为区域合作组织的上合组织理应发挥积极的组织和协调作用，否则在中亚地区走出危机后的新一波发展浪潮中就会被边缘化。为了应对这些压力和挑战，在今后一段时间里，上合组织必须尽快改变长期以来经济合作滞后于政治、安全合作的状况，努力提升组织框架内经贸合作的水平，使之能够直接促进各成员国、特别是中亚成员国的经济复兴，并推动整个中亚地区的和平与发展。

其四，伊斯兰极端思潮和崇美、亲西方思潮对上海合作组织成员国之间的“丝绸之路”纽带和文化合作形成重大挑战。中亚地区是汉儒、伊斯兰、斯拉大和印度四大文明的交汇点。从古至今，该地区的一些民族、宗教、教派冲突往往存在着不同宗教、文化的差异和碰撞这一深层原因。经过苏联70多年的世俗教育，伊斯兰极端思潮本来在中亚并无多大市场。然而，如前所述，近年来宗教极端思潮正在回潮，对世俗主义形成冲击。留长胡子、戴面纱、改名字等只是表象，背后却有极端组织在鼓动和推介。同时，随着美国、北约、欧盟等在中亚的存在不断加强，西方通过官方或非政府组织对中亚的文化渗透也进一步加强，使崇美、亲西方思潮在中产阶级、知识分子、特别是年轻人中间颇有市场，对中—俄—中亚之间的以“丝绸之路”为桥梁的文化纽带和上合组织成员国之间的文化合作形成巨大冲击。

其五，非传统安全威胁上升，特别是围绕水资源问题的矛盾和冲突使上海合作组织的凝聚力和成员国之间的团结面临直接挑战。前面提到的中亚国家之间的矛盾和冲突、特别是围绕水资源问题的争斗，削弱了上海合作组织的凝聚力，使上合组织成员国之间的团结与合作面临直接挑战，甚至使上合组织的重大活动，如首脑会晤受到冲击。面对这样的状况，上合组织当然应该有所作为。然而，在上合组织能否介入成员国之间的双边争端等问题上，成员国之间还有不同的看法。有的成员国曾提出由上合组织来讨论和调解水资源纠纷问题，但另一些成员国表示反对，结果上合组织无法采取实质性行动。显然，上合组织如何加强组织的凝聚力和成员国之间的团结已成为一个至关重要的问题，而要解决这个问题，成员国就必须首先在原则、程序和具体措施等方面达成共识。

2. 上海合作组织面临的发展机遇

挑战和机遇总是共存的，在应对严峻挑战的同时，上海合作组织也面临着一系列重要的发展机遇，主要体现在以下几个方面。

（1）吉尔吉斯斯坦危机、阿富汗冲突和在塔吉克斯坦等国发生的暴力袭击事件使上海合作组织具备了进一步加强安全、反恐合作的共识和条件。上述这些发展使中亚安全形势更趋严峻，因而使中亚各国领导人有一种危机感，更加认识到维护稳定的重要性。而就目前而言，上合组织是中亚地区最能发挥维稳作用的多边机制，特别是在解决边界问题、打击三股势力、遏制跨国犯罪等方面都取得了有目共睹的成绩。因此，上合组织各成员国要求在本组织框架内加强安全、反恐合作的呼声和决心更为强烈。以下几方面可能成为上合深化安全合作的切入点：进一步加强反恐合作，辅之于标本兼治的综合治理；努力推动中亚无核区计划，防止大规模杀伤性武器在中亚扩散；打击制造贩卖毒品的罪恶行径，消除威胁上合各国的毒品来源。从中亚整体安全角度看，如果某国的国内局势进一步恶化，而其周边各国都不愿单独出头卷入乱局中，则联合国的介入也许是一种可能的选择。如发生这样的情况，根据上合组织秘书处与联合国秘书处合作联合声明的精神，联合国在中亚地区采取的行动也离不开上合组织的支持和帮助。

（2）中亚—中国、俄罗斯—中国能源管道的陆续开通，中国—中亚—俄罗斯之间一系列经济、金融合作项目的启动，表明上海合作组织框架内加强经济合作、特别是能源合作的新机遇已经出现。为了抓住这一发展机遇，上合组织近期内应重点做好以下几件事：将更多的能源合作项目从双边变为多边，并使其向战略性稀有矿产开发和交通要道等基础设施建设延伸；争取将对付金融危机的应急性项目，如救助基金等发展为常态性合作项目和机制，建立上合专门账户，并向建立上合银行的方向努力；致力于实施民生项目，使各成员国的老百姓能获得实实在在的利益，如扶贫项目、再就业培训项目、希望学校、环保项目等；推进上合框架内贸易结算机制的改革，构建新的双边贸易货币结算机制；在农业部长会议达成共识的基础上，启动并推进农业合作；继续推动贸易投资便利化，为最终实现上合组织自由贸易区奠定基础。

（3）观察员条例、对话伙伴关系条例、接收新成员条例等一系列文件的通过为上海合作组织进一步扩大组织、拓展对外联系和加强国际合作奠定了坚实的法律和制度基础。鉴于成员国之间在发展新成员问题上仍有不同意见，上合组织在吸收正式成员方面仍取谨慎稳妥的态度，将重点放在发展新的观察员和对话伙伴上，并进一步拓展对外联系和加强国际合作。面对复杂的国际形势，上合组织将继续加强与联合国、东盟、独联体、集体安全条约组织等国际和地区组织之间的友好合作关系，并实施一些具体的、见效比较快的合作项目。特别重要的是，上合组织与美国、欧盟、日本之间要建立一种联系、对话机制，定期举行对话和磋商，以避免误解，增进互信，加强合作。

（4）近期在救灾、卫生、教育等领域合作取得的成绩，显示上海合作组织的人文合作潜力巨大，已具有进一步深入发展的良好氛围。如2008年中国四川发生地震后，上合组织所有成员国和观察员国均大力支持中国的抗震救灾，俄罗斯还派出救援队来华，并邀请中国地震孤儿赴俄休养。在吉尔吉斯斯坦发生动乱后，上合组织各成员国也积极给予援助，中国就迅速向吉南部奥什市运送了总价值约800万元人民币的紧急人道物资援助。这些都成为上合组织进一步加强救灾合作的重要契机。近期上合组织人文合作的指导方针仍是宏扬“丝绸之路”精神，促进文明对话和文明互鉴，具体体现在推动文化、教育、旅游、救灾、青年等方面合作进一步深入发展。

（5）今年是上海合作组织成立十周年，通过一系列重要的庆祝、纪念和研讨活动，总结十年历程的经验和教训，规划未来发展的蓝图和战略，上海合作组织将进入一个新的发展阶段和战略机遇期。从2001—2011年，上海合作组织走过了十年历程，取得了辉煌的成就。2011年6月，上合组织峰会将在哈萨克斯坦举行，主题之一就是总结十年历程，规划未来发展。同时，一系列重要的庆祝、纪念和研讨活动将在包括中国在内的各成员国举行。可以相信，在“上海精神”的指引下，在十年发展所积累的丰富经验的基础上，上海合作组织将进入一个新的发展阶段和战略机遇期，在建设“和谐地区”的道路上取得更加伟大的成就。

冷战后欧亚地缘格局的演变与重组

傅　勇*

内容提要：冷战后欧亚地缘格局经历了历史性的演变，美国凭借其强大的经济、政治和军事优势，将其影响力扩展到原苏联控制的东欧、巴尔干、中东和独联体国家，并与俄罗斯在上述地区进行着激烈的地缘竞争。与此同时，在经济一体化和全球化浪潮的推动下，欧盟和上海合作组织这两个地区合作组织在欧亚大陆的两端得到蓬勃发展，成为影响21世纪欧亚地缘格局发展演变的重要力量。2008年世界金融危机爆发后，欧亚大陆的地缘格局再次进入了新的分化组合期。

冷战后世界地缘政治格局发生了根本变化。原来美苏争霸的两极格局瓦解，欧亚大陆腹地出现了一个“权力真空”地带。在“文明冲突”和“大棋局”等地缘政治理论的影响下，美国等西方国家通过各种方式不断将其势力范围推进到这一地区，并与俄罗斯在东欧、巴尔干、中东和独联体等地展开激烈争夺。与此同

* 傅勇，上海社科院欧亚研究所研究员。

时，在经济一体化和全球化浪潮的推动下，欧亚大陆的两端出现了地区合作和地缘融合的趋势。欧盟东扩步伐加快、一体化程度加深，欧洲联合成为一支重要的地缘政治力量；中国与俄罗斯、中亚国家成立了上海合作组织，吸引了蒙古国、印度、巴基斯坦和伊朗等国家参加，在国际舞台上的影响力日益增强。2008 年世界金融危机爆发，在美俄关系重启、中国和印度崛起、欧元危机、中东动荡等因素的影响下，欧亚地缘格局再次出现新变化和新调整。

一、冷战后地缘政治理论的新发展

地缘政治学是“关于国际政治中地理位置对各国政治相互关系如何发生影响的分析研究”[①]，强调从空间或地理环境的角度研究国际关系。地缘政治学在早期的发展中，突出地理空间对国际关系的影响，产生了“海权论”、“陆权论”、“边缘地带论”和“空权论”等经典地缘理论流派。第二次世界大战后，由于地缘政治学曾沦为德国法西斯侵略扩张的工具，因而遭到学者和政策制订者的唾弃，处于相对沉寂阶段。20 世纪 90 年代随着苏联解体和冷战的结束，世界政治格局发生了结构性的变化，地缘政治学再次成为研究热点，出现了“文明冲突论”和“大棋局”等许多新理论新观点。与此同时，随着全球化和区域一体化的迅猛发展，地缘政治学也出现了多样化的发展变化，地区主义以及区域合作理论逐渐成为地缘政治学的新关注。

---

① 《简明大不列颠百科全书》第 2 卷，中国大百科全书出版社，1988 年版，第 596 页。

（一）传统地缘政治理论的继承与发展

冷战结束以来，美国学者从维护美国霸主地位的角度出发，谋划美国全球战略的地缘政治思想大量涌现，其中以亨廷顿的“文明冲突论”和布热津斯基的“大棋局论”为典型代表。这两种理论继承了传统的与心脏地带对抗的思想，认为对抗并没有因为苏联的解体而结束，冷战后时代欧亚大陆仍是世界地缘政治的焦点，冷战后全球性政治冲突的根源是不同文明之间的差异。美国的欧亚大陆地缘战略和文明冲突理论，为冷战后欧亚大陆的政治动荡推波助澜，加剧了欧亚腹地的地缘争夺。

1. 亨廷顿的“文明冲突论”

“文明冲突论”是从文明的视野来分析国际关系，从文化的角度来解释国际冲突，并由此制定相应的外交战略的一种理论。其代表人物是美国哈佛大学的亨廷顿教授，其代表作品为《文明的冲突与世界秩序的重建》一书。在《文明的冲突》一书中，亨廷顿断言国际冲突在经历了君主冲突、民族国家冲突和意识形态冲突之后，将进入到文明冲突阶段。现有的国际体系由八大文明体系组成，即西方文明、儒教文明、日本文明、印度文明、斯拉夫文明、伊斯兰文明、拉丁文明和非洲文明。未来国际冲突的根源将主要是文化的而不是意识形态的和经济的，文明的冲突将主宰全球政治，国际政治的核心将是西方文明和非西方文明以及非西方文明之间的相互作用。以美国为首的西方文明面临的巨大挑战将来自非西方的文明，尤其是儒教文明和伊斯兰文明的结合。西方的外交战略应当是推动欧洲与北美成员的合作与团结；将在文化上接近西方的东欧与拉美融入西方社会；限制儒教和伊斯兰教国家军事扩张；利用儒教国家和伊斯兰国家间的差异和冲突；等等。

亨廷顿认为未来世界的冲突将沿着文明的“断层线”进行。而所谓的“文明断层线”由北向南沿着波兰及波罗的海三国与俄罗斯边界，然后穿过白俄罗斯和乌克兰，再向西把特兰西瓦尼亚与罗马尼亚的其余部分、克罗地亚与斯洛文尼亚和原南斯拉夫的其余部分分开。亨廷顿列举了这条分界线两侧的国家和民族在历史上和文化上的差异，认为这条分界线就是未来世界文明冲突最可能发生的场所。其实这条文明的断层线与以往反映海陆对立、中心与边缘地带对立的地缘版图非常相似。可见，所谓“文明冲突论”其实只是冷战前后对抗地缘政治思想的一个翻版。亨廷顿的文明冲突论只看到了文明的冲突，而没有看到文明的融合和相互吸收。

2. 布热津斯基的“大棋局”

苏联解体后，欧亚大陆的“心脏地带”处于地缘政治上的一种真空状态。1997 年布热津斯基出版《大棋局——美国的首要地位及其地缘战略》一书，再次强调欧亚大陆和地缘政治在美国全球战略中的重要性，为新形势下美国争夺全球领导权提供了新的构想。他认为“从里斯本到符拉迪沃斯托克这片欧亚大陆是一个地缘战略大棋盘，它既决定着世界的繁荣与稳定，也是美国保持世界主导地位的中心舞台”①。“控制了欧亚大陆就自然而然地控制了非洲，并使西半球和大洋洲在地缘政治上成了这个世界中心大陆的周边地带。”② 因此，对美国来说，欧亚大陆是最重要的地缘政治目标，美国能否持久、有效地保持这种地位直接影响美国对全球事务的支配。

根据欧亚大陆主要国家的实力和与美国的关系，布热津斯基把它们划分为地缘战略棋手国家和地缘政治枢纽国家。地缘战略棋手国家是指“有能力、有民族意志在其国境之外运用力量或影响去改变现存地缘政治状况以至影响美国利益的国家”，它们是

---

① 兹比格纽·布热津斯基：《大棋局——美国的首要地位及其地缘战略》，中国国际问题研究所译，上海人民出版社，1998 年版，第 47 页。

② 兹比格纽·布热津斯基：《大棋局——美国的首要地位及其地缘战略》，上海人民出版社，1998 年版，第 42 页。

法国、德国、俄罗斯、中国和印度。地缘政治枢纽国家则是指“所处敏感地理位置，以及它们潜在的脆弱状态对地缘战略棋手行为造成影响”的国家，包括乌克兰、阿塞拜疆、韩国、土耳其和伊朗。按地理位置，布热津斯基认为欧亚大棋盘又可分为西部、东部、中部和南部四个部分。其中，西部地区主要由美国的西欧盟国组成，他称之为“民主的桥头堡”和美国“向欧洲大陆腹地逐步扩展民主的跳板”。东部地区是包括中国在内的东北亚和东南亚国家。他认为该地区经济高速增长，同时又是“世界潜在的政治火山口”。中部地区主要包括苏联和中东欧国家。苏联解体使该地区出现了一个地缘政治上的“黑洞”。南部地区主要包括东南欧的一部分，中亚、南亚的一部分，波斯湾地区和中东。该地区战略位置重要，蕴藏着大量的石油和天然气，种族和宗教冲突激烈，又是大国角逐之地，是“欧亚大陆的巴尔干”。

根据对欧亚大陆地缘政治形势的上述分析，布热津斯基认为美国必须制定一项全面的、完整的和长期的欧亚大陆地缘战略，旨在促进欧亚大陆地缘政治的多元化，阻止一个敌对的欧亚大国以及任何威胁到美国霸权地位的反美联盟的出现。这种敌对联盟最危险的是中、俄与伊朗的同盟；其次是中日轴心，以及大欧洲联盟。为此，布热津斯基特地精心设计了一个由欧盟、俄罗斯、中国、中亚国家、印度、日本相互制约的连环体系，以使这些国家的力量相互抵消、相互对立，从而确保美国能够高居欧亚大陆仲裁者的地位，并进而控制全世界。

（二）冷战后区域合作理论的进一步发展

冷战后在经济一体化和全球化浪潮的推动下，地缘政治发展过程中出现了一些新的趋势，其中区域化的发展尤为引人注目。基于地区和合作视角的地缘政治思想也纷纷出现，这类地缘思想被学术界称为“新地区主义”。与旧地区主义相比，新地区主义的意识形态色彩明显减弱，更加强调地缘位置的便利，地区主义合作的领域和范围不再是单一性和局部性，而是呈现出复合性和全球性，在国家关系上，承认相近国家利益存在龃龉的同时，更加强调和追求国家之间在地缘利益上的重叠，而不是对抗和矛盾。[①]

1. “多元化”和“新地区主义”思想

冷战后传统意义上的领土、国家、区域和联盟的地缘政治含义都发生了巨大变化，地缘政治学家提出应该抛弃作为战争工具的旧地缘政治学，构建新地缘政治学。新的地缘政治学将世界作为不同等级——跨国家、国家和地方的相互依赖体系，不仅要关注地理环境与国家间权力关系的变化，还要超越民族国家，地缘政治学不再是“以国家为中心的地缘政治学”，而是用于发展国际合作与促进和平的理论。在新地缘政治学体系中，非国家行为主体，超国家组织、地方行政实体等都被纳入地缘政治结构之中。[②] 尽管国家之间的冲突虽然时常发生，但国家间的行为模式不再是单一的冲突，合作与联合成为得到广泛认同的解决方法，国家间的互动是竞争与合作并存，地缘政治学因而可以成为维护国家间和平与合作的工具。

在地区合作走向高涨的时代背景下，新地区主义成为地缘政治学者关注的主要内容。新地区主义是对冷战结束后全球化加速的一种积极回应，[③] 表达了一种新的安全、发展与战略思维。它是一种多层次的一体化形式，包括经济、政治、社会和文化等层面，其目标是建立以地区为基础的自由贸易制度或安全联盟。新地区主义特别强调地区内聚力和地区认同等政治理念的建构。与冷战时代的地区主义相比，新地区主义是在世界多极化进程中形

① 李华锋：“论西方地缘政治思想的演进及对中国地缘战略的启示”，《中共合肥市委党校学报》2007 年第 3 期。

② 胡莹：“全球化时代的地缘政治图像”，《山东社会科学》，2007 年第 5 期。

③ 耿协峰：“呼唤新地区主义研究的中国视角”《教学与研究》，2005 年第 11 期。

成的；是地区内部国家自愿和自主的进程；新地区主义通常是开放的，是与相互依赖的世界经济相一致的；新地区主义是一个综合的多层次的过程，它不仅包括贸易和经济一体化，还包括环境、社会政策、安全与民主等问题。[①] 新地区主义正在改变世界政治结构，成为塑造21世纪国际秩序的重要地缘政治力量。

2. 中国的“新安全观”和“和谐世界”理论

冷战结束以来国际安全形势发生了巨大变化，传统的地缘政治对抗下降，在多极化时代，随着各国经济与安全的相互依存加深，需要以不同于冷战思维的新的观念与实践来维护国家安全和促进地区合作。中国提出的以“互信、互利、平等、协作”为核心的新安全观，就是超越差异和分歧，通过对话增进互信，通过谈判解决争端，通过合作促进安全的尝试。中国新安全观包含了综合安全的许多因素。从安全内涵上看，综合安全需要同时容纳传统安全与新安全的内容；从行为主体观察，综合安全需要把范围扩展到比国家更大的层面。[②] 中国新安全观认为安全的范畴也不再局限于传统的军事和政治安全，日益涉及经济、社会、环境、文化等领域，需要综合应对。[③] 中国新安全观追求共同安全的目标。中国新安全观认为一国安全利益同地区乃至全球安全形势之间的相互关联更加密切，国家之间的安全不是排他性的，而是相互依赖的，营造共同安全才是防止冲突和战争的可靠前提，单方面的、“零和”的安全诉求不能保障真正和持久的和平。中国新安全观反映了合作安全的主张。中国主张各国应通过对话与合作增进相互了解与信任，承诺以和平方式解决国家间的分歧和争端，各国应摒弃以实力抗衡谋求安全优势的旧式思维，在平等参与、协商一致、求同存异、循序渐进的基础上开展多形式、多

① 肖欢容：“地区主义的新浪潮”，人民网2001年11月7日。

② 王逸舟：“综合安全论”，《世界经济与政治》，1998年第4期。

③ 萨本望：“我国安全观的变化及新的普遍安全观的基本特征”，《国际安全与国际战略》，军事科学出版社，2000年版，第35页。

层次、多渠道的地区安全对话与合作。

“和谐世界”以及“和平发展道路”等理念是对新安全观理论内涵的拓展和提升。首先，坚持和睦互信，实现共同安全是对新安全观“互信”观念的深化。其次，坚持民主平等，实现协调合作是对新安全观“平等”、“协作”思想的发展。第三，坚持互利合作，实现共同发展是对“互利”、“合作”的升华。第四，坚持包容精神，共建和谐世界更是对新安全观的全新拓展。新安全观与和谐世界理论本质上是对以实力和权势观为核心的传统地缘政治的否定，是有中国特色的新型地缘政治理念。

二、欧亚大陆腹地的地缘政治竞争

在“文明冲突”和“大棋局”理论的影响下，冷战后的欧亚大陆再次成为世界地缘政治斗争的核心区域。从冷战结束至今，围绕欧亚大陆主导权的新地缘政治竞赛在美国与欧亚大国之间持续展开，从传统安全到非传统安全的各种形式的地缘政治冲突持续高涨。苏联解体使俄罗斯在欧亚大陆的地缘政治实力锐减，美国却凭借其政治、经济和军事优势将其势力伸展到欧亚大陆腹地。在美攻俄守的基本态势下，美国通过支持北约东扩和欧盟东扩，将原苏联的势力范围的东欧国家纳入西方阵营，又通过阿富汗和伊拉克两场反恐战争，将其影响力扩展到中东和中亚地区，并利用反恐、反毒、反扩散等非传统安全威胁，制造了一条从中东到中亚、南亚的以伊斯兰板块为主的地缘争夺的“破碎地带”。

第一，美国是冷战后欧亚地缘竞争的主要操控者，并企图凭借其强大的政治、经济、军事实力，重新塑造欧亚地缘政治版图。冷战结束和苏联解体，美国在全球取得独一无二的首要地位。为了维护其霸权地位，使“单极世界”的状态长期保持下去，美国必须控制欧亚大陆。而要控制欧亚大陆，就必须阻止一个占主导地位和敌对的欧亚大陆大国的出现，以确保没有任何国家或国家联盟将美国赶出欧亚大陆或削弱美国关键性的仲裁能力。而纵观欧亚大陆，只有中国和俄罗斯具有挑战美国单极霸权的能力，因此，冷战后在美国的各类国家安全战略报告中，中国和俄罗斯都被看作是其潜在的敌对国家，其全球地缘战略的核心就是阻止中俄的崛起，防范中俄走向新的联合。[①] 美国通过北约东扩和美日安保条约范围扩大，强化美国在欧亚大陆两端的影响和控制，从而对中国和俄罗斯形成遏制和包围。从美国的军事战略部署也可以看出，美国的战略重心仍在欧亚大陆，美国的绝大多数海外军事力量都部署在欧亚大陆及其周边，并不断谋求扩大在欧亚大陆的军事存在。[②] 为此，美国先后策划和发动了海湾战争、科索沃战争、阿富汗战争和伊拉克战争，这四场战争直接促成了冷战后欧亚地缘政治局势的全面调整。此外，美国还通过“大中亚”和“大中东”民主改造计划，使其对中东和中亚的地区的间接影响变为直接控制，美军驻扎到中东和中亚地区，在地缘战略上实现突破性进展。

第二，欧亚地缘竞争主要在美俄两国之间进行，并沿东欧—波罗的海—巴尔干一线逐步向外高加索—中亚等独联体国家推进，呈现出美攻俄守、美进俄退的战略态势。从冷战结束到“9·11”事件爆发，俄美两国沿前苏联边界交叉地带的地缘战略争夺此起彼伏。美国通过推动北约东扩和欧盟东扩，操纵南联盟大选，斡旋波黑战争和马其顿危机，使美国的影响和势力进入了原苏联势力范围的东欧地区。特别是北约 1999、2004 和 2008 年的几轮东扩，使除了乌克兰和白俄罗斯以外的中东欧国家几乎全部加入北约，其防范范围延伸到前苏联西部边界，大大压缩了俄罗斯的地缘战略空间。尽管俄罗斯对美国的战略挤压进行强烈抵

① 高科：“冷战后世界地缘政治形势评析”，《东北亚论坛》，2005 年 11 月。

② 叶自成：“中国的和平发展：陆权的回归与发展”，《世界经济与政治》，2007 年第 2 期

制，但由于其政治、经济和军事地位的衰弱，俄罗斯在欧洲地区的战略空间已大幅收缩。普京执政后发动第二次车臣战争，才确保俄罗斯对高加索以及里海沿岸地区的传统地缘战略影响力。① 然而，在以美国为代表的西方各种政治势力积极介入和大肆活动下，2003年底在格鲁吉亚发生了“玫瑰革命”，2004年底在乌克兰发生了“橙色革命”，2005年初在吉尔吉斯斯坦发生了“郁金香革命”，美国已将其战略触角伸展到了俄罗斯的后院——独联体国家，美国的步步逼近使得俄美关系跌倒谷底。除此之外，两国在北约东扩至乌克兰和格鲁吉亚、东欧导弹防御体系、里海石油管线等方面的争斗也全面展开。直到2008年8月的俄格“五日战争”，俄罗斯才基本上摆脱了俄美地缘竞争中的被动退守状态。此后，美国宣布暂停东欧导弹防御计划的部署、暂时不考虑乌克兰和格鲁吉亚加入北约的问题，美俄在欧亚腹地原苏联空间的地缘争夺暂时趋缓。

第三，在民族、宗教冲突和恐怖主义、大规模杀伤性武器扩散等非传统安全因素作用下，“破碎地带”与“大弧形冲突带”成为冷战后欧亚地缘冲突的热点地区。冷战时期许多地区的民族、宗教和领土等矛盾被大国争斗所压制或掩盖，没有爆发大规模的动乱和武装冲突。冷战结束造成原来的、曾被掩盖的、根深蒂固的问题一下子爆发出来，导致历史形成的不同民族、宗教和文明的冲突加剧。② 中亚、外高加索、东欧、巴尔干地区等“心脏地带”成为恐怖主义、民族分裂主义和极端宗教势力的重灾区，毒品走私、环境污染和大规模杀伤性武器扩散等非传统安全问题也非常严重，因而成为新的地缘冲突的“破碎地带”。“破碎地带”是指位于两个或更多的稳定区域之间的不稳定地带。在欧

---

① 方永刚等：《大国逐鹿：新地缘政治》，成都：四川人民出版社，2001年版，第4页。

② 方永刚等：《大国逐鹿：新地缘政治》，成都：四川人民出版社，2001年版，第4页。

亚大陆的地缘政治地图上，可以清楚地看到三条由破碎地区组成的“危机弧”。[①] 第一条是沿前苏联的主要势力范围——波罗的海、中欧和巴尔干分布的“破碎地带”，这是历史上有名的“火药桶”；第二条是沿阿富汗、伊朗、巴基斯坦，到土耳其和新成立的中亚国家，直至近东和阿拉伯半岛，最后到阿尔及利亚、苏丹等国的伊斯兰教“新月形地带”；第三条位于南亚次大陆的印度、斯里兰卡和巴基斯坦的边界地区。[②] 这三条“危机弧”涵盖了世界人口的1/3左右，占据世界地缘战略要津，拥有丰富的自然资源蕴藏，然而却处于全球化浪潮之外和世界分工体系的边缘，成为欧亚大陆乃至世界地缘政治动荡的潜在震源。

“9·11”事件后，美国借打击恐怖主义之机，加强了对“破碎地带”的改造和重塑。通过对阿富汗和伊拉克展开的单边军事行动，在中亚、南高加索地区以及中东等欧亚大陆的心脏地带取得突破性的军事存在权，掌握了地缘优势，压缩了俄罗斯、中国以及伊斯兰国家的地缘政治空间。此后，美国政府又提出“大中东计划”和“大中亚计划”，对包括阿拉伯联盟22个成员国以及以色列、伊朗、土耳其、阿富汗和巴基斯坦等国在内的所谓“大中东”国家和中亚国家进行政治、经济和社会改革，其实质是按照美国模式对中东和中亚国家进行民主改造，将其纳入美国的战略。与此同时，在伊朗发展核武器问题上，美国在国际上发起对伊朗的长期多重制裁，包括武器和金融制裁，并多次威胁进行军事打击，美国情报部门也多次策划针对伊朗现政权的颠覆和破坏活动。美国的上述战略最终搬起石头砸了自己的脚，不仅导致美国与伊斯兰世界的长期对立，还使得该地区局势陷入持续动荡。

---

① 基辛格：《大外交》，海南出版社，1997年版，第753—754页。

② 陆俊元：“冷战后世界地缘政治格局特征”，《江南社会学院学报》，1999年第1期。

三、欧亚大陆两端的地缘融合趋势

在欧亚大陆腹地地缘竞争加剧的同时，在欧亚大陆的两端却出现了地区合作和地缘融合的趋势，欧亚大陆的多极格局正在建构之中。冷战后快速而深刻的全球化使当今世界地缘政治关系发生了重大改变。全球化打破了以往传统的地缘政治结构，缩小了国家之间的地理距离，表现出明显的全球化和多元化趋势。同时，国家之间的边界越来越模糊，彼此间的相互依赖日渐加深，地缘政治的整体性也进一步加强。全球化、信息化导致全球地缘政治空间的统一性显著增强，① 世界地缘政治关系中的合作和相互依存性普遍加强。在此背景下，破碎的民族国家板块开始重新整合，许多国家越来越认识到地缘战略的重要性，强调地区内的合作发展。地缘因素成为推动区域范围内的经济合作或一体化、以及军事或安全合作内生动力之一。冷战结束后的 20 年中，地区主义在世界各地同时高涨，旧的地区组织焕发了活力，新的地区组织不断形成，地区性认同、地区性合作安排、地区之间的经济合作和安全协调已构成当代世界政治经济变革与发展的一个基本特征，欧盟和上海合作组织等地区组织的出现均体现了这种地缘合作的理念。新的地缘格局也在此过程中酝酿，基本形成以美欧为主导、以欧盟为平台的西方板块和以中俄为主导、以上海合作组织为依托的东方板块。

（一）欧盟的扩大与整合

冷战结束之初，经历了煤钢共同体、关税同盟、统一大市场

① 陆俊元："当今世界地缘政治关系简析"，《江南社会学院学报》，2007 年第 2 期。

的欧共体更名为欧洲联盟，并开始了新一轮的扩大和整合，欧盟一体化作为一种新的现实正在改写欧洲地缘政治版图。1995 年随着芬兰、瑞典和奥地利的加入，欧盟成员国从 12 个增加到 15 个。2004 年 5 月，欧盟吸收包括波兰、匈牙利、塞浦路斯和波罗的海三国在内的 10 个中东欧和地中海国家入盟，实现了其历史上里程碑式的扩大。欧盟成员国的数量增加到了 25 个，成为一个拥有 4.5 亿人口的庞大市场、整体经济规模与美国相当的国家集团。2007 年欧盟再次扩大，吸收保加利亚和罗马尼亚加入，成员国增至 27 个，成为经济总量、对外贸易和投资总量均位居世界首位的超国家实体。欧盟扩大的意义不仅限于各种有形实力的增强，更在于它使欧洲跨越了冷战的鸿沟，实现了不同民族、不同文化和不同体制的国家的联合。通过欧盟扩大，欧洲各民族国家间发生战争与冲突的可能性降至最低，欧盟在国际舞台上的影响力却大大增加。扩大后的欧盟是现在欧亚大陆上最突出的地缘政治体，彻底改变了冷战时期的欧洲地缘政治格局。

欧盟在扩大的同时也加快了内部的经济和政治整合。20 世纪 90 年代欧盟的主要精力集中在货币统一上，并取得实质性进展。科索沃危机的爆发对欧盟政治联合产生了巨大的推动作用，欧盟将加快政治联盟建设、制定共同的外交与安全政策、逐步实现政治一体化确立为 21 世纪初的发展战略之一。如今的欧盟已经越来越像一个政治实体，自由出入境、欧元、宪法、议会、法院等等已经实现，欧盟领导团队从轮值主席制演变为选举常任主席。2009 年 12 月《里斯本条约》的生效为欧盟一体化进程提供了法律保障，标志着欧盟政治一体化进程迈出了重要一步，对今后欧洲联合的深化发展产生重大影响，并将增强欧盟在国际事务中的影响力，为欧盟进一步在国际事务中发挥重要影响奠定了基础，特别是在对欧盟的对外能力提升方面意义重大。

欧洲一体化进程取得的长足进步，使得欧盟成为当今世界上一体化程度最高的区域组织。从建立统一大市场到推出共同货币欧元，从实行共同外交与安全政策到开展刑事司法合作，欧洲一体化给欧盟成员国带来了巨大经济和政治利益。欧盟在维护欧洲政治稳定、促进经济发展、保护文化和生活方式上，起了关键的作用。在苏联崩溃之后，东欧各国的复苏过程，几乎都是以加入欧盟作为目标和动力的。有“火药桶”之称的巴尔干地区，正在一个个地被欧盟吸收。即使是处于欧亚边缘，有着大批穆斯林人口的土耳其，也在向欧盟靠拢。没有强大军事力量的欧盟，却能凭借自己的软实力，消弭战争隐患，为欧洲的繁荣稳定作出了巨大的贡献。

（二）上海合作组织的成立和发展

从 1996 年 4 月由中国、俄罗斯、哈萨克斯坦、吉尔吉斯斯坦、塔吉克斯坦五国领导人签署的上海协定，到 2001 年 6 月上海合作组织成立，中国、俄罗斯与中亚四国共同开创了中亚地区的新型安全合作模式。由于地缘政治格局变化和各国社会稳定的需要，上海合作进程已由原先的边境地区双边军事安全谈判日益发展成为多边、多领域的地区合作机制。上海合作机制从初创到成熟的发展历程，恰恰也反映了冷战后欧亚地区各国对综合安全理论的认同、接受与创新的过程。上海合作组织并非反美、反西方的“新华约”，而是在冷战结束和在全球化的压力下，将安全与经济、国内与国际、传统国际关系与新型国际关系融合在一起，缔造出一个为中亚长治久安与共同繁荣之地区合作机制，是地区内部的共同需要所决定的。上海合作组织是对新安全观的成功实践，上海合作组织规定了“不结盟、不针对其他国家和地区及对外开放的原则”，使其成为既不同于北约、华约式的军事条约集团，也不同于欧盟、独联体式的地区性国家联盟。

中俄战略伙伴关系的深入发展是上海合作组织形成和发展的基础和保障。中国和俄罗斯是世界多极化的主要倡导者之一，中俄两国共同的战略利益促使两国的协作关系更加密切，并促使上海合作组织机制逐步完善和成熟。1996 年 4 月，中俄两国签署《联合声明》，宣布建立面向 21 世纪的战略协作伙伴关系，与此同时，上海五国进程启动，中、俄、哈、吉、塔五国先后签署《关于在边境地区加强军事领域信任的协定》和《关于在边境地区相互裁减军事力量的协定》，通过友好协商妥善解决了历史遗留的边界问题。1997 年 4 月，两国又签署了《中俄关于世界多极化和建立国际新秩序的声明》，两国战略合作进入了一个新层次。2001 年 6 月，上海合作组织成立，六个成员国相继签署《打击恐怖主义、分裂主义和极端主义上海公约》和《上海合作组织成员国关于地区反恐怖机构的协定》，并明确提出打击恐怖主义、分裂主义和极端主义的鲜明主张，积极参与国际和地区反恐斗争，稳步推进区域经济合作。同年 7 月，中俄两国元首共同签署了《中俄睦邻友好合作条约》，为两国关系发展奠定了牢固的政治和法律基础，标志着中俄战略协作伙伴关系进入新的发展阶段。上海合作组织和中俄战略协作伙伴关系，对欧亚大陆的地缘政治结构的变化与格局的形成产生深刻影响。鉴于中俄两国的政治、经济和军事实力，两国间战略协作伙伴关系对稳定世界局势，促进多极格局的形成起到十分重要的作用。[①]

“9·11”事件和伊拉克战争后，面对大国势力竞争在欧亚地区的“大角逐”和中亚地区“三股恶势力”新一轮动荡的严峻形势，上海合作组织加强内外机制建设的迫切性愈加凸显出来。六国领导人先后签署的《上海合作组织成员国元首宣言》等一系列重要文件，批准了关于规范北京秘书处、比什凯克地区反恐中心以及这些机构的活动规章等方案，标志着上海合作组织作为一个正式的国际组织开始在地区和世界政治舞台上扮演更加重要的角

① 沈伟烈，陆俊元：《中国国家安全地理》，时事出版社，2001 年版，第 112 页。

色。2005年6月，上海合作组织增加了印度、伊朗、巴基斯坦三个观察员国，这是继接纳蒙古国成为该组织“观察员国”后该组织的又一重大发展，上海合作组织扩大到中亚、南亚、西亚的广大地区。此外，上海合作组织也在积极促进地区非传统安全领域的务实合作，使其地区集体安全机制日益成熟；并积极推进该地区经济、文化的全面发展，使地区稳定与发展进入良性循环的轨道。上海合作组织建构中亚政治经济新秩序的努力，必将对亚洲的稳定与发展产生深远影响。

四、金融危机后欧亚地缘环境的新变化

（一）金融危机后美国的全球霸权地位受到严重冲击

2008年爆发的国际金融危机源自美国，危机的结果使得财富结构正在加速向非西方国家转移，尽管危机并未立即终结美国在全球的霸权地位，但美国没有更多的钱去为其海外干预行为买单，奥巴马政府的海外军事干预行动将会有实质性的下降。美国的“世界警察”角色也将弱化，对欧亚事务的干预能力和海外的国际义务都会有实质性的下降。[①] 2009年1月奥巴马上台后，被迫调整了与俄罗斯的关系，暂缓了对俄罗斯及独联体国家的战略挤压；希望与伊斯兰世界和解，并完成了从伊拉克撤军并宣布从阿富汗撤军的时间表等等。但是，这些措施并没有缓解中东和阿拉伯世界的危机与动荡，2011年突尼斯和埃及的街头群众运动导致本·阿里和穆巴拉克政权垮台，政治乱局迅速在中东北非的阿拉伯国家蔓延，政治抗议浪潮在利比亚酿成了大规模的流血冲突悲剧。中东乱局的发展愈发显现出美国中东霸权衰落的征兆，

---

① 朱峰：“金融危机对国际政治的影响”《世界经济与政治》，2008年第12期。

甚至出现美国在这个地区的军事撤退的趋势，以及美国与其盟友构筑的中东安全体系面临瓦解。[1]

（二）欧亚大陆仍是全球地缘政治关系的中轴

它的西部周边欧洲依然是世界大部分政治和经济力量的所在地，它的东部地区亚洲最近也成了经济增长和政治影响上升的极其重要的中心。[2] 并且出现了欧盟、俄罗斯与包括中国在内的欧亚大陆其他地区和国家相互之间深化合作的新趋向。但是，欧亚大陆地缘重心开始由欧洲转向亚洲。欧盟的主要精力将集中在内部改革，设法应对金融危机、恢复经济增长，协调对重大国际问题的共同立场等问题。亚洲尚处于政治转型期，热点繁多，矛盾庞杂，利益交错，不少冷战遗留问题至今没有解决。更为重要的是，亚洲经济一直保持着强劲的增长势头，在世界经济格局中的分量持续加重，有望成为新的世界经济中心。亚太地区在世界地缘政治中的重要性大幅上升，推动着亚洲成为世界上最富有发展活力和潜力的地区。

（三）金融危机后，一些在文化传统和价值观念上不同于西方的新兴大国同时在欧亚大陆上迅速崛起，对欧亚大陆地缘战略态势产生了难以估量的影响

首先，中国的和平发展是 21 世纪世界地缘政治最大的变化之一。经过 30 余年的改革开放，中国已经成为世界经济的新热点，成为拉动世界经济增长的新动力。在金融危机中中国迅速采取参与全球金融救市，危机应对能力得到了世界称赞，进一步提升中国的国际形象。2011 年中国超过日本成为世界第二大经济

---

① 刘中民："美国中东霸权正日渐衰落"，东方网，2011 年 2 月 25 日。

② 布热津斯基：《大棋局——美国的首要地位及其地缘战略》，上海人民出版社，1998 年版，第 2 页。

体，中国对世界经济增长的贡献率方面也超过美国。其次，印度1991年以来的10多年间，年均经济增长率达6.1%，并将保持8%以上的高增长率，印度将作为一个重要的地缘战略玩家登上欧亚大陆的舞台。[①] 第三，于衰落中开始复兴的俄罗斯也表现出潜在的发展势头，经过十几年转型的磨砺，俄罗斯显示出更为成熟与自信的态势。作为世界独有的资源大国和曾经的超级大国，以及2008年以来最有利的地缘政治优势，俄罗斯的未来发展空间相当广阔。在这一大背景下，世界主要大国和权力中心的关系也正经历着新的战略调整，21世纪欧亚地缘政治版图呈现出前所未有的复杂性和不确定性。

---

① 李永辉："欧亚大陆地缘政治震荡与大国关系调整"，《现代国际关系》，2008年第5期。

土耳其“零问题”外交政策评析

罗爱玲*

内容提要：2002年11月，土耳其正义与发展党在第22届议会选举中获胜，并实现单独执政，结束了土耳其自1987年以来的多党联合执政局面。正义与发展党上台后，以现任外交部长达武特奥卢提出的“战略纵深”构想为基础，开始实行旨在加强和改善与周边穆斯林国家关系，加强以巴尔干地区、高加索地区和中东地区为核心的区域性合作的“零问题”外交政策，使土耳其外交政策的服务定位从追求传统安全转向为经济发展服务、从“向西看”转向了东方，同时力图通过介入地区冲突的解决来提升土耳其的国际地位和影响力。这一外交政策的变化既是出于对现实利益的考虑，也是土耳其国内政治变动、国际体系发生变迁的一种必然结果，它逐渐使土耳其成功地扮演了中东地区调停者的角色，与周边邻国的关系也大为改善。

* 罗爱玲，上海社会科学院欧亚研究所副研究员。

一

自1923年现代土耳其共和国成立后，在20世纪的多半时间里，一直实行向西方国家“一边倒”的外交政策，有意同周边的阿拉伯—伊斯兰国家疏远，努力把自己改造成一个欧洲国家，从国内的政治制度到外部形象，都在努力实现欧洲化和世俗化。不仅把融入西方作为其内政和外交政策的基本方针，而且在东西方对抗的冷战时期，更是深化了同西方的联系：为证明自己对于西方的价值，1950年派兵参加朝鲜战争，并于1952年如愿加入北约；1963年通过“安卡拉协定”使它同欧洲经济共同体联合在一起，该协定包含了最终给予土耳其成员国地位的许诺；从1973年起开始参加欧洲安全与合作会议。在冷战时期两极世界格局中，属于西方阵营的土耳其与东方的关系十分有限。

冷战结束后，鉴于苏联的强大威胁不复存在，同时周边邻国数量突然增多，为适应新的周边安全环境变化，土耳其改变了冷战时期向西方“一边倒”的外交，转而展开全面的、开放的多方位外交。表现为以“经济外交”为手段，在重点发展以美国和欧洲为主要对象的西方国家经济关系的同时，以中亚和巴尔干地区等历史上传统势力范围为依托，开始有意识地发展与周边国家的外交关系，从而为经济关系的调整服务，发展同其他国家和地区的经济合作。首先是利用苏联解体的大好时机，缓和同俄罗斯的关系，重新构筑同高加索、中亚地区独联体国家的关系。1992年初，德米雷尔出任总理后，首先出访的就是中亚各国，向中亚国家提供了12亿美元的援助和贷款，对中亚国家的投资额达到了40亿美元，参与了众多项目的开发。其中，土库曼斯坦是土耳其投资最多的国家，截至2000年8月，土耳其在该国的投资项目就达100多个，资金达20亿美元[①]。土耳其利用自己独特的地缘政治优势，以"经济外交"为手段，左右逢源地扩大同周边国家的经济合作，成为其冷战后经济不断取得成功的重要原因之一。

2003年以后，土耳其外交政策再次发生改变，开始寻求独立自主的多边外交政策，不再做西方国家外交政策的附庸和地缘战略棋子。2007年埃尔多安政府再次赢得选举后，土耳其"零问题"外交政策逐渐浮出水面。2010年初，土耳其外长阿赫迈特·达武特奥卢在驻外使节会议上正式阐述了面向全球的土耳其外交新思维及目标。达武特奥卢认为，冷战之后世界在变，土耳其也在变，外交必须适应新的形势。特殊的地理位置、历史和经验决定了土耳其在建立全球新秩序中能够发挥有效作用；周边地区危机是土耳其开展外交的机遇。土耳其不仅具有军事实力，而且可展示"软实力"，因此土耳其外交不应该局限于本地区和周边，应该面向全球。土耳其要成为全球最具影响力的五六个大国之一，并且争取在共和国成立100周年即2023年时加入欧盟，同邻国在安全与经济领域实现一体化，主导地区秩序建设，在全球发挥积极作用，在国际组织中起着决定性作用，同时跻身全球经济体的前十位。这一新的外交政策的基本思路是：土耳其不再是欧洲或西方制度的边缘国家，而是中亚和北非之间大区域的中心，这个区域受到土耳其地理、政治和宗教文化历史的影响。这意味着与土耳其传统"向西看"外交定位的彻底决裂，开始回归东方。这种外交政策新构想是土耳其对其独特地位的深刻思考，有着鲜明的独立自主色彩。体现为：

---

① 黄维民著：《中东国家通史：土耳其卷》，商务印书馆，2002年版，第329页。

（一）土耳其与伊朗签署核协定，打乱了美国对伊朗的制裁计划

2009年5月，当美国准备在联合国推动新一轮对伊朗的制裁时，17日土耳其总理埃尔多安、巴西总统卢拉突然在德黑兰与伊朗总统内贾德签署了一份让西方国家吃惊的核协定，根据该协定，伊朗同意把约1200公斤纯度为3.5%的浓缩铀运往土耳其，用以交换120公斤纯度为20%的浓缩铀，以便用做以医疗为目的的核反应堆燃料。交换活动将在国际原子能机构批复同意后约一个月内进行，伊朗将在最长一年内得到核燃料。由于西方一直质疑伊朗发展铀浓缩技术是要制造核武器，故一直要求伊朗完全停止铀浓缩活动，因此伊朗同意签署这份“土耳其—巴西倡议”让西方十分恼火。作为联合国轮值的安理会非常任理事国的土耳其和巴西两国领导人在促成此协议的同时，还利用这一身份的影响力发表评论，称伊朗的核威胁并不像西方人说得那么严重，伊朗有权发展民用核工业，公开与西方国家唱反调。

（二）与以色列的军事盟友关系破裂

自从2008年底以色列对加沙的战争爆发以来，土以关系就逐步恶化。在2009年达沃斯世界经济论坛上，土耳其总理埃尔多安在加沙问题上当面严厉抨击以色列总理佩雷斯，当会议主持人打断他的激烈言辞时他愤然离场而去。2010年1月，以色列副外长阿亚隆召见土耳其驻以大使切利克科尔，表示对一部描写以色列士兵绑架儿童和射杀老人的土耳其电视剧不满，双方会见时，阿亚隆故意让大使坐在比他座椅低的沙发上，会见现场没有摆放土耳其国旗，阿亚隆也没有同大使握手，此事引起两国的一场外交风波。2010年5月31日，加沙袭船事件发生后，土耳其外交部长达武特奥卢称以色列的袭击为“海盗行径”、“国家恐怖主义”，犯了反人类罪，呼吁国际社会对以色列进行谴责，土耳其对以色列的谴责使两国关系降至60年来的最低点。土耳其和

以色列之间的联盟一直是美国中东外交政策的福音，两国关系的破裂对美国是一个沉重打击。长期以来美国一直利用土耳其作为一个世俗民主的穆斯林国家来抗衡该地区的伊斯兰武装力量，美国在伊拉克和阿富汗都需要土耳其的支持，在应对控制加沙地带的伊斯兰哈马斯运动问题上，美国希望孤立哈马斯，而土耳其则认为不该将这个伊斯兰组织排除在外。

（三）大幅改善与过去对立国家的关系

土耳其与俄罗斯签署互免签证协议，确定两国公民在对方国家旅行不超过30天者免签证。尽管土耳其是北约成员国并准备加入欧盟，但该国公民前往美国和欧盟国家仍需签证。俄罗斯准备在土耳其建设一座耗资200亿美元的核电站，修建将俄罗斯黑海石油输往土耳其的输油管道，俄罗斯还帮助土耳其解决与希腊和亚美尼亚的紧张关系。土耳其总理埃尔多安与叙利亚铁腕人物巴沙尔·阿萨德保持着良好关系，亲切地称他为“兄弟”。伊朗总统内贾德大选连任后，埃尔多安在第一时间给他打电话祝贺胜利。土耳其与希腊关系改善，2010年土耳其总理埃尔多安率领10名部长及100名商人，在雅典主持召开联席内阁会议并宣布两国关系转折。2009年10月土耳其与亚美尼亚开始和解进程，签署了两份双边关系正常化草案，并试图开放接壤的边界。如今，除俄罗斯外，土耳其还与叙利亚、塔吉克斯坦、阿尔巴尼亚、约旦、利比亚、黎巴嫩签署了互免签证协议。

二

土耳其达武特奥卢可以说是土耳其“零问题”（Zero Problem）外交政策的精神教父，现年51岁的达武特奥卢作为政治学教授，在其2001年出版的著作《战略纵深：土耳其的国际定位》

(Strategic Depth: Turkey's International Position)中，详细阐述了其“多维度外交政策”思想。2002年11月，土耳其正义与发展党上台后，便任命达武特奥卢为政府外交事务的高级顾问，此后其外交思想开始对土耳其政府外交实践产生影响。2009年5月其出任土耳其外交部长后，便开始将其外交理念付诸实践，力图通过一种新的全方位外交政策在其传统的西方盟友和中东各邻国之间寻求一种平衡，并以此增强土耳其在国际舞台上的影响力。任职不久，他就在欧盟总部所在地布鲁塞尔告诉其外交同行：“土耳其不会成为欧洲的负担，而是只会有利于欧洲。”[①] 达武特奥卢和土耳其的现任总统居尔一样，都来自中部的安那托利亚地区，属于深受伊斯兰思想影响的土耳其新一代精英，他在德国的一个海外学校接受高中教育，懂得阿拉伯语，曾经在马来西亚的一所伊斯兰大学任教。

达武特奥卢《战略纵深：土耳其的国际定位》一书在2009年已经被重印了第31次，在土耳其学界和政界广为流传。2008年他又发表了一篇文章，批评20世纪90年代的土耳其外交政策是短视的，是在一种典型的不安全的“围困心理”下作出的决策，21世纪的土耳其应该有一个全新的外交定位，改变以前疏远阿拉伯和穆斯林国家的政策。[②] 达武特奥卢指出，凯末尔时代的外交政策所存在的问题在于其没有找到权力产生的正确路径，同时也没有制定出一套灵活多变的外交政策。他认为，实力是一系列常量因素（如历史、地理、人口、文化等）和变量因素（如经济、军事、技术）以及这两个因素与战略思想、灵活的策略以及政治意愿之间相互作用的综合体。战略同盟必须考虑到地缘政

① Hans-Jürgen Schlamp & Daniel Steinvorth, “The Eternal Candidate: Turkey Bets on Regional Influence as EU Hopes Fade”, http://www.spiegel.de/international/europe/0, 1518, 628575, 00.html, June 4, 2009.

② Ahmet Davutoglu, “Turkey's foreign policy vision: An assessment of 2007,” *Insight Turkey*, X: 1 (2008), pp. 77—96.

治、地缘文化和地缘经济等因素，要有利于国家的强大和实力的增加。在正义和发展党上台前，土耳其最大的外交决策失误是缺乏对土耳其重要的常量因素的深刻理解，因此，凯末尔时代的外交政策是消极的、被动的。

土耳其并不是一个普通的国家，而是一个关键性的国家，它处于文明的核心地带，所以在冷战结束后的今天，土耳其理应在巴尔干地区、高加索地区和中东地区形成一个全方位的外交政策。近代以来，在西方“普世主义”面纱的掩盖下，西方国家成了一系列国际制度的设计者和安排者。在这样的国际制度安排下，穆斯林国家的声音被忽视、被掩盖，甚至被边缘化。塞浦路斯问题和巴勒斯坦问题长期得不到公正解决就是西方国家强权和穆斯林权利被压制的典型。要使穆斯林认识到他们并没有被孤立于国际体系之外的唯一道路是摆脱西方的影响，通过双赢的方式独立自主地发展与周边国家的外交关系，改变西方国家对待巴以冲突、科索沃和塞浦路斯问题的态度，同时让土耳其加入欧盟，并使其成为一些重要的国际组织的重要成员。他坚信“一边倒”的亲西方外交政策对土耳其来说是不利的，认为土耳其应该首先搞好与周边邻国和相关组织的关系。同时，土耳其应该勇敢地承认其作为奥斯曼帝国的过去历史，重新拾回奥斯曼帝国时期在中东地区所获得的尊重。可见，达武特奥卢的全方位外交政策的核心内容之一首先是加强和改善与周边穆斯林国家的关系。土耳其的国内媒体将达武特奥卢视作“土耳其的基辛格”，甚至总理埃尔多安和总统居尔都将他尊称为“德高望重的老师”（Hoca）。[①]

“零问题”外交政策的主要内容：

---

① Hans-Jürgen Schlamp & Daniel Steinvorth，“The Eternal Candidate：Turkey Bets on Regional Influence as EU Hopes Fade”，http：//www.spiegel.de/international/europe/0，1518，628575，00.html，June 4，2009.

（一）通过解决地区冲突与争端来提升土耳其在地区乃至全球影响力

作为国际社会中力量处于上升期的行为体，土耳其应该成为中东地区主要问题的调停者，并从一个地区性的中心力量逐渐转变为全球性力量。其独特的地缘政治地位和奥斯曼帝国的历史遗产应该能帮助其在今后10年内实现这一目标。而实现这一目标的根本途径就是通过改善与周边国家关系的“零问题外交”来提升土耳其在中东地区的影响力，进而增强在国际舞台上的影响力。在埃尔多安政府的努力下，土耳其与西班牙联合发起了“文明联盟”论坛，并在联合国框架下成功组织了几届会议，从而以具体行动有力驳斥了亨廷顿提出的“文明冲突论”，同时也为正义与发展党在土耳其国内政治舞台站稳脚跟争取到了合法空间。[①]

（二）加强以巴尔干地区、高加索地区和中东地区为核心的区域性合作

土耳其外交政策的服务定位应该从追求传统安全转向为经济发展服务，即要使土耳其的外交政策“去安全化”[②]。主要目标是在不完全脱离欧盟或西方的条件下实现区域一体化目标。土耳其应该通过加强与伊朗、叙利亚、沙特等国的经济交往，促进经济发展，“对伊朗油气的需求是土耳其国内利益的自然延伸”[③]。而且每年有上百万伊朗人、上百万阿拉伯人和大约50万以色列

---

① Ramazan Kilinç, “Turkey and the alliance of civilizations: Norms adoption as a survival strategy,” *Insight Turkey*, XI: 3 (2009), p. 58.

② Ofra Bengio, “Turkey's Quiet Revolution and Its Impact on Israel”, *Israel Journal of Foreign Affairs*, IV: 1 (2010).

③ Ahmet Davutoglu, “Turkey's foreign policy vision: An assessment of 2007,” *Insight Turkey*, X: 1 (2008), pp. 77—96.

人到土耳其旅游，[①] 与周边国家的友好交往可以拓宽土耳其的旅游业收入。

当然，区域一体化的内容不仅仅是经济方面的内容，它还涵盖了政治内容，如改善与伊朗、叙利亚和伊拉克的关系。因为土耳其政府意识到，土耳其所处的地理位置意味着它并不是一个幸运的国家。在其周边邻国中，叙利亚、伊拉克、伊朗和格鲁吉亚等都属于问题丛生的国家，其中亚美尼亚和阿塞拜疆因为纳卡冲突而一直关系不和。土耳其政府意识到要为国家发展争取一个稳定的外部环境，必须处理好与周边国家的关系。历史上，现今的叙利亚、埃及、沙特、约旦、阿尔及利亚和伊拉克所在地区都为奥斯曼帝国所统辖，历史文化与社会统治上的联系使土耳其人与阿拉伯人之间的相互理解也较为容易，这是土耳其重返中东所具有的“软实力”优势。相较于美国和欧洲，土耳其对中东政治文化的了解就比较透彻。小布什政府通过 2003 年的伊拉克战争推翻了萨达姆政权，但却带来了恐怖暴力活动丛生的伊拉克，这就是美国政府不了解中东政治文化的一个典型例证。所以土耳其反对向中东国家发动任何形式的军事打击，包括对伊朗。土耳其必须通过以文化和经济为主的软力量的输出来赢得中东地区阿拉伯人的民心，任何对中东国家的军事进攻都会损害土耳其的经济与政治利益，因此，土耳其必须致力于通过和平方式来解决中东地区的冲突与争端。这就是土耳其近年来积极在巴以之间、阿富汗和巴基斯坦之间、伊拉克各部族之间甚至伊朗核问题上进行调解的主要原因。土耳其应该联合周边国家，共同改善地区政治环境，如在穆斯林国家实现民主化和自由化，促进教育、经济发展和社会进步。

简而言之，这一新外交政策的主要目标是，通过扩大国家之间的合作促进这个地区的稳定和繁荣。为达成这一目标，土耳其

---

① “Turkish Foreign Policy in the New Era”, www. usak. org. tr. June 18, 2010.

外交政策行动必须受5项行动原则的支配：第一，土耳其需要在安全和民主之间建立建设性的平衡，这是外交政策的内政前提；第二，必须遵循“与邻国无问题”的政策；第三，积极参与解决地区冲突，必要时与所有重要参与者建立相应的关系；第四，推行多层面的外交政策，不能接受与重要伙伴建立排他性的关系；第五，奉行和谐的外交政策。在上述行动原则指导下，土耳其的中东外交成效逐渐显露出来。

土耳其近年来渐渐成功地扮演了中东地区调停者的角色。积极主导了2000年中断的叙以间接谈判，并于2004年在伊斯坦布尔启动了土、叙、以秘密谈判，遗憾的是，叙以间接谈判因2008年以色列的议会选举以及以色列对加沙地区的进攻而又一次搁浅。不过，在土耳其的斡旋下，哈马斯接受了以色列的停火要求。埃尔多安在2009年1月的达沃斯世界经济论坛上对以色列总统佩雷斯的公开批评，为他在伊斯兰世界赢得了支持与好评，认为他是巴勒斯坦人民的朋友。力促伊拉克什叶派和逊尼派之间的和解。埃尔多安还对2008年黎巴嫩亲西方政府的支持者与真主党的支持者发生的冲突进行了调解。

与叙利亚的关系开始改善。直到20世纪90年代末，土耳其与叙利亚的关系都不好，主要是叙利亚支持库尔德工人党在土耳其的分裂活动；其次是双方关于幼发拉底河的水资源争端以及哈塔伊省的领土归属问题。1998年土耳其向叙利亚下了最后通牒，要求叙利亚将奥贾兰驱逐出境，并放弃对库尔德人分裂活动的支持，叙利亚满足了土耳其的要求后，两国关系开始改善。2004年1月，应土耳其总统塞泽尔的邀请，叙利亚总统阿萨德访问土耳其，这是17年来叙利亚领导人首次访问土耳其。2005年4月，土耳其总统塞泽尔受邀访问叙利亚，从而揭开了土叙合作的新里程。2008年，土耳其与叙利亚、伊拉克政府签署合作协议，实现了双方商品和人员的自由流动。[①] 2008年埃尔多安参与了非直接的叙利亚—以色列会谈。2009年4月两国举行了联合军事演习、建立了高层次的战略合作委员会。2009年10月土耳其与叙利亚两国的外交部长在两国交界的奥库皮拉（Oncupinar）地区签署了互免入境签证的双边协议，此举标志两国关系向前迈进了一大步。

与伊朗的关系获得突破。意识形态分歧曾经在伊朗与土耳其的关系中扮演了重要角色。两伊战争期间，土耳其指责伊朗为了削弱萨达姆政权，对伊拉克北部库尔德人的分裂活动给予支持。伊拉克战争后，伊拉克北部成立了库尔德人自治区，土耳其将这一动向视为对自己领土完整和国内稳定的一大威胁。近年来，随着伊朗逐渐专注于内部政治问题，不再高调向外输出伊斯兰思想，土耳其的担忧有所减轻。当前在正义与发展党的领导下，土耳其与伊朗的关系逐渐好转。2004年7月，土耳其总理埃尔多安对德黑兰进行了里程碑式的访问。访问期间，埃尔多安表示要进一步加强两国关系，并力争使两国贸易额翻番。[②] 土耳其与伊朗关系改善后，双方举行了多次重要的外交谈话，共同表达了对中东地区，尤其是库尔德民族分离运动的未来关切。[③] 2008年8月伊朗总统内贾德正式访问土耳其。土耳其总理埃尔多安在2009年访问了伊朗，并在同年6月内贾德再次当选伊朗总统后，马上致电表示祝贺。两国签署了原油合作协议，双方在伊朗北部

---

① Senem Aydin Düzgit & Nathalie Tocci, "Transforming Turkish Foreign Policy: The Quest for Regional Leadership and Europeanisation," *CEPS Commentary*, Center for European Policy Studies, Nov. 12, 2009.

② Oleg Svet, "Turkey's 'Zero Problem' Foreign Policy: An Untenable Balancing Act," *NIMEP Insights*, Volume II, Spring 2006, pp. 73－74.

③ Lenore G. Martin, *The Future of Turkish Foreign Policy*, Cambridge: The MIT Press, 2002, p. 176.

共同投资 20 亿美元建造了一家原油加工厂。[①] 土耳其还带头反对参与对伊朗核开发活动的任何制裁措施。2009 年 10 月，埃尔多安在访问伊朗期间发表演讲时指出："在地区问题的解决上，两国持相同的观点。……伊朗和平利用核能的权利是合理而正当的。"[②] 2011 年 2 月 13—16 日，土耳其总统居尔在外交部长达武特奥卢和商业界人士的陪同下，访问伊朗，这是 9 年来土耳其总统首次访问伊朗，14 日在德黑兰与伊朗总统内贾德举行联合记者招待会时居尔表示："两国决定责成各自的政党清除阻碍两国合作的一切障碍，以加强两国之间的政治和经济关系，土耳其不会加入美国对德黑兰实施的经济制裁，而只会遵守联合国安理会通过的决议。"同时伊朗总统内贾德也表示将支持土耳其在所有国际论坛上的权利，并希望未来将两国的双边贸易额从 2010 年的 100 亿美元增加到 300 亿美元。[③]

与亚美尼亚的僵局开始打开 。亚美尼亚与土耳其东部接壤，两国拥有 330 公里的共同边界。由于对所谓的"亚美尼亚大屠杀"[④] 有不同看法，土、亚两国一直没有建立正常的外交关系。亚美尼亚和土耳其的伊斯兰盟友阿塞拜疆的领土争端也加深了土、亚之间的不和，土耳其一直站在阿塞拜疆一边。由于阿塞拜疆和亚美尼亚就纳戈尔诺—卡拉巴赫地区主权归属僵持不下，土耳其从 1993 年开始关闭了与亚美尼亚的陆地边界，以示对阿塞拜疆的支持，对 1991 年才正式宣布独立的亚美尼亚实施贸易禁运。两国贸易主要通过格鲁吉亚进行，年贸易额达 1 亿美元。近

---

① "Iran, Turkey to Build Oil Refinery in Joint Venture," *Fars News Agency*, Oct. 31, 2009.

② David Bedein, "Improvements made in Turkish-Irannian Relations," *The Bulletin*, Nov. 1, 2009.

③ Hasan Kanbolat, "Accompanying the president in Iran on Valentine's Day", http://www.orsam.org.tr/en/showArticle.aspx? ID=418.

④ "亚美尼亚大屠杀"是指 1915—1917 年土耳其奥斯曼帝国统治时期 150 万亚美尼亚人死亡的事件，土耳其历届政府均否认这是"大屠杀事件"。

年来，土亚在改善关系上面临逐渐上升的现实需求和国际压力。土、亚数次释放关系解冻的信号。2008 年 7 月，土耳其外长巴巴詹表达了土政府与亚美尼亚实现两国关系正常化的意愿。同年 9 月，土耳其总统居尔前往亚美尼亚首都埃里温观看两国足球队 2010 年南非世界杯预选赛的比赛，成为第一个访亚的土耳其国家元首。2009 年 8 月 31 日，在瑞士的斡旋下，土耳其和亚美尼亚发表联合声明，土、亚在改善关系上迈出了历史性一步。根据两国联合声明签署的协定，土耳其将在协定生效 2 个月内开放与亚美尼亚之间的边界。2009 年 10 月 10 日，亚美尼亚和土耳其签署关于两国结束长期敌对状态并实现双边关系正常化的协定。

对于土耳其高调出现的“零问题”外交政策，欧洲国家充满了矛盾而复杂的心情。一些评论家认为正义与发展党领导下的土耳其政府的外交政策是反西方和亲伊斯兰主义的，具有民族主义的、独立的和自信的特征，是一种以自我为中心的战略定位，是一种“新奥斯曼主义”，有人甚至将其比喻成“土耳其的戴高乐主义”（Turkish Gaullism）[①]。这种外交政策对土耳其在中东地区形象的重塑起到了一定的效果，使得曾经对奥斯曼帝国的继任者——土耳其不屑一顾的阿拉伯邻国，如今正用一种敬佩的目光来看待它，认为土耳其作为一个充满活力、开放的国家能够很好地处理好自己的国内事务，尤其是在近期中东北非发生系列政治动荡之际，土耳其持续的经济发展、将宗教与世俗民主有效结合的独特政治模式为许多中东国家的年轻人所羡慕。而在土耳其政府看来，其当前实行的“零问题”外交政策应该被冠之“新欧洲联合主义政策”（Neo-European Unionsit policy）[②] 更为恰当，而不应当是外界所称的“新奥斯曼主义”外交政策，因为土耳其所

① Omer Taspinar, “A New Era in Turkish Foreign Policy”, http: //www.turkishpress.com/news.asp? id=352779.

② “Turkish Foreign Policy in the New Era”, www.usak.org.tr. June 18, 2010.

吸收的是欧洲的经验，而非奥斯曼帝国时期的经验。

三

土耳其将目光从美国和欧洲转向了俄罗斯、印度、中国、中东和非洲地区，并从这些国家和地区寻找经济与战略合作的机会。这是土耳其外交与国内政治变动、国际体系发生变迁的一种必然结果：

原因一：土耳其战略环境的改善。冷战后，土耳其面临的国内和国际政治环境发生了变化，从而导致一个新的外交政策定位。

20 世纪 90 年代中期与希腊之间有可能发生战争的担忧消除，希土两国关系近年有所缓和，并出现了明显改善的迹象。自 1998 年 10 月土耳其威胁使用军事手段打击叙利亚后，[①] 叙利亚方面满足土耳其的要求停止了对库尔德工人党分裂活动的支持，并将奥贾兰驱逐出境。塞浦路斯也同意不会在其境内部署阻碍土耳其空军自由行动的 S—300 型地对空导弹系统。加之萨达姆政权的倒台，使中东地区的政治环境一下子出现了权力真空。长期威胁土耳其的地区政治环境大为改善，土耳其对以色列和西方的需求也有所减弱。

原因二：经济与能源方面的考虑。虽为地区大国和东西方能源输送的主要通道，但土耳其国内的能源资源并不丰富，伊朗等中东国家恰能为其提供经济发展急需的能源资源。现在土耳其每年消费的天然气总量中，大约有 1/3 来自伊朗，[②] 土耳其十分依

① "Tension continues between Turkey and Syria," *Arabic News*, Oct. 31, 1998.

② Efraim Inbar, "Israeli-Turkish Tensions and Beyond", *Israel Journal of Foreign Affairs*, IV: 1 (2010).

靠伊朗的天然气。与周边国家维持良好关系可为土耳其商品开拓市场，拥有7000多万人口的土耳其如今已成为欧洲经济增长最强劲的国家，被称之为“欧洲的新生代小虎”。正义与发展党执政后，土耳其进行了自由市场经济和现代化改革，使1997年高达99%的通货膨胀率降到个位数，据OECD推算，土耳其2010年的GDP增长速度在7%左右[①]。土耳其已从世界第26大经济体成长为世界第16大经济体，在今后20—30年内，将成为欧洲第四或第五经济大国，达到意大利或法国的水平。而且，从1991—2008年土耳其与周边邻国的贸易额增长了20多倍。[②]从经济成就来说，埃尔多安领导下的政府是土耳其50年来最成功的。在快速的经济增长下，土耳其已经成为二十国集团成员国之一，加之独特的地缘政治重要性，其改善与周边国家的关系，为对外贸易市场的拓展提供条件，同时发挥更为重要的地区性作用是必然的。

而且，第一次海湾战争给土耳其造成的巨大经济损失也使土耳其意识到稳定的周边环境对自己的经济发展十分重要。第一次海湾战争前，伊拉克是土耳其的重要经济伙伴之一。伊拉克的石油管道经土耳其出口石油，土耳其由此每年可获得相当可观的经济收益。但第一次海湾战争后，为配合美国对萨达姆政权的经济制裁，土耳其关闭了伊拉克经土耳其本土通向地中海的输油管道，为此遭受了约200亿美元的经济损失。土耳其曾呼吁美国取消对伊拉克萨达姆政权的制裁，同时对土耳其因伊拉克的被制裁而受到的巨大经济损失给予一定的补偿，但美国却以美国纳税人的钱不能用来补偿土耳其的经济损失作答。此事使土耳其政府大失所望，也成为2003年的第二次海湾战争中土耳其坚决拒绝向

---

① “Is Turkey turning? Turkey is rethinking its place in the world”, *the Economist*, June 10, 2010.

② Mary Beth Sheridan, “Turkey's foreign policy moves raise concern in West and at home”, *the Washington Post*, June 7, 2010.

美国开放边境向伊拉克发动进攻的原因之一。另外，对于欧盟长期将土耳其拒之门外给土耳其民众带来的失望，土耳其的做法是向公众表示，土耳其政府可以通过其他方式傲视群雄，在欧盟之外为土耳其寻找无量的前途。

原因三：土耳其国内的政治气候发生了变化。1946 年土耳其实行多党民主制后，曾经被打压的伊斯兰思想开始回潮。1979 年伊朗“伊斯兰革命”成功后，在阿拉伯世界刮起的“政治伊斯兰”风潮进一步影响到土耳其社会与政治，一批具有伊斯兰背景的政党开始涉足土耳其政坛。在 1995 年 12 月举行的土耳其第 20 次大选中，具有浓厚伊斯兰思想的繁荣党一跃成为土耳其的第一大政党，并于 1996 年组阁执政，该党主席埃尔巴坎博士担任总理后，对土耳其在北约之中居于“二等公民”的地位表示不满，要求改革现代土耳其革命运动，全面复兴伊斯兰文明，清洗欧洲殖民地文化。但埃尔巴坎政府执政不到一年，便在亲西方的土耳其军方的强大压力下被迫辞职，埃尔巴坎本人也被判处一年监禁。繁荣党被取缔后，其所代表的伊斯兰复兴势力并没有被彻底根除，而是转化为一股社会潮流隐藏于社会大众间。继承了繁荣党衣钵的正义与发展党在前伊斯坦布尔市长埃尔多安的领导下改头换面，于 2002 年赢得大选，并于 2007 年再次成功当选。正义与发展党执政以来，在继承了埃尔巴坎路线的基础上，制定出一系列新的相对温和的政策。因为 2002 年正义与发展党上台后，新的政治精英对地区政治与外交政策的考量发生变化。之前的凯末尔世俗主义者将伊斯兰传统视为土耳其面向西方的负面与障碍因素，而正义与发展党却相反，认为改善与周边穆斯林国家的关系至关重要。2007 年的全国大选中再次获胜上台的正义与发展党，由于具有了更稳固的群众基础，获得了长期以来徘徊在由世俗政治家和商业精英组成的政治秩序之外的伊斯兰中产阶级的强力支持，这一阶层认为，如果奉行一种逐步脱离美国、转而面向东方的政策，或许能在国内和地区事务中获得更多的好处。执政党的政治基础的稳固，使正义与发展党能够放开手脚大胆地寻求新的外交政策定位，同时在国内强化伊斯兰传统与文化。

作为一个地区性军事大国和保持强劲经济增长势头的新兴经济体，土耳其外交政策的转向必定会产生一定的影响，并带来地缘政治平衡的改变。

（一）打破了大中东地区的力量平衡，进而影响国际政治格局

目前，大中东地区主要存在两种伊斯兰力量——力量正在上升的以伊朗为代表的激进伊斯兰国家和亲西方的以埃及、沙特和约旦为代表的温和派伊斯兰国家，而且由于近期中东局势的动荡，埃及未来政治发展趋势的不明朗，使得中东地区对土耳其和伊朗传统上的制衡力量发生了不平衡的倾斜，导致国际社会对伊朗的遏制和对其核技术开发活动的阻拦就会愈加困难。一旦土耳其不愿配合国际社会要求参与对伊朗的经济制裁，则伊朗问题就会更加突出，伊朗在中东地区的力量就会得到加强。埃尔多安政府如今将土耳其、叙利亚和伊朗之间的合作视为地区稳定的重要因素，[①] 三国在库尔德问题上明显加强了合作。土耳其新的外交政策还有利于伊朗加强其对叙利亚和黎巴嫩的政治影响，有助于伊朗构建一个沿地中海的“什叶派势力走廊”，伊朗还有可能强化对伊拉克什叶派教徒占多数的南部地区的影响。通过邻国伊拉克到叙利亚，再到真主党势力上升的黎巴嫩，伊朗由此进而加强了在黎凡特地区的存在，从而使其影响力延伸到东地中海和巴尔干地区。

---

① H. Sabbagh, “Erdogan: Cooperation between Syria, Turkey and Iran is Important for Peace in the Region,” *Syrian Arab News Agency*, Oct. 27, 2009.

（二）中东北部形成的安卡拉—德黑兰轴心将会给南部亲西方的阿拉伯国家带来很大的压力

埃及与伊朗、土耳其之间的关系将会趋于紧张，因为土耳其政府近来发表的支持哈马斯、巴勒斯坦的言论获得了阿拉伯国家很多民众的支持，使亲西方的沙特、埃及政府的威信受到了一定程度的影响，导致沙特、埃及等国对土耳其的外交转向忧心忡忡。

（三）影响南高加索地区的力量平衡

与亚美尼亚的和解也是土耳其“零问题”外交政策的内容之一。在土耳其与伊朗关系不好的历史时期，伊朗曾经对亚美尼亚给予过支持。如今，土耳其与亚美尼亚关系的升温会给土耳其—阿塞拜疆战略伙伴关系带来压力，这一伙伴关系对东西能源通道的维护与该地区地缘战略力量的平衡至关重要。一旦土—阿战略合作伙伴关系不复存在，就会动摇欧盟、美国在南高加索地区的影响，甚至危机它们在中亚地区的存在。

对于美国来说，土耳其的重要性无论冷战时期还是后冷战时期都十分重要，冷战时期，土耳其是美国抗衡苏联的前哨阵地，冷战结束后，美国政界与学术界都一致认为，土耳其对于美国的重要性更为突出，因为它的角色已经从冷战时期的北约警察转变成了支撑美国在穆斯林世界的中流砥柱，它的表演舞台转移到了中东地区，美国需要它来对付冷战后日益突出的民族冲突、恐怖主义、难民潮、伊斯兰极端主义和伊斯兰复兴运动。而欧盟也需要土耳其来应对经济、政治和能源环境等一系列地区性的外交挑战。欧盟要建设成一个“全球性的行为体”，就离不开土耳其，因为土耳其能充分利用它的软力量资源有效地弥补欧盟在中东、中亚和高加索地区的微弱影响，同时土耳其还能防止上述地区的不稳定因素外溢至欧盟，从而帮助欧盟有效实现其“欧洲睦邻政策”。

土耳其目前的外交政策总体上是以“和平共处、不干涉他国内政”为根本外交准则，没有偏离土耳其之父凯末尔确立的“国家和平、世界和平”的基本路线。经历了20世纪20年代艰苦的独立战争，土耳其认识到必须举国上下团结一致才能抵御来自外部的威胁，同时土耳其必须与周边邻国和平相处，因为一个动荡的中东不仅会导致土耳其边界的不稳定，还会引发国内库尔德人的分裂情绪。正如马丁在《土耳其外交政策的未来》一文中所写：“中东地区的国际政治需要土耳其去平衡各种利益，以应对危害土耳其国家安全的各种威胁，而平衡各种利益的最佳方式是与周边国家保持良好的经济与外交关系。在这种情况下，土耳其国内部分人认为美国和以色列会对土耳其的睦邻政策产生负面作用。”[①] 同时，土耳其以西方为主轴的基本点也没有发生根本改变，它只是在力图以现实主义视角谋求更大的选择余地、国际发展空间和政治、经济、安全利益，并提升其战略地位。

---

① Lenore G Martin, *The Future of Turkish Foreign Policy*, Cambridge: The MIT Press, 2002, p. 189.

从原则性接触到严厉制裁：奥巴马政府对伊朗政策的中期评析

赵建明*

内容提要：奥巴马总统上台后数次发表“接触伊朗”的言论，在外界认为“接触”有望成为美国对伊朗的主导政策时，奥巴马政府的伊朗政策却发生重大转折，从原则性接触转变到严厉制裁。这种政策变化既因为接触政策在处理伊朗核问题上难见成效，也是奥巴马政府在府会竞争中落于下风的结果。制裁与遏制重新成为美国对伊朗的主导政策。但不管怎样，接触作为富有弹性的政策工具，仍有望在未来的对伊朗政策上发挥作用。

2010年11月举行的中期选举是对奥巴马政府内政外交政策的检测，在这次期中考试中，奥巴马政府对伊朗的政策是共和党攻击的主要对象。共和党认为无论奥巴马政府上台后实行的原则

* 赵建明，上海社会科学院欧亚研究所助理研究员，博士后。

性接触政策（principled engagement），还是此后的制裁政策都没有实现遏制伊朗核冲动的效果。

一、奥巴马政府的原则性接触政策

奥巴马总统上台后积极打“接触牌”，数次发表接触伊朗的言论，接触政策似乎有望成为美政府对伊朗的主导政策。在美伊关系长期敌对和伊朗核问题停滞不前的背景下，奥巴马政府的接触言论激发了国际社会的想象，期望美伊关系走出阴霾。

（一）原则性接触政策的缘由

在奥巴马上台近两年的时间中，国务卿希拉里·克林顿、助理国务卿杰弗瑞·福特曼（Jeffrey Feltman）等官员多次对奥巴马政府的接触政策进行表述，认为奥巴马政府奉行的是“原则性接触”，即美国对伊政策是建立在美伊共同尊重和共同利益的基础之上，奥巴马政府认为推出这一政策的缘由包括：（1）原则性接触政策总体上是对遏制伊朗政策的有机补充。接触政策是双轨政策中的软的一手。接触政策本身具有先礼后兵的意味，即如果伊朗在核问题上难以作出重大让步，新一轮的严厉制裁将如期而至。2009 年 1 月，美国驻联合国大使苏珊·赖斯表示：“对话和外交必须同美国与国际社会发出的强硬信号同步，敦促伊朗必须履行国际义务，否则伊朗将为自己招致更大的外交压力。”① （2）接触战略本身具有价值。接触能够达成国内外在对伊朗核问题上的共识，增加美国外交的弹性。美国接触伊朗将有助于核问题取得进展。同时接触能为美国提供窥探他国在伊朗核问题的立场和

① “Obama to Iran：‘Unclench’ fist”，27 January，2009，http：//www.asiaone.com/News/AsiaOne%2BNews/World/Story/A1Story20090127－117416.html.

盘算的机会，回应盟国对美国躲在幕后操纵核谈判的指责。前国务卿尼古拉斯·伯恩斯（Nicholas Burns）表示，接触政策表明奥巴马政府是在努力让外交运转产生效力，以表明美国的立场。即使谈判失败，接触政策也将为美国在制裁上赢得更多支持。[①]（3）原则性接触并未背离美国对伊朗的长期政策。在维持遏制伊朗政策的基本政策不变的情况下，将接触作为新的政策工具进行尝试能够帮助美国获得改变伊朗政策的可能性，丰富美国的政策选择，同时也不会在美国国内激起强烈反响。[②]（4）接触政策不是单纯地同伊朗谈判或者表达美国的关切，接触的目的是增加实现美国目标的机会，加强美国在国际舞台上的地位。[③]（5）接触政策刻意将伊朗民众同以艾哈迈德·内贾德为代表的伊朗强硬派分开。奥巴马政府将美伊关系现状和伊朗核问题的僵持归咎于伊朗领导人，与广大伊朗民众无关。[④]

（二）奥巴马版本的接触政策

尽管奥马政府确定了对伊朗政策的战略方向，也数次发表情真意切的接触言论，但是实际动作却乏善可陈，甚至言行背离，

① Glenn Kessler, "Iran, Major Powers Reach Agreement On Series of Points, Obama Sees a Constructive Beginning", *The Washington Post*, 2 October, 2009, http://www.washingtonpost.com/wp-dyn/content/article/2009/10/01/AR2009100101294.html.

② "Ambassador Jeffrey D. Feltman Remarks for the Record Assistant Secretary of State for Near Eastern Affairs Before the House Foreign Affairs Subcommittee on the Middle East and South Asia", 28 October, 2009, http://tunisia.usembassy.gov/policy/from-the-state-department/ambassador-jeffrey-d.-feltman.

③ James B. Steinberg, "Minimizing Potential Threats from Iran: Administration Perspectives on Economic Sanctions and Other U.S. Policy Options", 6 October, 2009, http://www.state.gov/s/d/2009/130305.htm#.

④ Jonathan Marcus, " Stakes high for Obama on Iran", http://news.bbc.co.uk/2/hi/7829313.stm.

取得的实际效果也相当有限。总体上，奥巴马政府原则性接触政策主要包括以下举措：

（1）奥巴马总统在公开场合详述美国对伊朗的接触政策。这些重要场合主要包括：奥巴马的就职演说、奥巴马接受卡塔尔半岛电视台的采访、奥巴马2009年6月在开罗和安卡拉对穆斯林国家发表的演讲、2010年3月向伊朗祝福新年（Nowruz）的演讲。奥巴马表达的核心意思包括：第一，美国愿意同伊朗这样的国家发展关系，如果伊朗愿意松开握紧的拳头，那么他们将看到美国伸出的双手。[①] 第二，美国期望接触伊朗，结束两国之间的紧张局面，开启两国新的开始，但条件是伊朗停止威胁其他国家。本届政府致力于通过外交解决美伊之间的广泛问题，寻求建立美伊以及伊朗同国际社会之间的建设性纽带。[②] 第三，美国愿意推进两国关系，在不设置任何前提条件和共同尊重的基础上同伊朗开展和谈。[③]

（2）走向前台，参与核谈。2009年10月1日，伊朗同其他六国举行日内瓦核谈判，这是2008年7月以来伊朗同其他六国的再次谈判。伊朗同意国际原子能机构对库姆浓缩铀厂进行核查。美国助理国务卿威廉姆·伯恩斯（William Burns）与伊朗首席核谈判代表赛义德·贾利利（Saeed Jalili）举行了45分钟的单独会谈，这是美伊断交30年来最高层次的会谈，会谈被奥

① "President Barack Obama's Inaugural Address", 21 January, 2009, http://www.whitehouse.gov/video/President-Barack-Obamas-Inaugural-Address-January－20－2009.

② " Remarks of President Obama Marking Nowruz", The Whitehouse Website, 20 March, 2010, http://www.whitehouse.gov/the-press-office/remarks-president-obama-marking-nowruz.

③ "President Obama's Speech in Cairo", The White House Website, 4 June, 2009, http://www.whitehouse.gov/the-press-office/remarks-president-cairo-university－6－04－09.

巴马称为是建设性的开始（constructive beginning）。[①] 但是会谈本身的象征意义大于实际意义，相对美国对伊朗暂停所有敏感核活动的要求来讲相差甚远。[②]

（3）好的开端并没有带来好的结果。伊朗核问题并未由此进入良性轨道反而再度止步不前。奥巴马政府开展多边外交，通过与俄罗斯、中国等领导人举行双边会谈和通过八国峰会等平台来达成制裁伊朗的共识，支持安理会对伊朗采取的制裁。2010 年的八国峰会通过的宣言表示，八国敦促所有国家履行国际核不扩散的义务，合力解决伊朗等国的违规行为。八国的共同目标是说服伊朗领导人同国际社会就其核问题进行认真透明的对话，解决存在的待决问题。[③]

（4）美国在中东地区通过倡导推动巴以和谈来解决伊朗核问题。中东成为奥巴马政府应对伊朗核问题的另一条战线。奥巴马政府利用“综合性和平”将美国对伊政策同美国的中东战略相联系，即以巴以和谈为切入点，通过巴以媾和稳固同阿拉伯国家的战略关系，实现阿拉伯国家同美国共同应对伊朗核威胁的目标。[④] 但是巴以和谈同伊朗核问题挂钩能否成功，将取决于以色列的配合。

综合来看，奥巴马政府的接触政策并非认真严肃的接触，因

---

① Julian Borger，“Nuclear Talks Lead to Rare Meeting Between US and Iran”，*The Guardian*，1 October 2009，http：//www. guardian. co. uk/world/2009/oct/01/iran-nuclear-geneva-talks.

② “Talks on Iran's nuclear program end with positive results”，2 October，2009，http：//news. xinhuanet. com/english/2009－10/02/content _ 12165703. htm.

③ “G8 Muskoka Declaration Recovery and New Beginnings”，25 － 26 June，2010，http：//g8. gc. ca/g8－summit/summit-documents/g8－muskoka-declaration-recovery-and-new-beginnings/.

④ 关于奥巴马政府“综合性和平战略”推出的背景和具体论述，参见赵建明：“奥巴马政府的综合和平理念与中东和平进程”，《和平与发展》，2010 年第 1 期，第 25—30 页。

为：(1) 奥巴马政府接触的特点是重视核问题，忽视更宏大的美伊双边关系。更重要的双边政治高层的直接会谈、美伊经贸关系、文化交流等重要问题根本没有涉及。这种为核问题专门设定的接触是狭隘的接触，难以引起伊朗的共鸣。(2) 奥巴马政府的接触政策是做好制裁预案的接触。美国和伊朗之间缺乏必要的缓冲和回旋余地。如果伊朗在核问题上因坚持己见导致接触政策失败，必然招致美国新的制裁。对伊朗来讲，这样的选择实际是没有选择。(3) 奥巴马的接触是激励措施缺失的接触。从美国的言行上看，我们难以看到美国提供的激励措施。在伊朗掌握核问题主动权的情况下，这种接触要么流于形式，要么被制裁政策所替代。(4) 美国的言行存在背离，奥巴马政府的接触政策基本上停留在言辞上而缺乏实际举措。美国学者保罗·克鲁格曼（Paul Krugman）强烈抨击奥巴马政府的接触政策。他认为在奥巴马政府在发展重构美伊关系上做得很少，或几乎没做，这同尼克松和基辛格接触中国的接触战略根本难以相提并论。[①]

二、府院一致与奥巴马政府的接触政策

在奥巴马政府筹措对伊朗的接触政策之时，美国国会却在亲以色列的犹太组织的推动下积极准备制裁伊朗的立法。奥巴马政府对国会的做法自然不能视而不见，并展开反游说，希望国会能够认可政府推行的接触政策。由此美国政府与国会之间展开了博弈。

① “Giving Engagement' a Bad Name：Obama's Iran Policy at One Year”，22 January 2010，http：//amec. org. za/index. php? option=com _ content&view=article&id=94：giving-engagement-a-bad-name-obamas-iran-policy-at-one-year&catid=60：iran&Itemid=76.

(一) 国会对接触政策的要求

在奥巴马政府积极运作接触伊朗的政策同时，美国的犹太组织和国会积极筹措制裁伊朗的立法准备。在美以公共事务委员会（American Israeli Public Affairs Committee，AIPAC）的推动下，2009年4月30日，美国民主党议员众议院外交事务委员会主席霍华德·伯曼（Howard Berman）向众议院提交《伊朗精炼油制裁法案》（the Iran Refined Petroleum Sanctions Act，IRPSA），打响了推动制裁伊朗法案的第一枪。随后国会议员相继在参众两院提出《伊朗外交增强法案》（Iran Diplomatic Enhancement Act）、《伊朗投资问责法案》（Iran Investment Divestment Act）、《伊朗制裁生效法案》（Iran Sanctions Enabling Act）、《伊朗透明与问责法案》（The Iran Transparency and Accountability Act）。这些法案表明美国国会逐渐形成制裁伊朗的氛围。

综合来看，这些法案具有以下特点：(1) 国会参众两院密集出台不同版本的制裁法案，是基于国会议员深感遏制伊朗核冲动时间紧迫责任重大。他们主要担忧两大问题：一是时间因素。因为伊朗掌握着核问题的主动权，时间在伊朗而不在美国这边。二是奥巴马政府接触伊朗的效果。接触一旦失败，伊朗将距离获得核武器更近一步，美国也将更加被动。事实上议员难以相信单纯的接触政策能够实现让伊朗弃核。因此国会需要未雨绸缪，提早准备议案。(2) 制裁法案的内容大同小异，由于伊朗具有精炼油严重依赖进口，石油经济同国际航运、信贷、保险等环节密切相关的特点，这些法案将制裁目标锁定在参与伊朗的能源、金融、保险、航运活动的外国企业或实体，通过切断外援的方式打击伊朗经济。(3) 犹太组织是这些议案最坚定的推动者。在这方面，美以公共事务委员会、美国锡安主义组织（Zionist Organization of America，ZOA）、美国主要犹太组织总裁大会（The Conference of Presidents of Major American Jewish Organizations，CP-

MAJ）等犹太组织在推动制裁法案上可谓不遗余力。例如，《伊朗精炼油制裁法案》完全由美以公共事务委员会一手策划。美以公共事务委员会在2009年召开的年会上将伊朗核威胁定调为以色列和美国最大的安全威胁，与其关系密切的霍华德·伯曼（Howard Berman）等人向国会提交了上述法案。[①] 法案也被称为“美以公共事务委员会法案”，它实际成为《伊朗制裁、问责、撤资综合法》的蓝本。

（二）奥巴马政府的游说行动

对于国会和美国犹太组织强烈要求制裁伊朗的动议，奥巴马政府主要采取三种策略进行游说：（1）直接游说美以公共事务委员会等犹太组织。奥巴马政府多次对犹太组织开展反游说，试图让它们接受接触伊朗的政策。2009年5月5日，在美以公共事务委员会的政策年会上，面对众多美以政要对奥巴马政府对伊朗政策的怀疑和指责，与会的美国副总统乔·拜登（Joe Biden）较为详细阐述了奥巴马政府的立场。拜登指出，拥有核武器的伊朗将会引发中东地区的核军备竞赛，每个国家为此都将感到不安全和存在性威胁。[②] 因此美国将对伊朗采取接触政策，在共同尊重的基础上接触伊朗。如果接触方法不能奏效，美国将考虑寻求获得更广泛的国际支持向伊朗施压，以迫使其就范；对此以色列必须做出妥协。以色列必须做原则性的让步，必须配合美国推进巴以和平共处的两国方案，停止建立犹太定居点并拆除现存军事据

---

① 法案规定，美国总统有权制裁向伊朗提供进口精炼油以及相关的航运、保险和再保险、信贷和经纪等服务的公司和实体，以及提供伊朗石油设备维护和零部件的公司与实体。参见“AIPAC Applauds HFAC Passage of Iran Refined Petroleum Sanctions Act”，28 October，2009，http：//www.aipac.org/Publications/AIPAC _ Applauds _ IRSPA _ House _ Passage _ 12—15—09 _ — _ FINAL.pdf.

② “Vice President Joseph Biden AIPAC Policy Conference 2009”，5 May，2009，www.aipac.org/.../SpeechesByPolicymakers/VicePresidentBidenPC09.pdf.

点。这是个交易。[①]（2）对犹太组织采取以左抑右的分化策略，减少右派组织的影响。2009 年 7 月 14 日，奥巴马总统首次正式接见来自 14 个犹太组织的代表。其中“现在要和平的美国人组织”（American for Peace Now，APN）、J 街（J Street）最终战胜美国锡安主义组织等保守派组织而受到邀请。[②] 组织遴选体现了奥巴马政府以左抑右的策略，即奥巴马政府试图通过加强同自由派的关系来平衡稳健和保守派组织。[③] 媒体表示白宫试图让那些与白宫所寻求的路线接近的进步亲以色列的团体合法化，让“现在要和平的美国人组织”和 J 街充当制衡美以公共事务委员会的力量。奥巴马政府想加强同它们的联系来向媒体和犹太群体散布自己的政见。未受到邀请的以色列政策论坛主席彼特·约瑟夫（Peter Joseph）表示，他理解奥巴马政府需要从“美国人现在要和平组织”、J 街等自由派而不是传统的主流犹太组织获得更多支持。[④]（3）让国会接受接触政策。国会也成奥巴马政府

---

① “Vice President Joseph Biden AIPAC Policy Conference 2009”，5 May，2009，www. aipac. org/... /SpeechesByPolicymakers/VicePresidentBidenPC09. pdf.

② 这些组织包括：美国犹太组织主席大会、美以公共事务委员会、反诋毁联盟、美国犹太人委员会、全国犹太妇女委员会（National Council of Jewish Women）、犹太公共事务委员会（Jewish Council for Public Affairs）、哈达沙赫（美国锡安主义妇女组织，Hadassah，The Women's Zionist Org of America、正统联盟（Orthodox Union）、保守犹太教联合教会（United Synagogue of Conservative Judaism）、革新派犹太教联盟（Union for Reform Judaism）、团结的犹太社区（United Jewish Communities）、全国犹太民主委员会（National Jewish Democratic Council）、现在要和平的美国人组织、J 街，参见 Lynn Sweet，“Obama to Meet With U. S. Jewish Leaders at White House”，*The Politics Daily*，13 July，2009，http：//www. politicsdaily. com/2009/07/13/obama-to-meet-with-u-s-jewish-leaders-at-white-house/.

③ Hilary L. Krieger，“Obama's First Meeting with Jewish Leaders Includes More Left-Wing Groups”，*The Jerusalem Post*，14 July，2009，http：//www. jpost. com/servlet/Satellite? cid=1246443799474&pagename=JPArticle%2FShowFull.

④ Phillip Elliot，“Obama Meets with Jewish Leaders on Israel，Iran”，*The Washington Post*，13 July，2009，http：//www. washingtonpost. com/wp-dyn/content/article/2009/07/13/AR2009071302531. html.

游说的重要阵地。在奥巴马上台近两年的时间中，包括国务卿希拉里·克林顿、助理国务卿杰弗瑞·福特曼（Jeffrey Feltman）在内的多名官员出席国会听证会作证，向国会阐明奥巴马政府“原则性接触”。① 美国国务卿希拉里·克林顿在众议院外交事务委员会作证时就曾表示：“我们实际相信通过采取外交途径，美国能够在其它国家那里赢得信任和影响力。一旦接触失败，当我们将制裁提高到对伊朗造成制裁性危害，这些国家将不得不参加。”②

（三）府院一致的基础

经过行政部门的游说，美国府会基本达成了短暂政策共识：（1）拥有核武器的伊朗对美国和以色列构成严重威胁是两个部门的共识。在应对伊朗核威胁上可以尝试采用接触政策，给接触以机会。（2）接触与伊朗核问题挂钩，是包含时间底限要求的接触。接触不能无限期拖延，也不能被伊朗利用发展核武器。一旦核问题难以达到美国的政策预期，制裁将如期而至。为此奥巴马总统两度表示，如果伊朗不愿将 2009 年 9 月和 12 月底分别设为伊朗的时间底限，如果伊朗届时不能接受美国的接触，美国将对伊朗实施制裁。③（3）奥巴马政府不反对国会通过制裁伊朗的法案，美国国会也不反对政府推行的接触政策。制裁法案的准备也

---

① “Ambassador Jeffrey D. Feltman Remarks for the Record Assistant Secretary of State for Near Eastern Affairs Before the House Foreign Affairs Subcommittee on the Middle East and South Asia”, 28 October, 2009, http://tunisia. usembassy. gov/policy/from-the-state-department/ambassador-jeffrey-d. -feltman.

② Masimo Calabresi, “To Obama's Pile of Woes, Add a Failing Iran Policy”, The Time, 25 January, 2010, http://www. time. com/time/world/article/0, 8599, 1956075, 00. html.

③ Masimo Calabresi, “To Obama's Pile of Woes, Add a Failing Iran Policy”, The Time, 25 January, 2010, http://www. time. com/time/world/article/0, 8599, 1956075, 00. html.

是给奥巴马政府提供新的政策工具。美国助理国务卿丹尼尔·格拉瑟（Denial Glaser）表示，接触是说服伊朗放弃核武器的综合性战略的重要内容，但是单纯依靠接触难以成功。外交取得成功的最好机会是让压力与激励同时生效，而不是一个失败后再尝试另一个。因为时间不在美国这边。①

2009年5月，参议院对外关系委员会主席民主党人约翰·克里（John Kerry）在美以公共事务委员会年会上的发言，基本表达了国会对政府的基本要求：（1）美国理解以色列对伊朗威胁的关切，但美国需要给外交一个机会。这在根本上源于之前对伊政策不能奏效。（2）接触本身并不能成为战略。如果外交努力失败，对伊朗的政策将代之以足以改变伊朗行为的多边制裁。让伊朗为跨越美国的政策红线付出沉重代价。美国政策的目标不是接受难以接受的事实，而是确保伊朗不能拥有核武器。（3）美国需要多边合作。美国不仅需要中国和俄罗斯的支持，也需要谋求阿拉伯国家的支持。美国应当利用这些重大变化。具有弹性的接触政策能丰富美国的政策工具，因此美国需要也应当给接触一个空间和机会。②

奥巴马政府倡导的接触与国会倡导的制裁代表了不同的理念和思路，但是两个部门在实现敦促伊朗弃核的目标上却是殊途同归。在相当程度上，两个部门更像是分演红脸和白脸角色的演员，角色分工是为了更好诠释剧本并实现目标。（1）表面上背道而驰的制裁与接触实际上是基于对伊朗可能获得核武器的认知，在时间紧任务重的情况下，这一认知迫使府会采取不同的政策工具。（2）制裁与接触体现了美国对伊朗（核）政策的软硬两手，最终目的都是为实现敦促伊朗弃核。两者的区别仅仅体现在职能部门是采取以压促变还是打交道的方式方法上。（3）制裁法案具

① For Iran，WikiLeaks cables validate its skepticism of Obama's sincerity

② "Sen. John Kerry on AIPAC Policy Conference 2009"，5 May，2009，http：//www.aipac.org/Publications/SpeechesByPolicymakers/JohnKerry5－4－2009.pdf.

有国内和国际的双重功效。制裁法案不仅体现了美国立法部门向政府施加的压力、增加接触政策的成功的概率，同时制裁意愿也是在向伊朗和国际社会传递美国的政策和意志、团结共识和建立外部制裁联盟的有效手段。

三、美国政策转变的动因评析

尽管奥巴马政府推出的接触政策存在合理性，但是 2010 年 6 月美国对伊朗的政策突然急转直下，美国在国际层面促成《1929 号制裁决议》后不足一月内，又在国内通过了严厉制裁伊朗的《伊朗制裁、问责、撤资综合法》。由此奥巴马政府对伊朗政策重新回到对伊强硬的政策原点。美国政府同国会之间形成的短暂共识彻底销蚀。制裁重新成为美国的主导政策。美国政府表示："我们在拧紧向伊朗施加压力的每一个螺丝。制裁只是美国政治工具中的一种。"[①] 奥巴马政府从此前有原则的接触迅速切换到严厉制裁存在着深刻的动因。

（一）伊朗核问题毫无进展是美国政策出现变化的根本原因

奥巴马政府上台后的 18 个月内，伊朗核问题的发展呈现一些变化，这是促使奥巴马政府改变政策的重要原因：（1）伊朗仍在稳步推进自己的核进程，并在质量上取得新的突破。2009 年 9 月，伊朗向国际原子能机构承认伊朗存在第 2 座秘密

① Spencer Swartz, "Black-Market Gas Shelters Iran", *The Wall Street Journal*, 17 June, 2010, http: //online. wsj. com/article/SB10001424052748704198004575310982786011098. html? mod=WSJ _ hpp _ MIDDLENexttoWhatsNewsTop.

核设施库姆浓缩铀厂。[①] 2009 年 11 月，伊朗政府宣布批准另外建立 10 座浓缩铀厂的计划。[②] 2010 年 2 月，伊朗宣布成功提炼了 20%的浓缩铀。[③] 这些进展加强了美国对伊朗拥有核武器的预期。（2）在美国看来，伊朗的有限合作仅仅是分化国际制裁同盟、规避压力的手段。伊朗拒绝美国、俄罗斯、法国提出的浓缩铀三边交换协定，却在安理会筹措制裁决议时宣布同土耳其、巴西进行铀浓缩三边交换协定。美国认定此举是在分而治之，离间制裁同盟，为的是让制裁决议流产。[④]（3）国际原子能机构的例行核查结果让美国担忧。2010 年 2 月国际原子能机构公布报告称，伊朗被发现从事与导弹相关的核负载。[⑤] 2010 年 5 月 31 日，国际原子能机构披露伊朗用于清除金属铀杂质的电子化学密室在 4 月 14 日核查前被拆除。[⑥]（4）伊朗中断同国际社会的谈判，并

---

① 媒体披露，伊朗除了纳坦兹浓缩铀场之外，还在圣城库姆存在着另一座秘密浓缩铀厂，国际原子能机构和美欧等国就此事指责伊朗，但伊朗予以否认。2009 年 9 月，伊朗主动向国际原子能机构承认存在上述浓缩铀厂。Mark Heinrich，" Iran Tells IAEA It is Building Second Enrichment Plant"，The Reuters，25 Sepember，2009，http：//www. reuters. com/article/idUSTRE58O1N420090925.

② " Iran 'planning 10 new uranium enrichment sites'"，The BBC News，29 November 2009，http：//news. bbc. co. uk/2/hi/8385275. stm.

③ "Iran Makes First Batch of 20% Enriched Uranium'"，The BBC News，11 February，2010，http：//news. bbc. co. uk/2/hi/middle _ east/8510451. stm.

④ David E. Sanger and Michael Slackman，" U. S. Is Skeptical on Iranian Deal for Nuclear Fuel"，*The New York Times*，17 May，2010，http：//www. nytimes. com/2010/05/18/world/middleeast/18iran. html.

⑤ International Atomic Energy Agency，Implementation of the NPT safeguards agreement and relevant provisions of Security Council Resolutions 1737（2006），1747（2007），1803（2008）and 1835（2008）in the Islamic Republic of Iran，February 2010，p9，http：//www. isis-online. org/uploads/isis-reports/documents/IAEA _ Report _ Iran _ 18Feb2010. pdf.

⑥ resolutions 1737（2006），1747（2007），1803（2008）and 1835（2008）in the Islamic Republic of Iran，Report by the Director General，31 May 2010，paragraph 28.

以对抗方式表达意志。2010 年 6 月 16 日，在美国宣布对伊朗进行新的单边制裁之前，伊朗宣布计划增加浓缩铀并建设另外的四座核研究设施。[①] 在这种情况下，奥巴马政府的接触政策在国内备受诟病，被迫寻求借助多边制裁迫使伊朗就范，接触政策名存实亡。2010 年 8 月 8 日，美国国务卿希拉里·克林顿表示："奥巴马上台后美国对伊朗采取了外交战略。美国加强了全球核不扩散机制，加强同传统盟友和俄罗斯、中国的关系，通过'五常加一'核谈模式，通过国际原子能机构接触伊朗。但是伊朗并没有抓住机会，我们只能从接触退回到制裁轨道。"[②]

（二）奥巴马政府的接触政策本身存在问题

相对于 30 年的敌对与对抗而言，18 个月缺乏实效的接触尝试可谓浅尝辄止。奥巴马政府对伊朗的政策难以奏效，接触政策本身存在问题：（1）奥巴马政府的接触政策是条件性的，即以伊朗在核问题上采取合作立场、作出重大让步为前提，否则奥巴马政府不会推出改善双边关系的举措。显然接触是奥巴马政府解决核问题的手段和激励措施，将关系改善同解决核问题绑定在一起。从现有的发展进程看，除 2009 年 10 月的日内瓦会谈中的短暂接触之外，奥巴马政府的接触更多流于外交言辞，其程度甚至没有超过前任小布什任期内的美伊大使级会谈。迄今美伊之间根本没有形成固定的磋商机制和良性互动。如果一定说有变化的话，奥巴马政府至多是在制裁的基础上加入接触的成分（engagement flavor）。

在更大程度上，接触政策更像是同俄罗斯、欧盟等大国以

---

① "US imposes new penalties on Iran forms and officials", *The New York Times*, 17 June, 2010.

② Secretary Clinton Phone Interview with NYT, 8 August, 2010, http: //secretaryclinton. wordpress. com/2010/08/08/secretary-clinton-phone-interview-with-nyt/.

及同埃及、土耳其等地区强国的接触，而不是直接针对主要对象伊朗。在缺失系统性和实质磋商机制的情况下，取得成果简直是奢望。这不免让外界怀疑奥巴马政府推行接触政策是否是真实用意。美国学者盖里·思克（Gary Sick）表示："美国在执行接触伊朗战略时已经深知它会失败，为此美国准备并私下传达推行压力战略，这是最严重问题。伊朗采取积极反应的成功概率几乎为零。"①

强势的美国这种口惠而实不至的做法引起了伊朗的警觉。伊朗对奥巴马上任初期倡导的接触政策的热情逐渐熄灭，对美国的接触表态愈发谨慎冷静。2010 年 2 月 14 日，伊朗总统艾哈迈德·内贾德表示："伊朗期望奥巴马先生在美伊关系上做出改变，我们也表示将帮助他，不幸的是变革的希望很快落空。美国已经丧失了变革的机会。"② 伊朗最高精神领袖哈梅内伊在 2010 年 3 月 21 日对奥巴马的新年致辞予以回应："美国表示已经向伊朗伸出双手，但这是何种类型的手？如果是带着丝绒手套的铁手，那么这有何意义？如果美国要改变，伊朗也会改变自己的行为。"③

（三）以色列—美国犹太组织—国会议员形成的铁三角促成制裁法案

"奥巴马的接触政策激发了内嵌在美国政坛的以色列—美国犹

---

① Scott Peterson，" For Iran，WikiLeaks cables validate its skepticism of Obama's sincerity"，*The Christian Science Monitor*，30 November，2010，http：//www. csmonitor. com/World/Middle-East/2010/1130/For-Iran-WikiLeaks-cables-validate-its-skepticism-of-Obama-s-sincerity.

② " Iran's Ahmadinejad says Obama "missing chances" to change"，The Xinhua Net，11 February，2010，http：//news. xinhuanet. com/english2010/world/2010－02/11/c _ 13172634. htm.

③ Thomas Erdbrink，" Iran's Supreme Leader Rebuffs Obama"，*The Washington Post*，22 March，2009，http：//www. washingtonpost. com/wp-dyn/content/article/2009/03/21/AR2009032100217. html.

太集团—国会铁三角机制，这也直接导致美国国内政坛的右转。”

（1）以色列受到的压力，并将这种认知传递给美国的犹太组织，其中美以公共事务委员会、美国主要犹太组织总裁大会、美国锡安主义组织为主要平台。以色列向这些组织传递的信息包括：第一，伊朗对以色列构成了“存在性威胁”（existential threat），以色列战略纵深差，根本无法对抗伊朗的核打击。伊朗发展核武器对以色列来讲是“飞来的集中营”（flying concentration camp）。[①] 第二，反对奥巴马政府的综合性和平。第三，三边关系有利于美国，将对以色列造成不利。

（2）美国犹太组织将以色列的信息向美国议员传递。2009年5月5日，美以公共事务委员会举行规模盛大的政策年会。宣传伊朗核威胁成为这次会议的主旨，美以公共事务委员会主席戴维·维克特表示，伊朗获得核武器将是“历史转折”（hinge of history），将彻底改变博弈规则（game changer），因此应对伊朗核问题是首要问题。[②] 动员自己的议员创制通过法案。这次会议直接促成了众议院对外事务委员会主席霍华德·伯曼（Howard Berman）于2009年4月30日向国会提交《伊朗精炼油法案》，并揭开了制裁伊朗的斗争序幕。此外美国犹太组织还通过媒体造势，向奥巴马政府施加压力。2009年8月5日，“反诋毁联盟”（Anti-Defamation League，ADL）在《纽约时报》上整版刊载题目是“总统先生，巴以问题不在定居点，而在阿拉伯国家拒绝承认以色列”的文章，表达对奥巴马政府的“综合性和平”的不满。[③] 美国锡安主义组织也曾在网站上刊文强烈批评奥巴马政府

---

① “Shimon Peres Speech at 2009 AIPAC Policy Conference”，4 May，2009，http：//www.aipac.org/Publications/SpeechesByPolicymakers/ShimonPeresPC2009.pdf.

② “President David Victor at Policy Conference 2009”，4 May，209，http：//www.aipac.org/Publications/SpeechesByAIPACLeadership/DavidVictor.pdf.

③ “Mr. President：The Problem Isn't Settlements”，ADL Website，http：//regions.adl.org/assets/action-center/israel-ad—11—55x21—nytimes-final.pdf.

力主推动的安理会 1929 号决议的国际政策。①

(3) 美国国会的议员是铁三角的最后接棒者，负责向奥巴马政府发动攻击。国会议员的作用在整个压力机制中起到关键作用。第一，他们是法案的创制者。第二，他们负责整合推动法案。2010 年 3 月，美以公共事务委员会举行政策年会。会议的主旨是推动制裁法案成为美国的法律。国会议员在美以公共事务委员会等犹太组织的推动下，掀起了制裁伊朗的第二波。第三，通过发送呼吁信的方式向奥巴马总统施加压力。2010 年 4 月，民主党众议员杰西·小约翰逊（Jesse Johnson Jr.）与共和党众议员麦克·潘斯（Mike Pence）先后向奥巴马致信，要求对伊朗实行致残性制裁。②

在国会和美国犹太组织的双重压力下，奥巴马最终签署了制裁伊朗的法律。

（四）民主党未能成为奥巴马总统接触政策的坚强后盾

中期选举之前，奥巴马领衔的民主党享有府院一致的优势，尽管如此，政党优势并没有成为成功推行接触政策的避风港。事

---

① 美国锡安主义组织领袖莫塔·克雷表示：“安理会 1929 号决议并未触及伊朗经济的根本，也不能阻止其获得核武器。18 个月的外交接触表明奥巴马政府将视线集中在安理会决议的做法完全错误，决议根本无法阻止伊朗发展核武器。奥巴马政府丧失了他应当维护的诚信。” Morton A. Klein，“ZOA：Obama's New U. N. Sanctions against Iran Too Weak To Work”，10 June，2010，http：//www. zoa. org/sitedocuments/pressrelease _ view. asp? pressreleaseID=1881.

② 信件的内容：“写信目的是对伊朗越发接近获得核武器的的担忧，同时对总统奥巴马接触政策的效果表示失望。表示你试图接触伊朗政府已经一年多了，但是收效甚微。因此奥巴马总统应当履行竞选承诺，同盟友一道立即准备对伊朗采取致残性制裁，阻止伊朗获得核武器。”“Letter by Reps. Jesse Jackson Jr. （D-IL） and Mike Pence （R-IN） to President Obama Calling for Iran Sanctions”，15 April，2010，http：//www. aipac. org/Publications/SourceMaterialsCongressionalAction/Jackson-Pence _ Letter. pdf.

实上，众多民主党议员在推进制裁法案上表现得不遗余力。首先，以积极推进制裁法案的美以公共事务委员会举行的两届年会为例，在与会的超过半数的美国国会议员中，民主党议员的参与根本不落共和党之后，其中不乏民主党的副总统乔·拜登（Joe Biden）和美国众议院民主党领袖约翰·克里。而且一些民主党在推进制裁上同样相对积极。[①] 其次，参与制裁相关的法案联署和敦促制裁的呼吁信同样不乏民主党人士。再次，制裁法案在参众两院分别以 99∶0 和 408∶8∶1 的票数通过，这一数据表明民主党同共和党议员在制裁伊朗上已经高度一致，制裁同样成为国会民主党议员的主流意见。

民主党人士这种表现对奥巴马政府的负面影响在于：首先，从制裁法案的创制到成为法律，矛盾分界线出现在国会与政府之间而不是民主党和共和党之间，民主党并未成为奥巴马政府推进接触政策的坚强后盾。这一分野使得奥巴马总统难以通过正常的党派斗争拖延制裁法案，为接触政策赢得时间。其次，行政部门的动向始终处在美国国会的严密监控之下，在缺乏必要的民主党的利益保护和回旋余地的情况下，奥巴马政府实际在同国会孤军奋战。

四、奥巴马政府对伊政策的走势前瞻

奥巴马政府更像是在国内和国际两个战线上同时作战的士兵，显然奥巴马总统在两线作战所取得的战果难以令人满意。经

---

① 这些议员包括：Rep. Ron Klein（D-FL）；Sen. Arlen Specter（D-PA）；Rep. Anthony Weiner（D-NY）；Rep. Gene Green（D-TX）；Rep. Steven Rothman（D-NJ）；Rep. Shelley Berkley（D-NV）；Rep. Brad Sherman（D-CA）；Rep. Danny Davis（D-IL）；Rep. Roy Blunt（R-MO）；Rep. Eliot Engel（D-NY）；Rep. Alcee Hastings（D-FL），参见 *ZOA Report*：*A Publication of the Zionist Organization of America*，*Fall*，*2009.*

过一年半的所谓接触，奥巴马政府再度延续了美国以压促谈的胁迫政策，从企图变革回复到遏制和强硬，这种回归表明奥巴马政府并未引领美伊双方走出相互敌对的恶性循环。

（一）后中期选举与美国对伊朗政策

2010 年 11 月，美国中期选举以共和党获得众议院多数席位告终，奥巴马政府此前享有的府院一致不复存在。美国共和党人士也多次表态称要防止奥巴马总统取得连任。党派竞争和国会洗牌将难免限制奥巴马政府对伊政策的空间与限度。国会和共和党有可能期望美国对伊朗政策从现有的强硬走向更加强硬。

但是美国国内政治的压力并不等于奥巴马政府在对伊政策上难有作为。也许没有连任压力的奥巴马总统更能摆脱党派政治的束缚。而且奥巴马的前任克林顿和小布什在其任职的后期都出现过接触伊朗的小高潮。[①] 这些举措不仅是对任期前半段遏制伊朗政策的修复，也是为继任者的政策变化提供铺垫。从这个角度看，奥巴马总统余下任期内在对伊朗政策上同样可能出现翘尾巴现象，在接触伊朗问题上取得一定的进展。

而且美国政界需要反思的是，在对伊朗问题上，何种政策组合最符合美国的国家利益。接触政策尽管浅尝辄止，但它毕竟存在合理之处，符合美国宏观的中东战略调整。但是以遏制替代接

① 克林顿后期，美国对伊朗的定位从“无赖国家”（rogue state）调整为“关注国家”（state of concern），并在 1999 年连续取消美国对伊朗的波斯地毯、药品等贸易禁令，允许向伊朗出售与安全相关的波音飞机的零部件。2000 年 4 月，美国国务卿奥尔布赖特发表演讲，承认美国发动 1953 年政变推翻摩萨台内阁，进而同腐败的巴列维国王建立同盟关系，这成为伊朗仇视美国的根本原因。参见 Kenneth M. Pollack, *The Persian Puzzle: The Confict between Iran and America*, New York: Random House Trade Paperbacks, 2008, pp. 321—325. 小布什期间美国同伊朗在 2007 年 5 月和 7 月先后举行两轮大使级会谈，这些会谈曾被媒体高度评价。参见“U. S. Ambassador: Talks With Iran Were ‘Successful’ and ‘Businesslike’”, The Fox News, 28, 2007, http://www.foxnews.com/story/0, 2933, 275836, 00.html.

触实际等同于无视不断在波斯湾坐大的伊朗。就目前看，美国制裁伊朗的法律已经接近极限，毕竟美国不可能禁止它国同伊朗进行贸易。而且作为介于战争与和平之间的过渡形态，严厉制裁倘若不能奏效，美国对伊朗政策是进行军事打击还是被迫与有核的伊朗相处？军事打击只会限制美国对中东和伊朗的战略调整进程。如果是后者，那么美国不必推迟对伊朗的接触。

（二）美伊关系与核问题

目前，美伊关系的最大障碍不是“谁先松开拳头，还是谁先伸出手”的问题，而是两国能否真正改变核问题主导美伊关系。只有解决了这一根本问题，美伊双方才有可能坐下来商讨阿富汗和伊拉克重建、波斯湾地区稳定、中东和平进程等热点问题。但是要解决这一问题，美国必须抛弃成见和功利主义的想法，切实在美伊关系框架上做出实质举措，只有解决了这一根本问题，美伊才能在两国关系问题上迈出实质性的第一步。

当然从存在共同利益的地区热点问题入手开展预热外交，采取渐进方式改变信任缺失的现状，为两国关系的改善打下基础的做法是可取的，反过来关系改善也将有助于伊朗核问题的解决。但是从目前的迹象看，美国似乎更愿意功利性地在伊拉克和阿富汗局势稳定上求助于伊朗。这种临时抱佛脚的做法无助于美伊关系的改善。美国政府只有认真严肃地对待成长中的伊朗，摒弃功利的做法，美伊关系才有可能摆脱现在的低层次循环的状况。

（三）新一轮核谈与接触政策

时隔一年多后，2010 年 12 月 6 日，伊朗同美、中、欧等六国又开始为期 2 天的核谈。会谈前伊朗总统艾哈迈迪·内贾德发表伊朗将讨论浓缩铀的议程排除在外的言论，但他同时表示，如果六国怀着真诚、友善、尊重的立场来谈判，并取消安理会制裁决议和强加给伊朗的贸易限制，这当然有助于核谈。[①] 因此会议难以取得进展。伊朗首席谈判代表赛义德·贾利利在会议上的独白控诉了美英对伊朗的干涉。这一表态可以有两种解读：一是在遭受英美的外部干涉之后，伊朗不会在核问题上做出让步；二是伊朗愿意同美英等国探讨双边关系，期待核问题和双边关系上的双赢。[②] 不管怎样，伊朗的这些表态都强调了愿意探讨改善伊朗同美国等国家的双边关系的期望。

由于制裁存在着时滞效应，因此难以断定伊朗重启核谈是经济制裁生效所致，还是伊朗谈判策略的重演。不管怎样，让若即若离的伊朗留在谈判桌前需要美国采取更加灵活务实的态度。而接触仍然是美国最有吸引力的王牌。能否在接触中弥补激励措施缺失的情况将对伊朗对核谈的态度起到重要作用。因此如何合理运用激励措施，妥善处理“胡萝卜与大棒”的关系将是奥巴马政府必须解决的问题。[③]

---

① “Iran, World Powers to Hold Nuke Talks Next Year in Turkey”, Fox News, 7 December, 2010, http://www.foxnews.com/world/2010/12/07/iran-talks-resume-signs-progress/.

② James Reynolds, “Iran Nuclear Talks: Legacy of Mistrust Hampers Progress”, BBC News, 7 December, 2010, http://www.bbc.co.uk/news/world-middle-east－11943209.

③ Jonathan Marcus “Stakes high for Obama on Iran”, BBC News, 15 January, 2009, http://news.bbc.co.uk/2/hi/7829313.stm.

以色列“核模糊”政策的由来、影响以及面临的挑战

蒋　超　吉　吉*

内容提要：自研发核武器以来，以色列就采取了“核模糊”政策。“核模糊”政策为以色列研制核武器提供了掩护，确保了其在中东地区的军事优势。然而，该政策不能完全保证以色列的安全，同时，又刺激了周边阿拉伯—伊斯兰等敌对国家发展军备，还对核不扩散体系的建立造成了严重的阻碍作用。现今，“核模糊”政策还面临着一系列的挑战。总体而言，拥核对于以色列来说有利有弊，但是以色列要真正赢得和平，就只有与周边的国家、民族实现完全的和解。

一、以色列核武器的发展之路

1948年5月14日，以色列宣布建国。建国之初，为了争夺巴勒斯坦地区的土地，以色列与周边阿拉伯国家爆发了大规模战

* 蒋超、吉吉，上海社科院欧亚研究所研究生。

争。虽然以色列最后取得了胜利，但是阿以之间从此结下了切齿仇恨。就战略形势而言，以色列仍然处于阿拉伯国家的包围之中，无论是从人口数量还是国土面积来看，以色列都处于显著的劣势。以色列首任总统魏茨曼就曾忧心忡忡地表示："要消除这些不利条件，进行核开发是唯一可以生存下去的道路。"[①] 由此可以看出以色列政府对于发展核武器的渴望和重视。事实上，在立国之初，以色列就开始了对原子能的研究。1953 年 8 月，以色列内阁成立了由 8 人组成的原子能委员会，正式启动了核计划。西蒙·佩雷斯被时任以色列总理兼国防部长本·古里安提名为国防部办公厅主任，此后原子能委员会由佩雷斯全权负责。

1955 年，以色列政府与美国签署了和平利用原子能的协定，美以开始了核研究方面的合作。1957 年 2 月，以色列在里尚齐翁建立了第一座核反应堆。其功率为 8 兆瓦，以天然铀为原料，主要用于研究和生产放射性同位素。1959 年，以色列又建成纳哈尔索雷克核反应堆。这是由美国援建的 5 兆瓦轻水反应堆，不过它一直受到美国人的监管，难以用于研制核武器。[②] 除了美国，20 世纪 50 年代，在核领域方面，法国也是以色列的重要合作对象，因而其在以色列原子能技术的发展中扮演了重要角色。1956 年，佩雷斯决计与法国签署协议，修建核反应堆，地址位于南部内盖夫沙漠的迪莫纳核基地，该基地神秘莫测、戒备森严，因而鲜为人知。另外，法国还向以色列提供核武器的设计资料。虽然在 1962 年戴高乐上台后，法以两国的核合作搁浅，但是法国前期给予的帮助却已经让以色列在核武器开发中取得了重大的进展。

1958 年初，安放反应堆和钚离析设施的土方工程在迪莫纳

---

① "中东核阴影为何挥之不去"，http：//www.changsha.cn/newspaper/js/a6/t20031026_40659.htm.

② 夏立平："论以色列核政策与核战略的特点和影响"，载《西亚非洲》，2009 年第 4 期。

正式开始。1965 年，继迪莫纳的反应堆进入完全操作状态后，钚离析设施也成功地进行了试验性运转。到 1967 年，以色列已获得了足够第一件核武器所用的钚。[①] 1967 年 6 月，第三次中东战争爆发前夕，以色列为预防失败，临时拼装出原始但又可用的 2 枚原子弹。[②] 以色列民众对于国家拥有核武器则持大力支持的态度，1966 年 3 月举行的一次民意测验表明，100 个以色列人中，就有 76 人希望国家拥有原子弹，甚至还有 1/6 的以色列人认为，以色列军队实际上已经装备了核武器。[③] 1968 年初，当时美国中央情报局负责科技的官员卡尔·杜基特（Karl Duckett）认为，以色列已拥有核武器，成为第六个核武器国家。[④] 从此，以色列走上了全面发展核武器的道路，不但增加核弹头的数量，还大力提升核武器的生存能力和打击精度。

从 2000 年开始，以色列的"三位一体"核力量结构逐渐成型。在陆基核力量方面，形成了以"杰里科"导弹系列为代表的陆基弹道导弹力量。20 世纪 60 年代研制的"杰里科—1"型短程弹道导弹可以打击阿拉伯各国首都；80 年代中期研制的"杰里科—2"型中程弹道导弹则可以打击伊朗境内目标。1988 年 9 月，以色列第一次将卫星送入轨道，2002 年 5 月，"奥菲克—5"型卫星被发射到距离地球 400 公里的轨道，因而以色列在卫星侦察方面的能力也取得了长足进步。在空基核力量方面，70 年代，以色列的美制"F－4"鬼怪式战斗机就可携带核武器。当前，以色列空基核力量主要由"F－15"、"F－16"、"幼狮"等攻击型核武器运载飞机构成。其中，美式"F－15"战机投送核弹的

① 朱丹："以色列核力量发展模式"，载《西亚非洲》，2003 年第 2 期。

② "Nuclear Weapons"，http：//www. fas. org/nuke/guide/Israel/nuke.

③ "以色列的核模糊政策"，载《瞭望新闻周刊》，2004 年 8 月 16 日第 33 期。

④ Avner Clhen and Wiliam Burr，"Israel Ciosses the Thresses the Thresshold"，Bulletin of the Atomic Scientists. May/June 2006. p. 24. 转引自夏立平："论以色列核政策与核战略的特点和影响"，载《西亚非洲》，2009 年第 4 期。

半径达 1600 公里；“F－16”战机则达到 3200 公里；“幼狮”战机航程 2400 公里，可携带核弹。[①] 海基核力量方面，以色列与德国在 80 年代末就签订了制造 3 艘“海豚”级常规攻击潜艇的协议，首艘以色列海军的“海豚”级潜艇于 1996 年下水，第二艘于 1997 年下水，第三艘于 1998 年下水。由于以色列在地中海有数百公里的海岸线，因此三艘潜艇至少要有一艘保持战备值班状态，以此能对敌国的攻击进行报复性还击，由此以色列正式成为世界上第六个拥有水下核打击能力的国家。

因此，这就标志着以色列海陆空“三位一体”核力量体系已经完备，大大增加了以色列的核打击手段的可选择性。

据估计，以色列核武库存有 75—200 件核武器，包括核弹、导弹弹头，也许还有非战略（战术）武器，[②] 不过也有英国专家认为，以色列核弹头数量多达 300—400 枚。美国前总统卡特则称以色列约有 150 枚核武器。伊朗军方的情报机构通过评估则认为，以色列目前至少拥有 80 枚核弹头，打击手段包括导弹、轰炸机、潜艇，以色列核武器数量超过印度，甚至可能比英国还多，其核打击能力列世界第四位。[③]

二、犹抱琵琶半遮面：以色列的“核模糊”政策

从核武器研制的初始阶段，以色列就奉行“核模糊”政策。就外交层面而言，虽然美国与以色列在原子能开发方面进行合

① 夏立平：“论以色列核政策与核战略的特点和影响”，载《西亚非洲》，2009 年第 4 期。

② “2002 年以色列核力量”，载《国外核新闻》，2002 年第 10 期。

③ “美国前总统卡特称以色列已经拥有 150 枚核武器”，http：//news. qq. com/a/20080526/003190. htm.

作，但是在20世纪50—60年代的时候却反对以色列拥有核武器。以色列在研制核武器时是非常保密的，不过却仍然瞒不住美国的眼睛。美国的U-2飞机曾对迪莫纳核基地进行过侦查，专家小组也曾去检查过。然而由于以色列方面出色的保密工作，使得外界对其核计划不甚了解，就连美国也未能掌握确凿的证据。佩雷斯在面对外界询问时采取避实就虚地应对策略，他表示："中东没有核武器，以色列不会是中东地区第一个引进核武器的国家。但是以色列可能被常规武器所消灭，因此政府将致力于在世界上及本地区裁减常规军备。"① 以色列官方的态度是，国内秘密发展核武，对外则统一口径，坚决否认拥核。

除了官方模棱两可的说法外，以色列在核武器发展模式上也显得极为模糊：

第一，不公开试验核武器。与美、苏（俄）、中、法、英五个核大国公开进行核试验不同的是，以色列从来没有公开进行核武器试验。以色列通过与一些国家合作来获取核武器试验的数据。英国媒体报道，1975年以色列曾打算向南非提供核武器，解密的文件上还有佩雷斯的亲笔签名。1989年，美国一家电视台公布了一个调查报告，称以色列和南非正在远程导弹领域进行积极合作，以色列向南非提供远程导弹技术，作为回报，以色列可以从南非获得高浓缩铀和在南非岛屿上进行导弹试验的权利。② 美国卫星还曾经在印度洋上空探测到神秘的闪光，美国CBS电视台当时报道称，那是两国合作进行的一次核试验。③

第二，采取含蓄的核威慑态度。例如在1973年第四次中东战争中，埃及、叙利亚等阿拉伯国家军队英勇作战，使得以色列

---

① ［美］罗杰·帕加克：《中东的核扩散》，美国国防大学出版社，1982年版。

② Leonard S. Spector, op. cit., pp. 131—132. 转引自朱丹："以色列核力量发展模式"，载《西亚非洲》，2003年第2期。

③ "英媒曝以色列向南非出售核武"，http://news.163.com/10/0525/10/67H7GJC000014AED.html.

一度面临被动局面。以色列总理梅厄夫人和国防部长达扬非常焦急。在美国情报部门的协助下，以色列故意泄露一项重要秘密：准备以13颗核弹来攻击埃及首都开罗等敌国大城市，以此对阿拉伯国家进行核恐吓；海湾战争期间，以色列警告伊拉克，如果遭到攻击，将进行“令人敬畏和致命”的报复。

三、“核模糊”政策的影响

第一，扩大了以色列在中东地区的军事优势，同时使其可以逃避“合法性”问题。虽然以色列只拥有1.49万平方公里的国土以及700余万人口，但其强大的常规军事力量却使其在与阿拉伯—伊斯兰国家的对抗中占据了很大的优势，而核武器则进一步让以色列如虎添翼。另外由于美国的支持，以色列更是有恃无恐。为了确保发展核武器的自由，以色列一直拒绝签署《不扩散核武器条约》，并且迄今未批准《全面禁止核试验条约》。如此，以色列就可以不受国际原子能机构的约束，既可以免遭国际社会的指责，又可以为秘密发展核武创造条件。

第二，使美国在核政策上的“双重标准”遭致他国的指责和质疑。如前述，美国在20世纪50—60年代曾在原子能开发方面给予以色列援助，却不支持其拥核。肯尼迪政府曾力图迫使以色列放弃核武研究，但肯尼迪遇刺后，接任的约翰逊政府不再重提这一敏感话题，也就是在此时，以色列在核武器研究上取得了重大进展。之后的尼克松政府，一方面认为以色列发展核武不符合美国利益，打算利用冻结“F－4”战斗机的合同来压制迫使以色列让步，一方面又担心停止向以色列提供战斗机会遭致国内的压力，最终尼克松政府不得不向以色列让步：只要以色列不公开核计划以及核试验，美国就不会对其进行核查。此后，美国政府尽力为以色列的核计划保密。美国对于以色列的偏袒引起了他国的强烈质疑。2004 年 9 月，埃及、沙特阿拉伯和叙利亚向联合国大会提交文件，批评美国和联合国在不断向伊朗施压的同时，却对以色列的秘密核武计划不闻不问。

第三，"核模糊"政策对中东地区的核军备竞赛起到催化作用，使以色列与相关国家关系更加紧张。近年来，中东地区因伊朗核问题而形势紧张。而随着伊朗核能力的增长，中东地区已有 15 个阿拉伯国家制定、启动或恢复了核能开发战略，这在很大程度上又增加了以色列的核压力，而以色列事实核国家的地位又反过来刺激伊朗发展核武器。① 2007 年 9 月 21 日，以色列和伊朗驻国际原子能机构代表发生了直接冲突，以色列代表指控伊朗"说谎"，而伊朗代表则要求国际社会派出核查人员调查以色列的核武实力。② 以色列军方还表示，当遭到攻击时，不排除动用非常手段进行还击。在这种情况下，中东地区存在因核争端而擦枪走火的可能。

第四，"核模糊"政策对核不扩散体系造成严重的负面影响，不利于建立"中东无核区"。长期以来，阿拉伯国家提出建立"中东无核区"，但由于以色列的"核模糊"政策而无法实现。以色列也一直禁止国际原子能机构对其进行核查。时任国际原子能机构总干事的巴拉迪曾表示，他不知道以色列的核研究究竟进行到了何种程度。2004 年 7 月，巴拉迪访问以色列，会见了当时以色列总理沙龙等高级官员。沙龙表示，如果中东地区可以实现真正的和平，以色列可以考虑中东无核区的建议。但是客观地说，中东地区迄今实现完全、真正、彻底的和平显然是没有可能的，因而沙龙之语可以被认为是一种搪塞之词。

---

① 孔光、姚云竹："'无核武器世界'运动评析'"，《世界经济与政治》，2009 年第 9 期。

② "伊朗官员要求国际原子能机构调查以色列核武实力"，http：//www.ce.cn/xwzx/mil/junmore/200709/24/t20070924 _ 13015610. shtml

四、"核模糊"政策面临的挑战

以色列以"核模糊"政策为掩护秘密发展核武器。然而，其核模糊政策也面临来自多方面的挑战。

第一，科学家泄露核心机密。1986 年末，在迪莫纳核基地工作的以色列核科学家瓦努努因"同情阿拉伯人"而被基地除名。瓦努努怀恨在心，辗转逃到英国，然后向英国报纸透露了以色列发展核武器的秘密，这无疑对以色列的"核模糊"政策构成严重威胁。时任以色列总理佩雷斯闻讯后急令"摩萨德"追捕瓦努努。"摩萨德"用"美人计"把瓦努努从伦敦骗到意大利罗马，然后绑架回以色列，以"叛国罪"和"间谍罪"判处瓦努努入狱 18 年。

第二，上层人士无意中透露以色列拥核。2006 年 12 月 11 日，以总理奥尔默特在接受德国媒体采访中说道："伊朗曾公开并明确威胁要把以色列从地图上抹去，当伊朗渴望与美国、法国、以色列和俄罗斯一样拥有核武器时，你能说这是一回事吗?"[①] 不过，奥尔默特的助手随即表示以色列拒绝承认拥核的政策没有发生改变。然而，有媒体认为，对于以色列是否拥核，世界不需要任何正式确认，以色列拥核已经是众人皆知了。

第三，"零核世界"设想对于"核模糊"政策的牵制。无论奥巴马总统提出的"零核世界"到底是何用意，是不是最终真的能实现，这种构想对于全世界爱好和平的人士来说确实起到了一种鼓舞作用。英国路透社认为："华盛顿核峰会对以色列来说结果不错，因为以色列领导人在会上并未像以往一样成众矢之的。不过，这只意味着美国对以色列'模糊'核武政策多年来的容忍

① "以色列总理无意中承认拥有核武"，载《国外核新闻》，2007 年 1 月。

判了‘缓刑’。随着奥巴马对‘无核世界’的追求，以色列这一政策正面临着巨大的压力。”①

以色列的“核模糊”政策，为以色列秘密发展核武器起到了掩护作用，确实让其在中东与阿拉伯—伊斯兰国家的实力对比中取得了上风。不过，这只能使以色列在军事安全方面取得优势，却无法彻底解决来自其他方面的威胁，比如说来自巴勒斯坦的自杀性人体炸弹以及真主党武装人员发射的火箭弹。因为核弹对于恐怖分子或者其他非政治实体是没有太多威慑力的。再者，核武器到底只是一种威慑性武器，在当今世界，没有国家敢轻易动用核武，因而对于以色列这样一个小国来说，即使是拥有百枚核弹，也没有太多的实际效用，反而是一种负担。此外，美国在常规武器方面大力支持以色列，其中一个原因就是担心以色列如果失去常规优势后会动用核武，而这不但会使“核模糊”政策失效，更会在中东造成难以估量的后果，就这一点而言，以色列凭借核武器可以从中获取政治、经济资本。总体而言，对于以色列这么一个国家来说，“核模糊”政策有利有弊。

① “以色列核武器库由‘模糊变透明’”，http：//www. tianjinwe. com/rollnews/gj/201004/t20100416 _ 758252 _ 2. html

俄罗斯研究

冷战后俄罗斯经济改革述评：问题、进程和前景

丁佩华*

内容提要：经济结构严重失衡、畸形，生产增长动力愈趋减弱，经济发展呈现滞胀状态是俄罗斯实施经济改革的主要原因和直接原因。俄罗斯经济改革反映了从新自由主义激进经济改革向权威主义回归这样的进程和轨迹。本质上，权威主义和新自由主义是两种不同的对于经济治理的理念，从而可以看出俄罗斯经济发展的路径已经不再遵循自由经济的发展方针，而是采取国家相对控制经济发展进程和国家调节经济的手段和方法，在自由和控制、市场和集权之间寻找中间道路。

在20世纪90年代初至今的近20年时间里，俄罗斯经济改革经历了两个相对完整的时期，并进入第三期（叶利钦时期、普京时期和梅德韦杰夫执政时期）。不同时期具有不同的改革路径选择，产生的改革结果具有不同的效应和影响。叶利钦时期的激进经济改革付出的代价极其高昂。普京时期的经济改革和调整以

* 丁佩华，上海社会科学院欧亚研究所俄罗斯中亚研究室主任，研究员。

矫枉过正和回归权威主义为特征，在税收改革和经济改革方针调整方面取得成效。不过，普京在第二任期对于经济改革（尤其是经济结构改革）趋向于作为一般的、常态化的进程看待，改革力度趋于减弱。这种状况在梅德韦杰夫执政的现阶段得到延续。

一、改革原因

俄罗斯实施经济改革的原因是多种多样的，其中既有政治原因，也包括社会因素，不过，经济结构严重失衡、畸形，生产增长动力愈趋减弱，经济发展呈滞胀状态是俄罗斯实施经济改革的主要原因和直接原因。20 世纪 70 年代中期，苏联工业生产的增长速度开始下降，经济随即进入“停滞”时期。此后，这种状况一直延续，愈演愈烈，并在 20 世纪 90 年代初形成经济危机形势。

苏联后期公开的和潜在的经济危机形势的基本特点在于：第一，商品短缺。除了一部分进口商品在“白桦”商店用外汇券可购得外，国内商店的货架上日用必需品匮乏，无法满足国内大部分民众正常的生活需求。商品短缺冲击国内正常的经济秩序，自发产生庞大的灰色经济链条，形成巨大的地下经济网络。第二，隐性通货膨胀。没有足够的商品供应，客观上造成货币面额的贬值，使得居民购买力愈趋下降，生活质量不升反降，受到很大影响。虽然国家的集权和控制使卢布曾经在相当长时间保持表面的稳定，但巨大的货币发行量和实际产出商品规模愈趋萎缩产生的供需严重失衡，最终使国家经济陷入难以运转的地步。第三，国家财政赤字、外债庞大。生产上不去，商品供应不足，税收有限，强行维持卢布币值稳定等导致国家财政严重入不敷出，长期财政赤字，而弥补赤字的唯一途径是国际借贷，从而形成巨额外债。

俄罗斯激进经济改革的思路可以追溯到20世纪70年代末的苏联时期。严重的经济问题迫使俄经济学家思考和寻找经济发展新的出路，激进改革思路就是在那个时期逐渐形成，并成为俄90年代前期改革的主旋律。面对经济困境，当时在苏联国家计划委员会工作的经济学家维塔里·纳苏利等率先提出自由化改革的设想，包括通过发行私有化支票，建立自由化的价格形成机制等手段变国家公有制为私有制。不过，纳苏利的主张在当时没有得到社会认同。随着戈尔巴乔夫执政，国内于1987年出现了另外两个主张经济自由化的激进改革派，它们是以西蒙、科尔冬斯基、什罗宁和阿维恩为代表的新西伯利亚派和以盖达尔、丘拜斯、科赫等为代表的莫斯科—圣彼得堡派。新西伯利亚派主张苏联改革以第三世界国家的转型为样板，莫斯科—圣彼得堡派则主张以东欧国家的改革为典范，而纳苏利派因预感实施私有化无法达到国家与经济脱离的目标改变了初衷，从20世纪90年代初开始反对私有化政策。[①]

之后，一些俄罗斯和西方学者也发表了一些有见地的必须进行经济改革的观点。例如，俄罗斯联合民主党（“亚博卢”）副主席勃列萨科夫认为，改革不可避免的主要理由之一是国家受外部条件制约。20世纪80年代中期不仅苏联，而且由苏联控制的东欧国家都处于社会经济危机前状态，国家的科技潜力很大程度上耗尽，实现科技革命突破的可能性丧失，促进科技进步的决定性因素（国内外市场竞争）对于社会主义国家实际上是陌生的。这要求苏联融入全球化进程以换取信息、工艺和科学新发明，但在被资本主义国家孤立和冷战的国际氛围下，苏联不具备这种可能性。高度军事化的经济、大量武器出口第三世界国家和武器出口收入的欠债状态，削弱经济发展动力，使之不能持续提

① Публичная лекция Виталия Найшуля-Автор ваучера о либеральных реформах. http：//polit. ru/lectures/2004/04/21/vaucher. html.

高苏联国民的生活水平，使得社会经济危机现象丛生。[①] 博列萨科夫的观点反映出一个事实，即社会主义国家在发展过程中也需要紧跟时代，融入世界科技革命和进步的潮流之中，不断改造自身经济发展的基础，不断创新，否则就会被科技进步的历史进程所淘汰。

美国学者吉利·潘克拉托夫则认为，苏联经济体制僵化是问题的关键。苏联后期社会经济模式的能量已经耗尽，这种模式完全无能力向具有现代消费特征的后工业社会过渡。他指出，苏联在 20 世纪 70 年代初有过使得这一模式变得更为灵活和更有发展能力的机会，但这样的机会和可能性在 20 世纪 70 年代末消失。因为那时苏联体制已经过于僵化，历史欠账太多，转型有巨大风险。他不认为 20 世纪 80 年代国际油价下跌是经济恶化的主因，因为在油价下跌的同时，苏联增加的天然气出口足以填补这一缺口，加上苏联政府曾经大量向外举债，并不存在财政无支付状况。所以，真正原因是内部经济体制问题，外部因素是第二位的。[②] 根据他的见解，经济问题不是苏联体制崩溃唯一的主要原因，却是俄罗斯政权在立国后一开始就迫不及待实施经济改革的基本原因。一方面，在苏联体制下也曾经有着进行经济改革并获得改革成功的机会和可能性，另一方面，在俄罗斯新的政治制度下，不进行经济改革同样不能促进国家的繁荣和进步，不能使国内的社会政治局势长期稳定。

一般而言，苏联后期产生的经济危机状况的原因虽然错综复杂，但可归咎于经济非市场化的国家垄断、管理高度集权、指令性计划和行政命令等为特征的苏联经济体制，这种体制的主要弊病在于：第一，利益与责任分离。虽然从 20 世纪 50 年代后期

---

① ИванБольшаков：Курсрадикальныхэкономическихреформ и его последствия. http：//www. politnauka. org/library/russia/bolshakov. php.

② ЭКСПЕРТЫ НАЗВАЛИ ПРИЧИНЫ РАСПАДА СССР，8 января 2011，http：//www. iarex. ru/articles/11709. html.

起，苏联已经开始尝试将个人的工作成就与物质利益挂钩的一系列经济改革措施，但因受其他条件制约，效果不明显。第二，生产和社会需求脱节。这种体制造成大范围的生产与社会、生产与市场需求脱节的状况，一方面，经济呈现社会化大生产状况，另一方面，产品对口社会需求的范围狭窄；一方面，生产设备技术更新缓慢，另一方面，产品升级落后于社会实际需求。第三，形成经济结构严重失衡并难以扭转的局面。苏联时期长期实行以发展重工业为优先的方针，将大量投资用于发展重工业，并将其中的相当一部分资金用于发展军事工业，从而造成轻工业、农业投资的缺乏，制约了轻工业和农业的发展，形成重工业重，轻工业轻，农业长期落后的局面。国家在大量生产军工产品的同时，轻工业和农业产品生产受到制约，在用于国防的开支占国民收入20%，军工产品产值占国内生产总产品20%（戈尔巴乔夫语）[①]的苏联成为世界军事强国的同时，国民生活水平、生活质量的提高明显滞后。

二、不同时期的改革路径选择

在20世纪90年代初至今的近20年时间里，俄罗斯经济改革经历了两个相对完整的时期，并进入第三期。第一时期是叶利钦于90年代初俄罗斯立国后即大规模实施的激进经济改革时期，经历了近10年时间。第二时期为普京执政时期的经济改革和调整，这一时期可被认为是对前一时期经济改革的反思、补充和缓进的时期。经济改革第三时期始于梅德韦杰夫执政后，反映了新一任总统在任内对经济改革新的意图、思路和取向。

① Долгов Иван: Причины распада СССР（ч.2），13 марта 2007，http://www.postsoviet.ru/print.php? pid=153.

第一时期的改革以苏联科学院院士沙塔林、亚夫林斯基的经济改革“500天”纲领为蓝本，以美国经济学家，休克疗法的主导者杰弗里·萨克斯为总导演，致力于推行、贯彻新自由主义经济理念，确定价格自由化、外贸自由化和财产私有化三大改革措施。改革方针很明确，即：由计划经济体制向自由市场经济制度过渡。具体目标为：通过价格自由化解决商品短缺问题；通过外贸自由化促进俄经济企业和主体走向世界，俄产品和技术积极参与国际竞争；通过私有化实现国家财产的社会再分配，实现国家财产向个人转移，在俄罗斯建立庞大的私有者阶层和私有制经济基础。

1992年初根据叶利钦总统令实施的放开物价措施是“野蛮”解决商品短缺的手段，是用“休克”的方法解决商品短缺和货币量过多的矛盾，措施粗暴，完全不计后果。稍后实施的外贸自由化亦旨在克服国家对外贸的垄断和控制，允许俄各种经营主体自由从事外贸业务，建立对外联系，并允许他们一定程度上自由利用外贸收入（外汇），打破内外市场有别、内外市场分割、内外市场价格构成差异等状况，促进国际竞争和自由市场的发育和发展。1992年夏，在俄罗斯国家财产委员会草率对国有企业资产进行账面余额评估后，俄罗斯国内开始了大规模的私有化过程，国家将大批国有企业的财产先后通过支票私有化、股份化和典押拍卖等方法无偿或以极低的价格转移到私人手中，旨在在俄罗斯培育私有经营者阶层，形成庞大的中产阶级，建立以私有制为基础的资本主义市场经济关系。

普京时期的经济改革和调整以矫枉过正和回归权威主义为特征：第一，对叶利钦时期激进经济改革方针进行调整；第二，实施税收改革；第三，调整经济发展方针。

普京在1999年8月9日被叶利钦任命为俄政府总理后不仅承接了前任总理普里马科夫对经济政策进行调整的基本思路，而且进一步加大了经济调整力度。在担任总统职务之后，普京及时提出了建立“可控市场经济”制度的主张，并力求通过加速经济增长扩大国内消费。[①] 显然，普京更重视国家集权，注重国家对于经济的调控和对于市场的指导。由于激进经济改革的无效及其给国家经济发展和社会稳定造成巨大危害，普京发展经济的思路和主张很快获得国内大部分政治力量的支持。并且，随着经济状况好转，经济增长率逐年上升，“可控市场经济”方针得到巩固和加强。普京向具有政治野心的寡头实施坚决打击策略的目的在于：第一，国家不允许寡头利用自身的经济地位和影响干预国政，更不允许寡头因此而获得执掌政权的机会和条件。第二，不允许寡头继续走符合西方意愿的自由化市场经济道路，也不允许90年代使他们获得暴富结果的激进改革延续。第三，不允许因寡头经济势力膨胀而影响整个国家经济新的发展方向。不过，普京政权并不反对所有寡头。换言之，在现有经济制度条件下，所有“遵纪守法”的金融和实业寡头，所有依附、拥护政权的富豪、大亨都不会遭受政权的打击或排斥。正如政治研究所所长马尔可夫所指出的：普京政权并没有准备打击所有寡头，因为寡头同时也是国内的大实业公司，未来俄罗斯命运与这些大公司联结。[②] 同时，打击“不法”寡头也就是对国家经济和财力的支持。政府通过严格追缴税金、罚没款和资产抵押等手段，将违法寡头的部分或全部资产转入国库或由国家控制的战略企业，使部分私有资产实现有利于国家的再分配，以至俄国内外媒体一度误认为普京政权开始实施“再国有化”政策。

普京时期经济领域能够称得上真正改革的是税收制度改革。为了促进经济发展，降低税收费率和减少税收品种以减少企业的税收负担成为税收改革的基本取向。与此同时，改革者强调将原

① “普京认为俄经济应是可控制的市场经济”，《国际日报》，2000年4月1日。http：//news. sina. com. cn/world/2000－4－1/77819. html。

② Анастасия Корня，Кира Латухина：КАЗНЬОЛИГАРХОВ ОТКЛАДЫВАЕТСЯ，http：//www. ng. ru/gazeta，08. 12. 2004.

料开采工业列为税收重要来源的重要意义。在2000—2008年间，普京政权几乎每年出台新的税改项目，逐渐形成新的税收体系。主要的税种变化和税收部门改进工作包括，完全取消住宅基金维修税，确定13%个人所得税，利润税由35%降至24%，资源开采税按市场行情浮动征收，简化小企业纳税系统，取消销售税，提高税收机构的工作效率等等。从某种意义上说，在俄罗斯经济领域实施的诸多改革方案中，唯税收改革方案达到了预期目标，取得了相应的成就。

普京政权经济制度的基础仍然是私有制，同时，普京没有放弃私有化进程。不过，普京担任总统时期的私有化具有前弱化后趋稳的特点：第一，在普京执政前期，由于对不法寡头的严肃处理以及对他们的资产进行有利于国家的再分配，以往具有强势特征的私有化进程明显趋缓，许多计划中的私有化方案或被取消，或被推迟。第二，普京时期的私有化更多以股份化、证券化的形式实现国有资产产权的转移，形成众多所有者或股东对企业资产的共同持有。第三，列入中止私有化或延缓私有化的战略企业和其他重要企业名册的企业数量增加，范围扩大，其目的在于保证国家总体经济安全和便于对关键企业、资产的国家控制和管理。第四，普京政权也允许一些战略企业或重要企业继续私有化，但前提是保证国家控制，为此对投资者或参股者的条件进行有针对性的选择，保证被私有化企业经营、发展的稳定性和安全性。第五，已私有化企业产权再分配普遍化，包括使已经股份化企业中的国有资产所占比重继续减少，使股份公司之间兼并、联合和相互参股过程持续。这使得俄企业产权结构愈益复杂，你中有我，我中有你，或形成金字塔式的垂直一体化的集团管理模式，或吸收外国投资者参股以增强企业经营活力，或促进建立已私有化企业跨行业、跨部门的联合经营体系。此外，一些已经被私有化的企业因其地位重要由国家出资实施对企业控股股份的回购，也有因经营困难难以为继的重要垄断企业（如统一电力系统）被拆股出售的。

同过去比较，普京时期的私有化具有明显不同的方式、特征和性质。第一，私有化仍然以拍卖和竞标两种方式进行，但速率明显减缓，不再是激进的、休克疗法式的，而是以较为深思熟虑的、较为稳健的步骤进行。第二，私有化的重点在农林牧渔企业、商贸企业和加工工业企业，地方企业私有化占较大比重。第三，私有化更看重改变对象的经营状况和效益，因此，机器制造业等产业的企业私有化仍然具有局限。第四，对大企业的私有化也注重企业产权结构的调整，以是否保证企业效益的扩大为原则。第五，私有化允许外国资本有条件介入，但在许多企业参与份额仍然受到限制。第六，私有化更关注国家利益，换言之，私有化方案以能否保证国家经济安全为取舍标准，以保证国家对宏观经济的调控，保证国家提高对经济增长和社会发展统筹兼顾的能力为前提。私有化更多采取模式化的实施程序，规定了从目标、任务、措施、组织机制、必要资源到风险评估等统一的实施格式。①

梅德韦杰夫政权对经济改革和发展具有新的立场和观点。例如，梅德韦杰夫将为什么俄罗斯经过近 20 年的“暴风雨般的改革”，仍然没有摆脱对能源、原料结构性依赖的问题归结为俄罗斯很大程度上依然没有重视和满足人的社会消费需求和市场意识薄弱。较之经济改革，梅德韦杰夫更强调向创新经济过渡和实现经济现代化，较之经济改革的作用，梅德韦杰夫更强调政治、社会改革对于经济发展的综合作用，换言之，改革从其他领域着手，但为促进经济发展之目的。为此，一方面，梅德韦杰夫积极推进教育、卫生、保险、养老金等社会领域的改革，另一方面，积极从事旨在反腐等政治领域的制度改革。政治和社会改革旨在

---

① КонстантинФРУМКИН：ФРУМКИНАНДРЕЙ БЕЛОУСОВ：“НАС ОЖИДАЕТ ПЯТЬ РЕФОРМ”，http：//www. izvestia. ru，05. 03. 04.

建立透明、诚信和简单的国家与公民关系，建立现代化的国家服务体系。继续实施的和经过调整的改革是私有化，与普京时期扩大国家战略企业数量和规模相反，梅德韦杰夫政权大量压缩国有战略企业的数量，将精简出的这些企业列入私有化计划，旨在通过私有化提高它们的生产经营效益，将私有化收入优先用于经济现代化建设。这要求改造整个体制，而不是个别制度。①

三、改革结果、经验、教训和前景

从结果上看，三个不同时期产生的改革结果具有不同的效应和影响。

叶利钦时期的激进经济改革使得俄罗斯私有制基础得以确立，市场经济关系得以形成，但付出的代价极其巨大。第一，改革过程中实现的市场供需平衡是在卢布币值剧跌、俄普通居民的存款因货币贬值几乎荡然无存、自身购买力极端下降的情况下实现，所以，市场供需获得相对平衡不是商品产出多了，而是居民最大限度压缩自身开支，限制自身消费的结果。第二，外贸自由化固然促进了内外市场的联系和流通，但在俄罗斯极其缺乏流动资金和投资情况下，俄罗斯国内生产的商品规模曾持续下降（20世纪90年代中后期俄年国内生产总值较之苏联末期减少了五分之二以上），唯出口石油、天然气和其他矿产资源才能保证国家最低限度的财政收入和外汇收入，使之能够从境外进口日用消费品和其他必需品，但这又产生了新的经济结构的不平衡和畸形状态。第三，私有化改革将大量国有资产转入私人手中，但没有使

① Послание Президента РФ Дмитрия Медведева Федеральному Собранию Российской Федерации，“Российскаягазета” - Федеральный выпуск № 5350（271）от 1 декабря 2010 г. http：//www. rg. ru/2010/11/30/poslanie-tekst. html.

全体俄罗斯公民受益，在政权无法对私有化进程进行有效控制和监督的情况下，国家企业大量资产以极低的价格集中转移到了少数人手中，使他们成为俄罗斯激进经济改革的主要得益者，使他们中的许多人在短时间内成为拥有巨大财富和一定程度上开始左右国内政治的经济寡头，使俄罗斯经济在倾向于摆脱国家高度集权和垄断的同时趋向于形成受寡头控制和垄断的经济形态。

激进改革亦对俄罗斯社会产生巨大负面影响：一方面，俄罗斯社会贫富差距急剧扩大，俄大部分民众贫困化，仅少数人一夜暴富，另一方面，政府权威急剧下降，经济寡头开始成为左右俄罗斯经济的主要势力；一方面，原社会保障机制被破坏殆尽，另一方面，新的社会保障机制还在筹建之中，跟不上改革进程；一方面，俄罗斯人口出生率急剧下降，另一方面，俄罗斯死亡率持续上升，贫困和疾病极大降低了俄人均寿命水平；一方面，科技发展严重受阻，高级专业人才大量流失，另一方面，教育、卫生和文化等领域的发展严重变形等等。

剧烈的经济改革使得俄罗斯经济在新的低点上于 20 世纪 90 年代中期达到相对平衡，但犹如尚未痊愈的病人一样毫无抵御新的疾病的能力，世界金融风暴使俄罗斯再度陷入金融危机、财政无支付能力的窘境之中。

叶利钦时期改革带给我们的问题和结论是：第一，俄罗斯经济转轨是否需要采取激进的经济改革方式，是否需要付出如此大的破坏性的代价。换言之，如果不采取激进经济改革方式，俄罗斯是否能够以相对小的代价同样建立私有制经济基础和形成市场经济关系？答案应该是肯定的。这虽然只涉及改革的行为方式选择的问题，但却产生本质上截然不同的结果，使得国家和社会平稳向新的经济体制过渡。第二，走市场经济道路是否一定要彻底改变财产的所有制性质，答案是否定的。不可否认，资产个人经营具有促进和提高经营积极性和经济效益的作用，但集体的或国有的经营主体也具有自身优势（集体智慧、共有资源和国家提供直接支持等优势）。显然，较好的所有制形式应该是混合所有制形式。第三，经济改革的成功是否一定以改变国家的政治制度为前提。答案也是否定的。因为中国经济改革取得的成功已经在事实上证明这一点。虽然经济和政治的关系是基础和上层建筑的关系，但两者也具有自身的相对独立性和特点；虽然现代私有制是资本主义社会形态的基础，但公有制或混合所有制却是社会主义社会的基础和核心内容。

不过，有一个现象同样值得注意，那就是，激进经济改革给俄罗斯经济和社会带来巨大破坏和灾难，使得自身的大国影响力和国际地位被严重削弱，却没有使倡导激进经济改革的人和政权垮台，也没有使已经改变的制度原地返回。有一点可以肯定，俄罗斯有相当一部分民众相信经济改革的目标是可信的，可以实现的，改革将使俄罗斯经济的发展变得有希望、有前景。

普京时期俄罗斯税收改革和经济改革方针调整取得了一定结果和成效。某种意义上，普京政权的税收改革确定了俄罗斯税收体系，使之有利于中小企业的发展，有利于科技发展和调动企业经营积极性。改革方针的调整则使得俄罗斯发展自由市场经济方案得到修改，包括经济制度的自由化色彩被淡化，突出务实和国家对经济的调控作用。

虽然普京执政时期俄罗斯经济出现了持续增长趋势，以美元面值计算的国内生产总值翻番，但经济增长主要由国际油价带动，俄罗斯经济增长质量依然不高，表面上良好的经济形势并不代表俄罗斯经济内在发展的合理和协调，最大的问题是俄罗斯经济结构的非效率状况没有得到根本改观，俄罗斯经济结构中历来存在的严重畸形和失衡状况没有改观。例如，原苏联产业结构反映的重工业“重”，轻工业“轻”，农业相对落后的失衡状况虽然到了普京时期发生了一系列变化，但依然存在，变为重工业“不重”，轻工业“更轻”，农业状况有所改善。

产业结构失衡导致贸易结构的畸形发展。普京时期以油气为主的能源出口始终占着俄对外出口50%以上的比重，不但没有改变前10年的贸易失衡状况，反而愈益加重。与此同时，机器制造工业品的出口比重逐年下降，国内对于本国机器制造业产品的需求同样持续减少，而俄罗斯市场对国外同类产品需求则急剧增加。以中俄贸易为例，2007年俄罗斯对中国机器制造产品出口仅为2.3亿美元，而中国对俄罗斯机械产品出口则上升到61亿美元。[①] 2007年8月，由于互贸产品结构不对称状况继续扩大，加上俄罗斯对华钢管临时需求急剧增长，俄罗斯对华石油出口量不升反降，导致俄罗斯对华贸易出现7亿美元逆差，[②] 全年逆差超过80亿美元。

产业结构失衡亦导致投资结构的失调并难以扭转。尽管俄国内外资金对俄经济部门的投入有很大增加，但总体上无法改变投资者投资选择的倾向性和投资结构畸形状况。第一，投资者总是倾向于将自己的资金投入更有稳定收益和高收益的部门，从而导致大量外来资金继续流向油气领域及其相关的经济部门。第二，对于油气部门等少数经济部门的大量投资必然减少其他经济部门尤其是低收益部门资金的流入规模，从而使这些部门因缺乏必要的技术改造和设备更新资金而无法在短期内获得新生。第三，俄罗斯至今缺乏良好的投资环境，政府部门官员对于外部投资的官僚主义态度和对于投资方式选择的忽略，导致外部投资效率处于相对低的水平。例如，2006年，虽然外部投资总额达到420亿美元的规模，但其中直接投资规模仅占三分之一左右，其余大部分是外国投资者对证券、基金市场的“皮包投资”，余下部分则是外国银行或财团对俄经济项目的贷款。2007年外资规模又有极大增加，但外资结构变化不大。第四，俄各地获得经济投资的规模具有很大差异，经济发展状况较好的地区、承担大规模建设

---

① Игорь Наумов, “Нсзависимая газета”: Китай видит в России свой энсргосырьевой придаток, НОВОСТИ WWW. OILRU. COM, 07. 11. 2007.

② 同上。

项目的地区，资金投入规模相对较大，反之则继续处于资金饥渴状态。而且，这并不充分反映各地经济发展实际状况。因为，即使在短期内获得较多内外投资的地区一定程度上也不是自身经济强劲发展、投资环境明显改善的结果，而往往是偶然因素作用的结果。例如，因国家在某个地区实施核电站建设等大项目，从而使当地投资额在短时期内大规模增加。

经济结构的失衡、经济效益差距拉大等导致其他次一级经济结构链的不对称状况扩大，导致：第一，产品市场占有率悬殊，许多经济部门的产品不但进入不了国际市场，在国内市场的占有份额亦呈继续减少趋势；第二，经济部门间资产转移、产值规模分化、再分配趋势增强，使强者愈强，弱者愈弱；第三，产业间，部门间收入分配差距继续拉大；第四，财政收入结构畸形，其中，油气收入占财政总收入的比重居高不下，等等。

这种状况表明，普京政权实施的一系列经济改革和调整措施只是在表面上起到一定积极作用和效应，而经济领域历来存在的深层次问题依然存在，不但难以根除，反而变得更为错综复杂。不过，由于经济状况好转，普京在第二任期将更多的注意力集中在加速经济发展方面，更多关注向创新经济过渡战略，对于经济改革（尤其是经济结构改革）趋向于作为一般的、常态化的进程看待，改革力度愈趋减弱。

这种状况在梅德韦杰夫执政的现阶段持续。由于俄罗斯经济近期又遭受国际金融危机的沉重打击，俄罗斯政权将更多的注意力集中在如何摆脱危机影响，促进经济复苏等基本任务上。虽然梅德韦杰夫指出了国内存在严重的经济结构失衡问题，但并没有直接出台针对性的经济结构改革的方针、政策和纲领。他将结构改革看作实现国家经济现代化的具体配套措施，而不是作为战略任务单独立项和实施，从而将这一改革的重要性降到了次要的位置，使得经济结构改革和经济发展两大任务发生错位。可以预期，在国际油气行情重新攀高的情况下，俄罗斯经济结构改革的步伐在惰性力量的阻碍下会愈趋缓慢，经济结构严重失衡状况依然将长期存在，并继续减弱俄罗斯经济发展的动力和能量，从而拖累向创新经济过渡的速率和现代化的步伐。

俄罗斯近20年的经济改革反映了从新自由主义激进经济改革向权威主义回归这样的进程和轨迹，反映出激进经济改革与俄罗斯国情之间存在较大差距。权威主义一说虽然具有政治而非经济含义，但却确切地反映了普京政权对于经济发展的政治立场和思考。由于权威主义学说符合俄罗斯民族历来的集体主义精神和传统，从而能够成为适合于俄罗斯经济治理和管理的理念。本质上，权威主义和新自由主义是两种不同的对于经济治理的理念，从而可以看出俄罗斯经济发展的路径已经不是遵循自由经济的发展方针，而是采取国家相对控制经济进程或国家调节经济的手段和方法，在自由和控制、市场和集权之间寻找中间道路，这由俄罗斯的特殊国情所决定，显示俄罗斯经济改革进程中的成功与失误、经验与教训、现状和前景。

从苏联到俄罗斯：国家形象变迁分析

廉晓敏*

内容提要：苏联解体至今已将近 20 个年头，新生俄罗斯联邦的转型之路也从狂飙突进渐入谨慎稳健阶段。在这场重大变革中，西方国家眼中苏联曾经的“敌人”国家形象，也如其辽阔的幅员、慑人的军事力量等，被俄罗斯部分“继承”，只是这份“遗产”却成为俄罗斯联邦的一个负担，是它在转型过程中努力要摆脱和改变的。

1991 年 12 月 26 日，苏联解体，俄罗斯联邦开始以独立主权国家的身份出现在国际社会，而国际社会也由于苏东剧变，力量对比发生了自二战以来最为重大的变化。尽管俄罗斯是苏联唯一的继承国，但“解体”事件本身已经说明了冷战的胜负结果，新生的俄罗斯联邦在国际社会中已不再保有苏联所具有的“超级大国”地位。如今的俄罗斯在经历了叶利钦时代疾风骤雨般的改革后，历经一系列转型，必须承认，这个国家在体制方面与过去

* 廉晓敏，上海社科院欧亚研究所助理研究员。

的苏联有了很大不同。然而不可否认的是，虽然苏联的解体标志着冷战的结束，但目前在谈论俄罗斯与以美国为首的西方国家的关系时，尤其是当双方关系发展出现麻烦时，人们仍然会联想到“冷战”、“敌对”等概念，仍然会从美苏时期的冷战逻辑思维角度试图解析当今的现实问题。从苏联到俄罗斯联邦，国家发生了根本变化，在这重大的变迁中，它在国际社会，特别是西方世界的国家形象是否也随之发生了相应的变化？发生了怎样的变化？新生的俄罗斯联邦又是对其如何应对的？本文将就这些问题展开讨论。

一、国家形象问题的理论辨析

目前我国学术界对“国家形象”的研究和探讨多从传播学和国际关系学相结合的角度出发，是一种跨学科的研究，这与“国家形象”概念的复杂性不无关系。就“形象”概念而言，从它所指的对象看：一方面它指某人、某物或某个主体本身客观所具有的某种或某些性状，此为第一个层面；另一方面，它也包含了这样的所指，即某个主体对自我或他者、他事物的认识、理解和看法。因此，综观国内学者关于国家形象的界定，其理论依据可追本溯源到字典中对“形象”的定义，从反映论的角度给出的一种“评价”、“印象”、“认识”，[①] 这种定义角度与美国学者在类似研究中的观点是基本一致的。布雷特·西尔弗斯坦（Brett Silverstein）在梳理性的文章《Enemy Images - *The Psychology of U. S. Attitudes and Cognitions Regarding the Soviet Union*》中指出，在描述某国人民对某外国的看法观点时，除了“形象/印

---

① 李正国著：《国家形象构建》，北京：中国传媒大学出版社，2005年版，第22—23页。

象（image）”外，人们还用到各种不同的词，例如“理解（perception）”、“认知（cognition）”、“信念（belief）”、“态度（attitude）”等。由于“image”可以是存在某个个体头脑中的，也可以是被某个群体所共同认知的，还可以是报纸或电视上某种具体的事物，因此“image”（形象）这个词具有很好的灵活性和机动性。①

如果把对“形象”概念不同角度的内涵分析作为理解“国家形象”的突破点，结合目前对“国家形象”的跨学科研究的成果，我们在讨论从苏联到俄罗斯的国家形象问题时，必须明确：形象可以是指客观事物本身的性状，也可以指基于客观事物本身而对其形成的某种或一系列看法、认识或观点，但目前在各领域对国家形象的跨学科研究中，更侧重的是形象的第二个层面，国家本身是怎样固然重要，但更重要的是，认识主体对国家认知的结果、理想认知结果、怎样干预有关国家认知的结果以及不同认知结果的利弊效果等。不管是国家的整体与局部形象、内部与外部形象、动态与静态形象，还是真实与虚假形象，都是存在于舆论和人们心中的一些认知结果。

二、苏联——“敌人”、“红色恐怖”的代名词

（一）“敌人形象”的形成背景

在苏联存在的70多年间，对于西方世界来说，它是不折不扣的“红色威胁”。早在二战之前，当十月社会主义革命在俄国胜利，建立共产主义政权之时，两种社会制度之间就已经埋下

① Silverstein，Brett，“Enemy Images：The Psychology of U.S. Attitudes and Cognitions Regarding the Soviet Union”，*American Psychologist*，June 1989。

“仇恨的种子”。20世纪20—30年代，根据马克思主义的“世界革命”理论，新成立的苏联政府通过各种途径扩大革命的影响，号召其他资本主义国家的无产阶级起来发动革命，推翻本国的资产阶级统治。这种“输出革命”的态度必然激起资本主义国家的不满，把苏联和苏联共产党视作“红祸”。美国国务卿罗伯特·兰辛［Robert Lansing（1915—1920）］就曾宣称：“布尔什维克是现存国际体系的直接威胁，应当被消灭，因为他们向普通人宣扬阶级斗争而不是爱国主义，这是根本性的错误。”[①]

自诞生之日起，由于意识形态方面的根本差异，苏联与西方国家间的关系性质就注定是敌视对抗的。以马克思主义为指导的俄国共产党在历经几次革命斗争风暴后，终以一场“十月革命”结束了俄罗斯大地上的封建沙文帝国专制统治。新生的苏维埃社会主义国家在孤立无援且实力较弱的境地下，处于敌对的帝国主义国家包围中，多年的战争更是使整个国民经济濒临崩溃，可谓雪上加霜。尽管建国之初的生存发展环境十分恶劣，但是经过两个“五年计划”的集中建设，到第二次世界大战爆发前，30年代末的苏联工业总产值比1913年一战前增加了6倍，超过德、英、法，跃居欧洲第一位、世界第二位。军事实力也不容小觑。[②]经济实力和军事实力的壮大，使苏联的国际地位和影响力得到提高。1929年，英国恢复了与苏联于1927年断绝的外交关系；1932年，法国同苏联签订了《互不侵犯条约》；1933年，拒不承认苏联16年之久的美国也改变了对苏联的敌视政策，与苏联建立了外交关系。

外交关系的恢复，并不意味着持不同意识形态立场的苏联被英美等西方国家全面接受。二战初期，英国和美国对欧洲大陆态势发展所表现出的“绥靖”、“漠然”态度，其中不乏“祸水东

---

① Archer J., *The Russians and The Americans*. N. Y., Hawthorn Books, 1975, p53.

② 王仰正，赵爱国，周民权编著：《俄罗斯概况》，上海外语教育出版社，2006年版，第85页。

引”的“居心”。只是后来事态的发展超出了当时英美国家决策层的预期。如果说“一战”催生了苏维埃社会主义共和国，那么第二次世界大战则为这个国家获得世界范围内的影响力和决策力提供了机会，尽管同时也付出了惨痛的代价。在初期遭受德国突袭重创的苏联，以在莫斯科、斯大林格勒、库尔斯克进行的三次标志性战役，扭转了在本土的战争形势，并在随后的进程中以“欧洲解放者”的姿态攻进柏林。苏联的加入为改变战争中的力量对比和战争格局发挥了重大作用，并为其在战后参与国际体系重建赢得了不少筹码。

二战期间为了对付共同的敌人形成的苏、美、英三国战时同盟，通过三次首脑间的国际会议进一步协调了彼此关系和力量对比，奠定了大战结束时形成的新国际格局——雅尔塔体系，只是真正能在这一新的国际格局中掌握主动的是美国和苏联。美苏作为意识形态对立的两个国家，能够在战时结成同盟合作关系，最主要的原因是，当时国家安全面临威胁，而国家生存问题则是一个国家的利益的本质核心问题。但是当和平来临，国家的生存威胁消除后，作为决定国家对外目标的重要依据和决定因素的国家利益内涵就会随国际环境改变而改变，战时同盟存在的基础没有了。美苏在战时就战后世界安排和欧洲等一系列国际问题达成的协议，是战争环境下相互妥协的结果，其中必然会暂时压下一些利益方面的矛盾和冲突，但在和平环境下原有的矛盾和冲突难免会日益尖锐化和表面化。不可避免的，战后双方在处理双边和多边关系上会出现相应的战略政策调整。因此二战结束不久，另一种形式的战争——“冷战”开始了。

战后，美国为了称霸世界开始调整战时推行的对外政策，尤其是对苏联的政策。罗斯福总统的继任者杜鲁门认为苏联是美国战后称霸世界的严重障碍和主要对手，“已经厌倦于笼络苏联人”，主张对苏联采取强硬的政策，而苏联对此也采取了“回击”，由此构成了绵延45年之久的“冷战”。[①] 也就是在冷战期间，苏联的“敌人形象”逐渐成型。

冷战框架下，美苏意识形态对立是两种政治和经济制度、两种生活方式和价值观的对抗与斗争。这使双方在决策层高度已定下了“敌对”的基调。美苏双方决策层都认为，由于社会制度、意识形态方面的差异，对方必然视自己为敌人和对手，必然会对自己实施强硬的态度和手段。西方认为它们的资本主义扩张、民主、人权和基督教文明受到来自苏联计划经济、专制恐怖和无神论的严重挑战。而西方国家也相信，苏联同样把西方视为对自己的威胁，因为苏联领导人把资本主义世界“描绘成一个罪恶的、敌视的、威胁着苏联的世界”。这一观点在乔治·凯南著名的“八千字电报”中体现出来。凯南强调苏联有着根植于意识形态的倾向，认为西方是富有侵略性的。[②] 与此同时，苏联方面也将美苏关系的结果定位在战争上。[③] 在这种互相敌对的态势下，双方也全都选择力争优势，决不示弱。冷战标志性的表现形式——意识形态对抗中，一个重要的特征就是相互敌对和互不信任，往往通过意识形态的棱镜来看待对方，把对方视为敌人。冷战的每一方都认定和相信另一方具有不同的价值观、寻求不同的目标，对方的存在和发展是对自己核心价值取向的根本威胁。每方都把自己看作是上帝，最诚实、最道德，并在维护和推进人类最高尚的价值观；对方是魔鬼，是破坏者和侵略者。意识形态为各自信奉与坚持自己的社会制度和秩序提供了稳定性的基础以及扩展的合法性。[④] 这样

---

① 刘金质著：《冷战史（1945—1991）》，北京：世界知识出版社，2002年版，第9—11页。

② （美）罗伯特·杰维斯著，秦亚青译：《国际政治中的知觉与错误知觉》，北京：世界知识出版社，2003年版，第66页。

③ 何伟：“‘诺维科夫报告’与冷战初期的苏联外交政策”，《世界历史》，2006年第2期，第31页。

④ 刘金质著：《冷战史（1945—1991）》，北京：世界知识出版社，2002年版，第13—14页。

的氛围无疑助长了“敌人形象”的生成和发展。

（二）“敌人形象”的固化

有学者认为，在国际关系研究领域，国家形象的研究方法最早主要集中应用于美国对冷战期间的美苏关系研究。后来，美苏的相互形象又深化发展成为一个“敌人形象”研究的重要课题。[①] 也有学者指出，在相当长的历史时期内，国家形象并未作为一个明确的概念提出，更多是作为政治学研究或军事学研究的一个附属，为建立政治和军事合法性而服务。最先将国家形象概念提升到理论层面的是新闻传播学。二次世界大战期间，“宣传”的理论和技巧得到空前的重视，国家形象作为一个独立概念逐渐凸显，其研究目的是服从战争宣传需要，研究重点是通过塑造良好国家形象来促使国家利益实现。[②] 随着各方学者研究的不断发展和深入，负面的、敌对的形象逐渐成为外部世界，尤其是西方国家对苏联认知和态度的一个标签和基点。

苏联的“敌人形象”从一个研究课题逐渐成为一种社会共识，决策层和大众传媒在其中起了重要的作用。前面提到，美苏的“敌对”基调在决策层已经定下，但是这种官方态度的“深入民心”，离不开大众传媒的推波助澜。杜鲁门政府利用媒体不断批评、指责苏联，极力将苏联刻画为一个“极权主义国家”，从而迅速转变了苏联在战时给美国民众留下的良好形象，为推行“冷战”政策奠定了民众基础。[③] 在信息获取渠道方面，美国的普通民众当然不可能像当权者那样，能够看到国务院的备忘录或

① 李正国：“当前国内学术界对国家形象的研究现状”，《宁夏党校学报》，2006年1月第8卷第1期。

② 王珏，汪伟民：“国家形象的心理形成机制初探”，《国际论坛》，2007年7月第9卷第4期。

③ 刘疆：“美国民众对苏联态度的转变与‘杜鲁门主义’的出台”，《南都学刊（人文社会科学学报）》，2003年5月第23卷第3期。

者专家和情报部门的评估报告。大众对一切外部国家的态度，可以说主要是通过官员们的各种表态、声明和媒体报道来形成。为了使自己的政策得到本国民众的支持，尤其是在美国这样体制的国家里，政府需要在更广大的社会民众范围制造敌对的氛围，大众传媒成为首当其冲的工具和手段。

在美国的传媒中，对国际新闻的关注本来就很少，对新闻报道所作的多数研究表明：多数主导性传媒专门用来报道国际新闻的比率是10%—40%。而在这些本就不多的有关国外新闻的报道中，东西方政治关系、急剧的政治冲突、国外独裁统治者的暴行则是被经常报道的热门题材，美国新闻媒介报道的国际新闻是以美国和西方国家（而不是全球）为中心；以政府官方（而不是非政府团体和民众）为焦点；突出政治和国家安全问题（而不是经济和环境问题）；强调诸如战争等“消极”事件（而不是富有合作意义的积极消息）。新闻媒介不仅具有选择性，而且往往故意渲染事件的某方面。这种选择性在国内外发生危机时表现得更为明显，并且对危机的报道也往往局限于美国被深深卷入或者受到严重影响的事件。[①] 因此，某种意义上讲，大众传媒是“冷战”的“志愿兵”。

早在20世纪20—30年代，“威胁”、“恐怖”、“敌人”等形象，或者说议程就存在于美国大众传媒的报道中。当“十月革命”在俄国胜利，出现“红色”的苏维埃政权后，在西方国家相应地出现了“红色恐怖”。例如，当美国的《纽约时报》、《华尔街日报》等一些全国性报纸把工人罢工说成是“布尔什维克大屠杀”的前夜时，同情工会并反对资本家暗中破坏的社会舆论随即发生转向；在有关苏联事务的报道中，“除了极少数的例外，报纸把革命描述为大量谋杀、暗杀、强奸、抢劫和大屠杀的乐园。

① （美）罗赛蒂著，周启明等译，《美国对外政策的政治学》，北京：世界知识出版社，1996年版，第463—465页。

经常有报道说修女被强奸、教士被焚烧，有一则报道说布尔什维克在彼得堡用一台电动断头台每小时处决500人。布尔什维克统治被说成屠杀、抄家、无政府和天下大乱的复合物。”① 这样的场景对根本没有机会到苏联去的那些美国民众来说，无疑是噩梦般的画面。好莱坞有关苏俄的电影中，苏联的国家形象，不管在道德上或是在经济上都被描绘得比美国差很多，这些电影无疑成为新闻界反共报道的进一步形象化补充。

当“冷战”拉开序幕后，大众传媒又成为“冷战”敌对中的战斗前沿。战时对“盟国”正面的报道，在战后“同盟”瓦解后变成负面的。丘吉尔在富尔敦的“铁幕”之说，赋予战后“雅尔塔”两极世界体系形象的概括，直接成为定义早期冷战有影响的概念，建构了共产主义势力圈的“敌对他者”形象。而“铁幕”这一比喻则一下子被传媒所接受，② “似乎瞬间成为一个普遍的说法”。③ 此后西方媒体中苏联的形象又恢复到早前的“红色恐怖”、“敌人”基调。1946年3月英国BBC开始对苏联广播，1947年2月“美国之声”（VOA）也开始对苏广播。不管是BBC还是VOA，在广播宣传中都大肆指责苏联的集权政治，并把共产主义的特性与“第三帝国”纳粹政权相类比，说它们都有因受压抑而好战的特点。通过对战后初期美苏关系前景的美国民意机构调查（见表1）可以看出，美国决策层的态度通过大众传媒的作用，成功地影响了美国的民意。

---

① Murray Levin, *Political Hysteria in America*, New York, Basic Books, 1971, p. 95. 转引自杨伟芬主编：《渗透与互动——广播电视与国际关系》，北京广播学院出版社，2000年版，第93页。

② Holstein, Lisa Walls., *Framing the Enemy*: *Changing United States Media Images of China and the USSR at the End of the Cold War*, Ann Arbor, Mich.: UMI, 2002, pp241－242.

③ Fousek, John. *To Lead the Free World*: *American Nationalism and the Cultural Roots of the Cold War*, Chapel Hill: University of North Carolina Press, 2000, p. 111.

表 1　对战后美苏关系前景的美国民意结构调查（%）
（按人口、阶层和党派划分）（1943—1946 年）

您是否认为战后俄国会与美国合作？	是	否	不知道（无法回答）
1943 年 4 月			
根据受访者的经济状况划分			
富人（上层社会）	53	31	16
中产阶级	45	38	17
低收入人群	41	33	26
1943 年 11 月			
根据受访者党派划分			
共和党	43	34	23
民主党	50	21	29
1944 年 6 月			
根据受访者受教育程度划分			
高等教育	58	32	10
高中	51	33	16
中学毕业及以下	41	39	20
1945 年 8 月			
根据受访者职业划分			
管理者和商人	64	25	11
白领	62	30	8
农场主、农业从业人员	48	32	20
工人、体力劳动者	48	33	19
1946 年 2 月			
根据受访者年龄划分			
21—29 岁	38	49	13
30—49 岁	35	52	13
50 岁及以上	33	54	13

资料来源：Cantril H.（ed.）（1951），*Public Opinion 1935－1946*. Princeton，N. J.，Princeton Univ. Press. 转引自 Рукавишников В. О.，*Холодная война*，*холодный мир* – *Общественное мнение в США и Европе о СССР/России*，*внешней политике и безопасности Запада*，М.：Академический Проект，2005，p. 98.

1950年开始出现的"东西不可逾越的鸿沟"，为美国乃至全世界范围内所有主流媒体有关苏联的报道设置了固定的"自由与共产主义"议程，并使"东西方之间非善即恶的政治、军事和意识形态竞争，整个地球的命运处于危亡中"[①]的意象变得牢不可破。冈巴什（Gombash）对1960—1990年间三份西方主流报纸（《纽约时报》、《芝加哥论坛报》、《伦敦时报》）中有关苏联形象的内容分析发现，苏联一直被消极负面地介绍着。[②]

新闻界如此，娱乐界亦如此。根据宾西法尼亚大学安嫩伯格传播学院的一个抽样调查，1976年以来美国电视剧中的所有角色里，能看到俄国人的身影，但总体上这些俄国人角色总是与暴力镜头相关，这些角色总的人格特质都是更暴力、强悍、可预料的，不如美国人成功。在这些角色中，最常见的是克格勃或秘密特工、间谍（45%的男性角色和17%的女性角色），男性角色中第二常见的是叛国者（23%），女性角色中最常见的是叛国者（42%）。这些俄国人角色在剧中经常是要逃避"猎人"的，祈祷可以逃到自由国度。除了克格勃和叛国者，其他俄国人扮演的角色包括外交官、芭蕾舞演员、运动员和科学家。[③]

---

① Meyer, David S., Framing national security: Elite public discourse on nuclear weapons during the Cold War, *Political Communication*, 1995, Vol. 12, Iss. 2, p. 79.

② Holstein, Lisa Walls., *Framing the Enemy: Changing United States Media Images of China and the USSR at the End of the Cold War*, Ann Arbor, Mich.: UMI, 2002, p. 229.

③ Gerbner, George, (1989) "The Image of Russians in American Media and The 'New Epoch'", in Dennis, Everette E. ed., *Beyond the Cold War: Soviet and American Media Images*, Newbury Park, Calif.: Sage Pub., 1991, p. 33.

三、俄罗斯艰难的形象重塑之路

（一）对本国正面国家形象的主观诉求

在苏联解体后，叶利钦时代的俄罗斯，由于孱弱的国力而徒有“大国”之表，到了普京治下，国力显著提升。在国家实力不断恢复、壮大的同时，对国家形象的构建也逐渐被提升到了国家战略层面。虽然叶利钦执政后期，俄罗斯已经开始对自己的形象进行关注，但真正有的放矢地把形象构建作为国家一种系统的、常态的任务，是在普京任内开始的。普京在对俄罗斯自我认同有了比较符合国家利益的认识后，开始以这种自我认同为基础，借助公关手段和传媒力量，甚至个人魅力，透过不同的媒介渠道，向外界传递有利于形成俄罗斯预期国家形象的信息。其针对的对象，既有整个国际社会，也有特定的某些国际行为体，同时还包括民众和舆论等。

2000 年，有关国家形象的问题被提到外交政策的制定层面进行广泛讨论。2000 年的总统国情咨文中，普京提出：“外交活动的一个重要方面是帮助人们客观地理解俄罗斯，准确地报道我国发生的事件。如今这是一个关系到我国的声誉和国家安全的问题。”“为俄罗斯塑造正面有利的形象，应成为俄罗斯优先的外交任务”，被写入 2000 年版的《俄联邦对外政策构想》。2001 年，普京在俄罗斯外交部发表讲话时，又专门用了相当多的篇幅阐述了有关塑造国家正面形象的问题。“想单独谈谈一个问题。我相信，它应该成为外交部和我们的外交代表机构的中心问题之一。这里说的是促进国外积极地看待俄罗斯，目前这方面的情况不是很好的。我不特别在这里展开谈了，这个领域里的状况如何，你们不比我知道得差。我想，至今有些人还觉得拿危险的俄罗斯形象做文章对他有好处，会对为增加军事力量和在国际事务中使用武力的方针辩解有用。但是感谢上帝，世界已经相当牢固地确立了一种理解，那就是俄罗斯发生了质的改变。这无疑会影响到今天国际关系的性质。我们只是应该在自己的工作中通情达理地和精心地利用这一点。而且不是简单地利用，而是要把这种理解继续推进。争取影响国外的社会情绪正在成为最尖锐和迫切的对外政策问题之一，我们应该大大提高这方面的工作水平。为做好它，需要利用所有可能的杠杆：在大众媒体上发表演说，扩大社会组织方面的接触，宣传我国文化科学成就。我们的外交机构应该研究社会情绪，主动提出建议和进行协调。我想特别引起注意的是，必须更积极地在外国大众媒体人士中开展工作。外交部的工作人员有义务在国内和国外解释俄罗斯对所有出现的问题的立场。”①

（二）事与愿违的形象重塑结果

国家形象是一个复杂的有机系统，在这个系统的各组成部分中，能够对国家利益产生负面或正面影响的，能够对国家的软实力产生提升或打击作用的，能够对国家产生“增资”或“负债”效应的，更多的是取决于外部世界在接受到有关这个国家的各种信息之后，生成的那部分印象。这部分国家形象（印象）不一定等同于这个国家的自我认同，或者它自己所期望那种形象，也不一定等同于这个国家的现实情况。不仅如此，有时甚至出现巨大偏差。对于国家形象中的这一部分，国家的主动性构建行为能够对其施加的影响是十分有限的。因为国家作为“源”在发布了“信息”之后，到这些“信息”最终形成外部世界对这个国家的（印象）形象，中间的过程会受到很多因素综合作用的影响，其中包括国家身份、利益因素、历史记忆形象因素、传媒因素、文

---

① （俄）普京著：《普京文集》，北京：中国社会科学出版社，2002 年版，第 255 页。

化意识形态因素，如此等等。

必须承认，俄罗斯在自身国家形象构建方面做出了很大努力，普京在2007年12月12日回答美国《时代周刊》记者提问时明确地表示："过去的15年间，俄罗斯不仅说过，也多次用自己的全部政策来表示，我们不仅愿意成为美国的伙伴，更希望成为朋友。"但现实是，俄罗斯在西方国家眼中的形象，还是一定程度地延续着冷战时期苏联的"敌人"形象。2001年1月，戈尔巴乔夫在接受意大利《新闻报》的访问中就谈到，20世纪的最后10年中，包括北约东扩、南斯拉夫危机、国家导弹防御系统研发等在内的一系列事实，都表明美国实际上沿袭了冷战时代的意识形态对抗。即使是在冷战不复存在的情况下，"冷战"留在美国人头脑中的固定思维模式不是朝夕可变的。[①] 布热津斯基就明确表示，美国不能仅从"莫斯科和圣彼得堡表面的光辉、西方资金流入的主要受益者或者增长率的起伏"等表象来评判后苏联时代的俄罗斯或制定对俄政策，而应从"持续500年之久的俄罗斯帝国（这一帝国到了苏联时代扩展成更大的共产主义帝国）"这一历史视野看问题；他还强调说："决不能低估70年共产主义的历史"对俄罗斯民族和人民带来的深刻影响。[②] 美国精英层对俄的政策态度，使美国短期内难以改变对俄的防备、敌视态度，从而使俄罗斯的负面国家形象也变得难以改变。

美国官方报告透露出的对俄罗斯的防范之心，印证了戈尔巴乔夫的观点。2001年2月，美国中情局局长乔治·特尼特在提交给国会的报告中指出，"俄罗斯是美国潜在的威胁"，尽管"俄罗斯的未来走向看起来还不是很明朗"，但中情局确信，俄罗斯将尝试恢复曾经的军事力量和对世界的影响力。在2003年中情

---

① 王晓德著：《美国文化与外交》，北京：世界知识出版社，2000年版，第392页。

② 郑羽主编：《既非盟友，也非敌人：苏联解体后的俄美关系：(1991—2005)》，北京：世界知识出版社，2006年版，第174页。

局的公开报告中，依然把俄罗斯描绘得很阴暗，称俄罗斯因为资金的短缺，向伊朗、印度和中国出售可用于制造大规模杀伤性武器的技术。

在西方媒体有关俄罗斯社会的报道中，俄罗斯也总是和黑手党、间谍、腐败、战争、犯罪、经济寡头、贫富差距巨大等负面新闻联系在一起。俄联邦委员会主席米罗诺夫曾经针对西方国家大量报道俄罗斯的负面形象问题表示了强烈的不满，他“很遗憾的指出，国外对我们了解还太少。不少国家的人在提到俄罗斯时，就会想当然的认为，这是一个贫穷的国家，气候寒冷，在边远城市的街道上会有熊出没”。有不少俄罗斯学者认为，类似这样冷战时期遗留下的关于俄罗斯的印象，给今天的俄罗斯带来非常严重的负面影响。俄罗斯甚至把未能获得 2010 年世博会的举办权、失去了举办世界杯足球赛的机会也归罪于此。①

四、结语

俄罗斯希望外界看到的是一个统一强大的国家，一个可靠的、有完全平等地位的伙伴，从而摆脱苏联留给自己的“敌人”形象，但实际结果是，冷战时期形成的关于这个国家的负面印象，主要是俄罗斯的侵略性和扩张性，并没有因为政权性质的改变而改变，今天依旧存在于美国等西方国家的精英层，而精英层对俄罗斯的否定认识，造成传媒传递给普通民众关于俄罗斯“脸谱化”认知，脱离实际。

出现这种状况，一方面是因为历史形成的负面印象使俄罗斯的形象构建难有成效，正像罗伯特·杰维斯说的那样：“一旦一

① Кашлев Ю.，Галумов Э.，Информация и PR в международных отношениях. М.：Известия，2003，с239.

个人产生了对他人的印象，尤其是产生了敌对印象，模棱两可，甚至是前后矛盾的信息都会被纳入这种印象之中。人们所知觉的只是与自己的预期相吻合的东西。如果他们认为一个国家对自己有敌意，即便是那个国家表现出其他人认为是中立或友好的行为，他们也会无视或曲解这种行为，甚至认为是故意欺骗。”[①] 但另一方面，在西方世界，特别是美国，以负面形象示人的俄罗斯对其更有利。对此俄罗斯方面有着清醒的认识，当美国《时代周刊》的记者采访普京时问道：“有一个问题在我们今天的谈话过程中变得越来越清晰了，您如何看待美国对俄罗斯、俄罗斯人民，以及对您和政府的误解？为什么会这样？如果您有机会跟美国人正面对话，您可以讲：‘你们应该从以下方面了解我们，我认为这些东西是你们所不了和不清楚的，大概还没有人对你们说过这些。’有哪些主要的误解是您会讲到的?”普京毫不避讳的答道：“你知道吗，我不相信这都是误解。我想——我的感觉是，这是别有用心地塑造俄罗斯形象，试图借此影响我国的对内对外政策。”[②] 可以预见，在重塑本国新形象的道路上，俄罗斯还有很长的路要走。

---

① （美）罗伯特·杰维斯著，秦亚青译：《国际政治中的知觉与错误知觉》，北京：世界知识出版社，2003年版，第61页

② （俄）普京著，《普京文集》（2002—2008），张树华、李俊升、许华等译，北京：中国社会科学出版社，2008年版，第651页。

试析俄国近代民粹主义与恐怖主义的兴起

盛文沁*

内容提要：19世纪后期至20世纪初的俄国恐怖主义是恐怖主义历史演变中的重要时期，它由俄国近代民粹主义所孕育。尽管这种革命恐怖主义在一定程度上打击了沙皇专制制度，但它仅仅是由道德愤怒与乌托邦观念杂糅而成之物，使得革命者失去了通过改良实现革命目标的机会。其深刻呈现了革命的崇高目标与恐怖手段之间的两难兼顾。

考察恐怖主义的历史演变过程，19世纪末20世纪初的俄国“革命”恐怖主义是一个重要时期。这场由俄国民粹主义孕育的恐怖主义，一方面深刻呈现了革命的崇高目标与恐怖手段之间的两难兼顾，从而揭示了“革命运动的最深刻、最痛苦问题”；[①] 另一方面，民粹主义所塑造的“职业革命家”观念（以赛亚·伯林称之为民粹主义对革命运动最具原创性的贡献），也使“俄国

* 盛文沁，上海社科院欧亚研究所助理研究员。

① 以赛亚·伯林：《俄国思想家》，译林出版社，2003年版，第261页。

革命党人从事的恐怖活动被看作是‘职业恐怖主义’或‘现代反政府恐怖主义’的典型”。①

一、民粹主义：俄国近代恐怖主义的理论温床

一般认为，兴起于19世纪60年代的民粹主义是催生俄国近代政治恐怖主义的理论温床。民粹主义于19世纪40年代开始出现于俄国社会政治舞台。19世纪上半叶随着农奴制危机的加深，反抗农奴制的革命民主主义在平民知识分子中蔓延，赫尔岑、车尔尼雪夫斯基等人主张：农民连同土地一起解放，通过自己特殊的农民村社，走上一条非资本主义、非西方发展的模式。民粹主义最初只是以零星个人和小团体（小组）形式存在。

沙皇俄国在1853年克里米亚战争中失败，暴露了专制制度和农奴制度的腐朽。亚历山大二世于1861年开始推行农奴制改革。改革虽使相当一部分农民从农奴制度下解放出来，但改革方式极不公正。改革后地主经济迅速向资本主义经济迈进，但却以牺牲农民利益为代价，贫富分化快速加大，农民在失望中掀起了抵制改革和争取土地与自由的斗争。农奴制改革的结果使原来对沙皇怀有期望的俄国知识分子大失所望。是任由俄国社会在农奴制改革后自然发展下去，让农民进一步丧失土地成为无产者，走一条“阴沉昏暗而血迹斑斑”的资本主义道路，还是保留俄国传统农民村舍避免西欧资本主义？在这个攸关俄国重大命运的关键时刻，思想界发生重大分化变动，民粹主义声势渐起。“如果说40年代的俄国民粹派还只有‘单个者和不大的小组’，那么60

① 朱素梅：《恐怖主义：历史与现实》，世界知识出版社，2006年版，第32页。

年代已经涌现出一个庞大的社会群体并形成了自己的社会舆论。”①

尽管民粹主义派别多样，在发展过程中也历经演变分化，其共同的思想观念可归纳为如下几条：

1. 将俄国农村公社理想化，绕过资本主义道路，直接过渡到社会主义

俄国农村是一个村社世界，实行土地公有、定期重分，有劳动组合和共耕地，有公仓、公牧、公匠，并且实行“征税对社不对户，贫户所欠富户补”的连环保制度，具有村会选举和村社审判等“小共同体”的自治功能，成员对村社的义务要超过对国家的义务。共同体给每个人安排了不容竞争也不可改变的位置，也就是“束缚—保护”功能的统一，由此形成了一种“俄国式的集体主义传统”。民粹主义者对俄国农村公社（米尔）不吝赞美之词，是“俄国人民梦寐以求的民族原则的内部天然合法的民权保护者”，俄国社会需要农村公社，需要它的“社会主义”的清新而又生机勃勃的协商和主动精神。将充满宗法制度色彩的村社理想化，其实暗合了民粹派对俄国发展道路的设计，“民粹主义者认为村社的重要方面是它们是自治的，基于农民的集体所有，并团结在强调平等的共同体的意识之下。更为重要的是，作为一种社会思潮，民粹主义看到了农民追求自由的潜力，并不认为农民仅仅是反动落后和保守的”。② 因此，村社被视为俄国通向“社会主义”的基础和起点，越过资本主义阶段。这是民粹主义社会政治纲领的核心观点。

2. 抽象的“人民”崇拜

村社的集体观念导致抽象的人民崇拜、体验苦难、底层意识和土地崇拜。据此，俄国民粹主义有其特殊的重要性，“它是罗

---

① 马龙闪：“俄国民粹主义产生的历史条件和它的主要特征”，载《俄罗斯研究》2002年第2期，第60页。

② 保罗·塔格特：《民粹主义》，吉林人民出版社，2005年版，第63页。

曼蒂克式的乡村生活方式和试图在此基础上开展运动的一个最为典型的例子，使得它如此显著的原因是农民被外界所推崇——即被一部分精英所推崇。”①

由此又导出了民粹主义从宗法角度对西方民主自由的鄙视。而1848—1849年欧洲诸次革命的失败，更使民粹派对议会民主、自由信念的幻想破灭。民粹主义认为：自由的概念只与集体有关，只有把个人溶于集体中才能获得最大的自由。

3. 对文化持鄙薄态度，反对文化崇拜

在民粹主义者看来，知识分子获得的一切文化都是由人民的劳动创造的，掌握文化的少数人由人民的血汗养活。这样，掌握文化就与剥削、罪孽联系在一起，因此，民粹主义对文化报以轻蔑甚至敌视态度。他们认为自己不但被邪恶的社会制度，也被博雅教育腐化了。博雅教育造成严重的不平等，导致不公正与阶级压迫。民粹派甚至鄙视传统大学，他们批判大学“同外界隔绝，脱离人民生活”，“大部分教授是官吏”；他们倾心与同情的是学生，主张“把大学教育思想灌输到民间去”。②

奠定俄国民粹主义基础的是亚历山大·赫尔岑。他对自由民主的不信任，对抽象理论与原则的怀疑，以及坚信需要一个为革命献身的组织，促使他在1861年提出了一个著名的口号“到民间去”。民粹派纷纷从“利益协调倡导者”转向“积极的行动者”，民粹主义也迅速从一种理论思潮扩展到实践运动，成为俄国政治舞台上的重要角色。

19世纪60年代末是民粹主义小组活动时期，小组遍布于俄国各大学和主要城市，其中最著名的是以彼得堡大学生为核心的“柴科夫斯基小组”。小组成员分别为几十到100人不等。起初他们主要从事宣传鼓动工作，后来巴枯宁、克鲁泡特金、拉甫洛夫

① 保罗·塔格特：《民粹主义》，第62页。

② 中共中央马克思恩格斯列宁斯大林著作编译局编译：《俄国民粹派文选》，人民出版社，1983年版，第32—33页。

等民粹主义思想家提出“知识分子对人民欠有无法偿清的债务”和“农村才是战场”等理论，受这些理论的影响，急于干一番事业的青年已不满足于停留在口头说教的宣传活动，开始为奔赴农村进行“社会革命”做准备。

1874年夏天，2000—3000多名年轻知识分子遵循了赫尔岑“与人民共存”的观点自发到农村去。但是他们一腔热血在冷漠的农民面前碰了壁，农民缺乏革命斗志，仍是“好沙皇”的信奉者。更为讽刺的是，许多志愿与农民共患难的民粹派竟大多是因农民告发而被捕的。在沙皇镇压与农民冷漠的双重夹击下，民粹派初期的革命活动遂告失败。一些民粹派革命者失去了发动群众的热情，主张采取个人恐怖手段实现革命目标。就这样，民粹派在“到民间去”和从事恐怖行动之间摇摆不定，一些人最终选择了恐怖主义。

当然，暴力革命的观念本身即是民粹主义的重要组成部分。早期民粹派思想家中影响较大的特卡乔夫、巴枯宁均宣扬暴力革命论。特卡乔夫对国内的资本主义发展充满了恐惧和不安，认为必须立刻马上、毫不拖延地进行变革，任何犹豫不决、任何拖延耽误都是犯罪，“革命家不是准备革命，而是干革命”。巴枯宁是无政府主义的奠基人和俄国民粹主义者中的“暴动派”。他鼓吹“热爱破坏就是热爱建设”，革命是一门“破坏的科学”，只要拿起“毒药、刀子、绞索”，通过肆意破坏等恐怖活动就可以摧毁国家，建立起一个人人都有自由的“无政府状态”的社会。

二、俄国恐怖主义的发展阶段

近代俄国的恐怖主义大致有以下几个发展阶段：

1. 19世纪60年代的恐怖主义

自19世纪60年代初开始，鉴于沙俄政府对革命者的严厉镇压和对沙俄政府的绝望，以青年学生为代表的革命者开始用恐怖手段与政府较量。

1866 年，卡拉卡佐夫刺杀沙皇亚历山大二世，拉开了 60 年代恐怖活动的序幕。政府用“白色恐怖”对付刺杀活动，这迫使青年学生采取更为激进的手段。年轻学生涅恰耶夫成为领袖人物。他自称是“天生革命者”，认为为达到目的可以不择手段。其所著的《革命者教义问答》被称为“恐怖主义圣经”（Terrorism Bible）。该书是涅恰耶夫恐怖主义思想的重要体现，他的主要观点包括：“革命者是注定要殉身的人，他没有自己的任何利益、任何事业、任何感情……革命吸引着他的全部。”“革命者从内心深处，并且在言论上、行动上与公民秩序、与整个文明世界及其一切法律、礼节、惯例和道德断绝任何联系。”“革命者唾弃任何理论，拒绝一切世俗科学，他只知晓一门科学，即破坏的科学。”[①] 涅恰耶夫主张用暴力恐怖手段推翻沙皇统治。他说：“革命者时刻想到的只有一个目的：无情的毁灭。为实现这一目的，他必须随时准备用自己的双手杀掉任何阻碍他实现目标的人。”[②] 因此，革命者对己对敌都应是残酷的：“一切亲属、友谊、爱情、感谢等温柔脆弱的感情，都应该被唯一的革命事业的冷静激情所抑制，他只有一种柔情、一种安慰、一种奖励和一种满足，那就是革命的成功。”[③] 他还认为，区分一切行为“道德”与否的唯一标准就是看它是不是为了革命，为了革命那就是道德的，为了革命可以牺牲一切东西，这是大“善”。

在 22 岁时，涅恰耶夫成立了名为“人民惩治会”（People's Revenge）的秘密团体，计划刺杀沙皇引发暴力革命并最终推翻政府。1869 年，一起由“人民惩治会”策划的谋杀案轰动俄国。

---

① 转引自张建华：“俄国近代政治恐怖主义的源流”，载《史学月刊》2007 年第 1 期，第 93 页。

② 朱素梅：《恐怖主义：历史与现实》，第 35 页。

③ 引自张建华：《俄国近代政治恐怖主义的源流》，第 93 页。

一位名叫伊万诺夫的成员对涅恰耶夫的部分决定激烈反对，声称要退出“人民惩治会”。涅恰耶夫召集组织成员，宣布伊万诺夫已成为组织的威胁，必须被清除。于是，他们设下圈套，将伊万诺夫骗至野外杀害。谋杀案发生后，许多革命者放弃了对涅恰耶夫的支持。他本人以及许多“人民惩治会”的成员也被捕。涅恰耶夫被判 20 年苦役，于 1882 年病死狱中。

2. **“土地与自由社”时期**（1876—1879）

涅恰耶夫谋杀案发生后，更多的革命者倾向于用和平宣传和鼓动的手段实现革命。1876 年，俄最大的革命组织“土地与自由社”成立，该组织决定采取一些革命者已在使用的“自我防御”的行动方式来对付沙俄警察。这些“自我防御”行动包括对沙俄安全机构的渗透，对特务及宪兵采取暴力行动，以及营救被捕的革命者等。

与“到人民中去”的运动相比，“土地与自由社”更为集权和组织性强。该组织逐步奠定了集中制组织原则的雏形：秘密、集中、相互监督、少数服从多数、严守纪律。“土地与自由社”试图与农民建立联系愿望仍没有效果，于是他们失去了到农村发动群众的热情，便把全部希望寄托在少数“革命家”同政府的拼死一搏上，以个人恐怖活动作为主要的斗争手段。

“土地与自由社”时期暴力恐怖活动的另一个重要特点是它的极端恐怖手段主要用来惩罚叛徒和警察奸细，以及对虐待和囚禁革命者的人实施报复。如 1878 年薇拉·扎沙里奇刺杀了圣彼得堡总督，原因是“土地与自由社”一位被囚禁的革命者在该总督视察监狱时拒绝脱帽而受到鞭刑惩罚。“土地与自由社”时期的革命活动是“从事革命运动的组织如何转向恐怖主义”的实验室。[1]

---

① Martha Crenshaw（ed），*Terrorism in Context*，The Pennsylvania State University Press，1995，p. 81.

3. “民意党”时期（1879—1894）

1879年“土地与自由社”发生分裂，出现了一个新组织“民意党”（The People's Will）。它将恐怖手段进一步制度化和系统化。“民意党”把恐怖手段视为最重要的“斗争形式和生命力”，并在“民意党”党纲第五条中专门论述“破坏与恐怖活动的必要性”，指出要实现任何途经的变革都离不开“独立革命的成果和借助于密谋取得的成果”。

1882年，“民意党”成员成功刺杀了亚历山大二世，一时名声大噪。许多青年加入“民意党”，该组织成员最多时达到5851人。[1] 然而，“民意党”随即遭到沙皇政府的严厉镇压。在此情形下，“民意党”成员内部发生分化，一部分人成为马克思主义者，一部分人则放弃革命转向改良、合法乃至与当局合作，成为“合法民粹派”与“警察民粹派”。但仍有相当多的人坚持民意党传统，采取激进的、革命的、不合法的乃至暴力的手段与当局对抗。这些人后来组成为“社会革命党”。

4. 社会民主党时期（1902—1923）

社会革命党于1902年成立，在十月革命以前是俄国最大的政党，成员多达100万人。社会革命党继承了“恐怖主义”斗争传统，自成立后频频采取刺杀行动。在1905—1907年的俄国革命期间，社会革命党组织了200多次谋杀事件。其早期的刺杀行动非常引人注目，因为刺杀对象均为沙俄政府要员，包括省长、部长、警官等被认为是沙俄政府支柱和残酷镇压工农起义的人物。如，1902年4月，社会革命党人首次成功刺杀了内务部长；1904年7月，其“战斗小组”谋杀新内务部长；1905年2月2日，成员卡列耶夫刺杀了大公爵谢尔盖·亚历山德洛维奇。

1905年以后社会革命党的恐怖活动因遭受一系列打击一度

---

① Martha Crenshaw（ed），*Terrorism in Context*，p. 84.

陷入低潮。一方面，沙俄当局对其加强防范与打击，特别是秘密警察的渗透，使刺杀行动屡屡失败。另一方面，沙皇于 1905 年 10 月 17 日被迫颁布诏书，许诺给公民自由和成立“立法”杜马，第一届国家杜马随后成立。议会民主制的确立使社会民主党领导人感到很难再证明恐怖主义手段的正当性。在此背景下，社会革命党中央委员会决定终止刺杀行动。

但沙俄政府随后的反扑报复使革命党人认为他们仍需要恐怖手段。在国家杜马被解散后，社会革命党行动小组恢复恐怖活动，重新组织了一系列刺杀沙皇和国家首脑的行动。恐怖行动在 1905—1907 年达到高潮。据统计，1902—1911 年期间，社会革命党组织了 205 次恐怖行动，其中 191 次发生在 1905—1907 年间。袭击目标多为沙俄高官，包括 2 名部长、33 名省长、16 名市长和秘密警察机构头目、24 名监狱狱长与流放集中营的监管。①

之后社会革命党内部开始分裂为中间派、具有自由主义倾向的“劳动派”和具有无政府倾向的激进派别“最高纲领派”。“最高纲领派”的激进性甚于任何其他民粹派。它号召立即在工厂和农村建立社会主义，并提出“村社恐怖”的激进主张。其活动方式也与以“民意党”为代表的、高度集中的传统恐怖活动方式区别极大，呈分散状态，更具临时随意性。它采取了极端无政府主义的做法，包括纵火、抢劫、爆炸、甚至偷窃。这类极端行为曾一度获得极大成功，如，在首相斯托雷平解散第一届杜马后，“最高纲领派”于 1906 年 8 月摧毁了他的寓所，共炸死 27 人，并炸伤斯托雷平的子女。沙俄当局对包括“最高纲领派”在内的社会革命党人进行了严厉镇压，通过设立军事法庭，当局共处决了 1144 名社会革命党人，及至 1907 年 8 月，大约 1.5 万名社会革命党人被捕和流放。

---

① Martha Crenshaw (ed), *Terrorism in Context*, p. 94.

秘密警察也渗透到社会革命党核心层。一些革命者扮演了双重角色，一会儿是革命者，一会儿又充当为俄政府服务的奸细。如曾任社会革命党“行动小组”负责人的阿采夫同时也为秘密警察服务。在其干预下，革命者刺杀尼古拉二世和攻打议会大厦的计划流产。1908 年，阿采夫身份暴露，从而社会革命党名声被玷污。至此，革命恐怖主义收场。

三、民粹主义走向恐怖主义的根源

民粹主义滑向恐怖深渊，其根源何在？

首先，民粹主义自萌生起，便具有强烈的无政府主义和反政治的倾向。这种无政府主义拒绝一般的参政议政的政治行为。而且，在对自由主义改革者的民主观的排斥中，民粹派表达了对政治的深深的仇视。他们情愿采用活生生的、教化的、煽动的方式而不是基于坚持宪法权利的政治活动的参与方式来构建一个全新的行为模式。这一点主要受到赫尔岑的影响。对赫尔岑来说，政治行为远比政治制度要重要的多，贯穿他一生的一个主题便是政治生活并不服务于抽象原则，意识形态上的抽象没有现实意义。换言之，民粹主义者提倡非理论化的行为。也正是这一点，使俄国民粹主义的恐怖行为开现代“反政府恐怖主义”之滥觞。

因此，暗杀、密谋等非常态的行为反而成为民粹主义的主要行动方式。列宁曾经评论：“在民意党中间，布朗基主义，即密谋主义的传统非常强烈，以致他们只能把政治斗争设想为政治密谋这种形式。”[①] 政治密谋自然毫无任何原则可言。1869 年涅恰耶夫案件被揭露后，曾经是“人民惩治会”中“斯坦坎维奇”小

① 列宁：《列宁全集》第一卷，人民出版社，1984 年版，第 151 页。

组成员，后成为保守主义者的卡特科夫就评论说："我们知道了革命者如何理解自己，在他的意识深处，他是没有信仰、没有准则、没有荣誉的人，他应该随时准备作卑鄙的事情，做任何欺骗、伪造、抢劫和暗杀之事，以及出卖朋友。最终他成为出卖自己的同谋者和同志的叛徒……您难道没有感觉到，在您面前任何原则都消失不见了，您难道不是在不知不觉中走近了可怕的疯狂和欺骗的山谷里吗?"[①]

其次，民粹主义对政治制度的敌视所造成的制度困境，也不可避免使它愈加强调领导者的作用。民粹主义缺乏实质和核心的价值观意味着它特别倾向于个人政治。因此毫不奇怪，民粹派其实不但不反对权威，而且甚至可以说是极端的权威崇拜者。他们不仅容不得反对派，甚至容不得"旁观者"。俄国民粹派当年有句名言："谁不和我们在一起，谁就是反对我们；谁反对我们，谁就是我们的敌人；而对敌人就应该用一切手段加以消灭。"民粹派最著名的领袖特卡乔夫曾说过大意如此的一段话：什么叫革命？革命就是少数人强迫大多数人接受前者所赐予的幸福。当年俄国马克思主义者与民粹派的第一场论战就是围绕"政治问题"展开的。民粹派反对西方式的民主，认为西方的"统治机关是选举的，选出来的都是富人。富人管事情很不公道，他们欺压穷人"。因此"对人民来说，两害相权取其轻，专制的沙皇还比立宪的沙皇好些"。而马克思主义者则严厉抨击这种"反对政治自由（据说这只能使政权转到资产阶级手里）的彻头彻尾的民粹派份子的观点"，并坚持认为议会民主决不"只是资产阶级的工具"，它也是无产阶级组织的工具。

民粹主义者也决不反对精英主义，甚至还是极端的精英主义者。俄国民粹派当年的"英雄驾驭群氓"的著名理论就是典型，这种理论主张英雄创造历史、英雄主持正义，而人民则是无关紧

① 转引自张建华：《俄国近代政治恐怖主义的源流》，第93页。

要的“背景”和无知或只知“模仿”的群氓。

民粹主义者崇拜“人民”不假，但他们崇拜的是作为一个抽象整体的“人民”，而对组成“人民”的一个个具体的“人”却持一种极为蔑视的态度，无论这个“人”是劳动者即所谓“平民”，还是知识分子即所谓“精英”。民粹主义中最缺乏的就是公民个人尊严与个人基本权利的观念。在民粹派看来，一个个的“人”只是作为整体的“人民”的工具，前者在后者面前微不足道，只要后者的“利益”需要，就应当毫不犹豫地拿前者作牺牲，而不必考虑他的意志。所谓的“到人民中去”，其实是以农民导师自居，他们给农民的不是农民要求的东西，是他们自己认为对农民有益的东西。这不可避免产生一群狂热之徒，“一个被自己的专业训练与谋反生活割离俄国人民大众生活，而忽略大众实际需求，不顾其希望与抗议，执意将自家选定之物强加于他们身上的职业革命家。”[①]

俄国民粹主义者对沙皇政权所采取的恐怖行动，在一定程度上的确有力打击了专制制度；而革命者们所怀有的理想主义和英雄主义精神，也使他们建立起“有道德的刺客”的形象。反对民粹主义的人，往往也承认其英雄气魄，无偏无私以及高贵人格。但是，恐怖主义对俄国社会发展造成了许多负面影响。俄政府对革命党恐怖活动的严厉打击，大大缩小了革命党可选择的范围，失去了通过改良手段实现革命目标的机会。

俄国民粹主义的实质是“一个落后国家已成半废的封建制度结束以后，新的资本主义阶段开始以前的混乱中间期，在社会其余牺牲者迷糊不清的脑袋里，由漫无组织的道德愤怒与乌托邦观念杂糅而成之物”。[②] 这场“运用高贵但无用”的恐怖主义只能是真实的革命活动所必需但流于悲情的发端、正戏之前的序曲而

① 以赛亚·伯林：《俄国思想家》，第252页。

② 同上。

已。恶劣的是，民粹主义的恐怖活动被认为是“现代反政府恐怖主义”的典型代表，其组织模式和行动方法为后来的恐怖组织所效仿，产生了极强的示范效应。

从霸权到扩张

——苏联晚期外交政策分析

崔志鹰[*]

内容提要：世界上第一个社会主义国家——苏联的解体，有许多值得总结的历史教训和令人思考的问题。其中，自 20 世纪 60 年代后期起，苏联在对外关系方面奉行大国霸权主义政策，尤其在东欧和亚非地区大搞军事扩张，与美国争夺全球利益，这严重消耗了苏联的综合国力。戈尔巴乔夫上台后推行的“新思维”，又使苏联犯了在全球仓促退却的战略性错误，致使苏联在几年内便失去了周边安全缓冲地带和许多老盟友，从而使其周边环境和国际环境大大恶化，这是苏联社会主义大厦倒塌的外部因素。本文试从对外政策的角度来总结苏联解体的历史教训。

* 崔志鹰，同济大学亚太研究中心副研究员。

一、苏联推行大国霸权扩张政策的缘由及后果

1968年8月苏联悍然出兵入侵捷克斯洛伐克，肆意践踏捷克主权，标志着苏联推行大国霸权扩张政策达到了高峰。之后，中苏边境发生了“珍宝岛事件”，苏联公然对中国进行军事威胁。苏联依仗着增长的军事实力，在全球采取进攻性战略，到处插手和干预，扩大自己的势力范围，与美国争夺世界。20世纪70年代苏联在亚非地区的军事扩张达到了前所未有的程度。苏联支持印度分裂巴基斯坦；介入埃及事务，密谋推翻埃及总统萨达特；卷入埃塞俄比亚和索马里的武装冲突；积极策划南也门的军事政变；支持古巴军队侵入安哥拉；支持雇佣军侵入扎伊尔；直接出动军队侵入阿富汗。①

苏联之所以在六七十年代大肆推行大国霸权扩张政策，其缘由有以下几点：

1. 第二次世界大战后，反法西斯斗争的胜利使苏联的国际地位空前提高，从而使苏联长期以来居功自傲，试图凌驾于他国之上

由于东欧国家大多是被苏联红军解放的，因而作为世界第一个社会主义国家的苏联在社会主义阵营中享有无可比拟的地位。战后苏联经济得到了迅速恢复和发展，其国民生产总值大大超过了西欧和日本，2亿苏联人的生活水平由温饱向小康方向发展。1957年苏联人造卫星的上天，使苏联在社会主义国家人民心中的威望达到了顶峰。而核武器的发展又使苏联一跃成为在军事力

① 邢广程著：《苏联高层决策70年》第四分册，世界知识出版社，1998年版，第206页。

量上能与美国抗衡的超级大国，这些都极大地激发了苏联在对外关系上日益表现出来的“大国主义”和“大党主义”意识。作为社会主义阵营中“老大哥”的苏联，它总想把自己的发展模式强加于其它社会主义国家，并狂妄地要求其它社会主义国家围着苏联的“指挥棒”转，稍有不从，便视为叛逆，轻则组织其他国家“围攻”，重则出兵干涉。1956 年的匈牙利事件和 1968 年的捷克事件都是苏联用武力迫使别国屈服的典型事例。最突出的是，捷克事件后，苏联勃列日涅夫还抛出了所谓的“社会主义大家庭论”和“有限主权论”，即苏联是社会主义大家庭的核心，苏联的权力是至高无上的，其他社会主义国家的主权是有限的，苏联可以在任何时候对这些国家进行干涉。这种霸权理论给苏联对外侵略行为披上了合法的外衣。

2. “在全球爆发无产阶级革命”的思想使苏联不断向外“输出革命”

早在斯大林时期，斯大林就明确指出：“社会主义的最后胜利问题是战胜世界资产阶级的问题。……一个国家的无产阶级单靠本身的力量是不能战胜世界资产阶级的。……这样的任务只有靠几个国家的无产阶级才能完成。因此，社会主义在某一个国家内的最后胜利就意味着无产阶级革命至少在几个国家内的胜利。”[①] 在这种思想指导下，苏共担负着推动世界革命的使命。它建立了“共产国际”，[②] 不断向各国派遣干部，力图点燃各国的“革命之火”，推翻资本主义的统治。这种充满理想主义的举措一直延伸到战后。战后，亚非民族解放运动的蓬勃兴起，欧美殖民统治的逐步瓦解，使苏联进一步看到了社会主义体系战胜资本主义体系的希望。如果说 50 年代苏联赫鲁晓夫之流还打算与

① 中共中央马克思恩格斯列宁斯大林著作编译局译：《斯大林全集》第 9 卷，人民出版社，1956 年版，第 23 页。

② “共产国际”解散后，战后又成立了“欧洲 9 国情报局”，其任务是协调各国共产党同美国为首的西方阵营的斗争。

以美国为首的西方国家和平共处的话，那么到了70年代苏联勃列日涅夫集团则打算在全球向资本主义阵地实行积极的进攻性战略。1975年6月，当时苏共中央主管国际问题的中央书记波诺马廖夫代表苏联高层讲话，称“我们的时代是社会主义发动稳固的不可逆转的历史性进攻的时代”。勃列日涅夫在苏共二十五大上也认为“世界革命进程在发展”。意识形态上的理想主义使苏联高层过高地估计了自己的力量，过低地估计了资本主义阵营的力量，从而做出了错误的战略决策。苏联大力发展核武器，积极与美国展开军备竞赛，力图在军事领域取得优势；同时苏联以支持民族解放运动、促进世界革命为名，向第三世界国家“输出革命”，干预各地区、各国的内部事务，或颠覆别国政府；或策动别国内战；或打代理人战争；或直接出兵进行侵略战争。

3. 苏联改革的停滞、内政的困扰，使苏联转向对外扩张政策，苏联领导层试图通过显示军事外交上的“强大”来掩盖国内的矛盾，转移民众的视线

1956年赫鲁晓夫在苏共二十大上作的秘密报告，拉开了苏联对僵化体制进行改革的序幕。苏联批判了个人崇拜，对工农业政策进行了调整，对政治体制改革提出了初步设想，然而这一系列改革的努力并没有取得明显的成效。尤其是涉及到体制改革的一些深层次问题，苏联领导人更是表现出迟疑不决、不敢深入的态度。到勃列日涅夫执政后期，苏联的改革失去了锐气，整个国家越来越显得保守和缺乏活力，各种经济和社会问题已经累积到比较危险的程度。在这种情况下，以勃列日涅夫为首的苏联领导集团为了维持现状，便将国内矛盾引向国外，在国外挑起事端，并不惜动用武力，进行讹诈和干预。这一方面可以显示苏联的霸权，扩大苏联的势力范围；另一方面也可将斗争矛头指向美国，对外树立意识形态上的“敌人”，以增强苏联国民的凝聚力，缓解国内改革压力和各种危机。

4. 起源于19世纪初的“泛斯拉夫主义”对苏联向外扩张的政策产生了影响

“泛斯拉夫主义”原是斯拉夫语系各民族（俄罗斯、波兰、捷克、斯洛伐克、塞尔维亚）之间的一个运动，它强调斯拉夫文化的同源性和统一性，并主张政治上的统一。但俄罗斯泛斯拉夫主义者却强调俄罗斯的领导作用，俄罗斯泛斯拉夫主义者期望俄国成为斯拉夫的中心，成为欧洲的中心，他们要把所有的斯拉夫民族解放出来，并创建一个斯拉夫联盟，这个联盟不仅包括所有斯拉夫人，还要把罗马尼亚、摩尔多瓦、希腊、匈牙利等非斯拉夫人包含在内。[①] 这种泛斯拉夫联盟意识恰好与当年沙俄政府的扩张政策和称霸野心相吻合。十月革命后，列宁领导的苏维埃政府抛弃了泛斯拉夫主义思想，承认中东欧和巴尔干斯拉夫民族国家的独立地位，并与这些国家建立了民族平等关系。然而，斯大林时期以及之后的苏联对外政策却使俄罗斯泛斯拉夫联盟志向得到了最大程度的实现。在版图上，苏联统合了乌克兰、白俄罗斯、波罗的海三国、比萨拉比亚、北布科维纳等地，并通过军事、政治、经济等途径对中东欧地区的其他斯拉夫国家进行控制，建立了“华约”和“经互会”，形成了以苏联为主导的等级型国家集团。[②] 这种所作所为，在很大程度上，是受到了泛斯拉夫联盟意识的潜在影响。

应当指出，苏联奉行的霸权扩张政策使它背上了沉重的包袱。为了扩大势力范围，为了与美国抗衡，苏联需要维持庞大的军事力量，需要将有限的人力、物力、财力用于国防建设和对外扩张的行动中去。苏共中央政治局委员谢瓦尔德纳泽在苏共二十八大上曾承认，在20年苏联同西方的对抗中就花了7000亿卢布，进

---

① IM. B. Petrovich: The Emergence of Russian Pan-Slavism, 1958, p. 30.

② 姚勤华等：“俄国泛斯拉夫主义研究”，《上海社会科学院学术季刊》，2000年第2期，第177页。

入阿富汗花去了600亿卢布。[①] 苏联的军费支出不断增加，1971年军费支出为740亿美元，1973年增至860亿美元，1975年又增至1023亿美元，1980年为1750亿美元。在70年代，苏联每年的军费开支约占全部国民收入的20%—25%。[②] 巨额的军费开支、不顾国家经济实力而盲目与西方展开的军备竞赛最终拖垮了苏联。20世纪70—80年代，苏联的国民收入只有美国的一半多一点，但它却要维持一个与美国大体相当的庞大的军事体系，这使苏联不堪重负。随着军事生产在苏联国内生产总值中的比重越来越高，苏联的国民经济结构出现了畸形发展，轻工业和农业生产出现了大幅下滑，粮食吃紧，商品缺乏，人民生活水平下降，苏联经济陷入了危机的边缘。而且，苏联奉行“重军抑民”政策，使它与全球蓬勃兴起的新技术革命浪潮失之交臂，错过了一次极好的发展机遇，并由此拉大了它与西方国家在经济与科技领域的差距。在对外关系方面，由于对外扩张和实行大国霸权主义，苏联的国际形象越来越差，苏联同东欧社会主义“兄弟国家”和世界其它国家的关系日益紧张，人们对世界上第一个社会主义国家苏联越来越感到失望。尤其是苏联在阿富汗长达9年的侵略战争，更是受到了国际社会的普遍谴责。苏联全球性的进攻态势，引起了各国的高度警惕。在防范苏联的名义下，一些国家结成了抗苏的统一战线。苏联在世界上陷入了多面受敌、孤家寡人的境地。

二、戈尔巴乔夫在对外政策上仓促退却的战略性失误

戈尔巴乔夫上台后，基于苏联所面临的内外困境，他在对外

① “谢瓦尔德纳泽在苏共二十八大上的发言”，载《真理报》，1990年7月5日。

② 陈之烨主编：《勃列日涅夫时期的苏联》，中国社会科学出版社，1998年版，第23页。

政策上作了重大调整，提出了“新思维”，即停止对外政策中的霸权主义，停止与美国搞军备竞赛，缓和与西方国家和社会主义阵营中其它国家的关系，为苏联国内的改革创造一个宽松的外部环境。应当说，戈氏的外交“新思维”在一定程度上有其正确性，它改变了苏联以往对外政策中的一些错误作法，变对外扩张为注重国内建设，适应了世界和平与发展的潮流。然而，“事与愿违”，指导思想上的良好愿望不一定会取得政策实施时的圆满结果。戈尔巴乔夫提出“新思维”后，苏联对外开始了全面收缩：一是从阿富汗撤军：二是对美国作出让步，宣布苏联单方面削减军队；三是主动给东欧国家“松绑”，表示不再控制东欧国家，并从东欧撤军和解散了华沙条约军事组织。另外在德国统一、海湾危机等问题上，苏联都对西方作出了很大的让步。值得一提的是，苏联从东欧国家的撤军是相当仓促的。戈尔巴乔夫未经苏共中央政治局的讨论便擅自宣布从东欧撤走苏军，结果就连安排好这些军人的住房和家属的安置工作都来不及做，以至引起许多苏联军人和家属的不满。

戈尔巴乔夫利用苏共中央总书记的职权，不顾苏联外交部门和军方的反对，独断专行，试图通过从苏联在全球势力范围的全面后撤，来达成与美国等西方国家的妥协，换取它们对苏联改革的支持和经济援助，其结果非但未得到美国等西方国家相应的回报，反而放弃了与美国进行周旋的“阵地”，从而使苏联的国家利益受到了严重损害。

戈尔巴乔夫外交“新思维”中的消极面是显而易见的，它的特点是全盘否定苏联过去的历史，放弃社会主义意识形态，完全认同西方的价值观念。在戈氏“新思维”指导下，苏联对外政策由一个极端转向另一个极端，由过去同西方全面对抗转为全面退让，进而又完全倒向西方。这些做法造成苏联党内外严重的思想混乱，使反共反社会主义势力日益猖狂，这为苏共最终失败埋下了祸根。在苏联一步步倒向西方的过程中，东欧的社会主义体制也而临着挑战。随着苏联对东欧的制约力的缩小，东欧国家内部长期压抑着的对现状不满、对苏联控制的不满情绪很快爆发出来，反社会主义思潮呈蔓延趋势，从而促进了东欧一些新生的政治力量摆脱苏联控制、走民主化道路的离心倾向，加速了这些国家社会主义政权的瓦解。东欧剧变反过来又对苏联产生了强烈的震撼，在外部环境上对苏联社会主义体制的存在形成了巨大的冲击，苏联政局进入了剧烈动荡和危机时期，苏共逐渐失去了对局势的控制能力。再加上美国等西方国家趁苏联全面后退之机，采取咄咄逼人的进攻性态势，推波助澜，最终将苏联社会主义大厦彻底搞垮。

从客观上讲，苏联长期推行的大国霸权扩张政策使它国力衰竭，精疲力尽，造成它在与美国对抗的格局中处于失败的境地，它不得不从“两极抗衡”的泥潭中后退。但这种后退应当是有步骤、分阶段地进行，这样才不至于出现东欧剧变、苏联解体这种类似于“多米诺骨牌”迅速倒塌的效应。《孙膑兵法》曰：“还退以蓬错”，意思是收兵后撤，要布置好有力的殿后之军，要退有章法。孙膑又日：“井之而无间，返山而退”，意思是军队整体后退，要严密而有序，如鸟羽的缤密，风雨莫侵；如大山平移，退而有威，千万不能蜂涌而逃。德国 19 世纪军事理论家克劳塞维茨在《战争论》中也指出：“为了不在形势所要求的范围以外多退一步，更主要的是为了尽可能保持自己的精神力量，退却必须缓慢地进行。”[①] 倘若当年苏联采取“稳扎稳打、步步为营”的后退战略，保住“华约”，稳定周边国家，并加快国内经济建设和巩固政权，那么苏联不至于会输得这么惨。而戈尔巴乔夫在对外政策上恰恰是犯了仓促退却的战略性错误，从而导致了苏联“全军覆没”，这不仅使国际共产主义运动蒙受了不可估量的损失，而且也造成了世界格局朝着有利于美国的方向倾斜。

---

① ［德］克劳塞维茨：《战争论》，解放军出版社，1994 年版，第 259 页。

东欧剧变、苏联解体使社会主义阵营不再存在，中欧和东欧各国独立后，普遍“回归欧洲”，向西方靠拢，苏联苦心经营几十年与美国形成的战略均势顷刻之间化为乌有，双方军事力量平衡完全被打破，继承了苏联的俄罗斯不仅失去了大部分东欧盟友和传统的战略空间，而且自身的安全环境也受到了威胁。苏联解体使俄罗斯失去了大量战略要地和纵深地带，高加索地区民族、宗教冲突的此起彼伏、阿富汗内战对中亚地区的影响使得俄罗斯西部、特别是南部的地缘态势对俄极其不利。以美国为首的西方国家利用北约东扩、科索沃危机、车臣战争、建立导弹防御体系（NIMD）等事件不断对俄施压，并加强了对独联体的渗透，蚕食俄的势力范围。而俄罗斯也由于独立初期国内政局动荡、经济改革受挫等因素，加上美国等西方国家的外部打压，已由昔日与美国“平起平坐”的超级大国沦为今日的地区性大国，其国际地位和影响力大大下降。

三、对中国的启示

苏联在对外政策上的重大失误以及最终从外部推动苏联解体的教训是深刻的。前车之辙，后车之鉴。我们可从苏联的失败中得到若干启示：

1. 启示之一：中国应坚持“韬光养晦、不称霸”

邓小平同志总结了世界上大国兴衰的历史经验，提出了中国应当“韬光养晦”、“善于守拙”和“不称霸”的战略思想。历史已经证明并将继续证明，任何一个国家搞霸权主义都将难逃衰亡的厄运。二战以后的苏联不是集中精力于国内经济建设和满足人民需求；而是走上了对外扩张、与美国抗衡、争夺世界霸权的道路，最终耗尽国力、败下阵来，其惨痛的教训不能不引起人们深思。再看美国，美国击败苏联后，虽成为冷战后世界上唯一的超级大国，但它不可能也没有力量在全球称霸，因为一个国家的力量再强大，它也要受到其内外各种因素的制约。如今美国要在全球实行“单极统治”，但它不可避免地受到了世界多极化发展趋势的制约，而且也遭到了美国国内主张“实行国际多边主义”声音的反对。此外，美国的经济也有盛衰交替的发展周期，美国贸易逆差的大量增加，联邦政府的财政赤字和巨额国债以及它在海外驻军的沉重负担等等，这些都限制了美国控制全球的能力。因此，倘若美国一意孤行，继续站在各国人民的对立面，充当世界霸主，那么它必将招致如苏联衰败的同样下场。中国是一个发展中的大国，中国的综合实力远未达到可以称霸的程度。即使是未来，中国真正强大了，也决不应称霸。古语云：“恃德者昌，恃力者亡”，“多行不义必自毙”。人类社会犹如一个大家庭，各国应当在“和平共处”五项原则基础上平等相处，发展彼此的友好关系。任何恃强凌弱、称王称霸的行为都将被各国人民所唾弃，最终将受到历史的惩罚。何况当前中国还处在由温饱社会向小康社会发展的“初级阶段”，中国正面临着加入 WTO 后的各种挑战，中国离实现现代化的目标还很遥远，中国人民更应兢兢业业，埋头苦干，“将自己的事情办好”。“天下稍安，尤须兢慎，若便骄逸，必至丧败。”

2. 启示之二：中国应牢记“有所作为争主动”

邓小平同志在外交战略思想中既讲了“韬光养晦”，但同时又讲了中国应“有所作为”，把握中国发展的有利时机。其实，“韬光养晦”与“有所作为”是外交战略相辅相成的两个方面。“韬光养晦”和“不称霸”不等于中国在国际事务中不能“有所作为”；反之，“有所作为”也不等于要去谋取霸权。“有所作为”指的是更好地维护我国的周边安全，化解国际社会中的不利因素，趋利避害，加强与各国的交流与合作，遏制霸权主义，维护世界和平，在建立全球政治经济新秩序中发挥中国应有的作用。在国际事务中，首先，应坚决维护中国的国家主权，反对任何损害中国主权和中国国家安全的行为与企图。尤其要确保中国周边安全缓冲地带的和平与稳定，防止在中国周边地区爆发战争。其次，应参与各种国际法规、条约的修改和制定，在国际活动的场合发出中国的声音。实践证明，中国如不参与国际政治经济新秩序“游戏规则”的制定，中国的国家利益势必受损。当然，“有所作为”不是去搞对抗，而是去搞合作，去维护本国利益。这里还有一个如何对待当今世界头号强国——美国的问题。我们不能象当年苏联那样靠拼实力、拼消耗去与美国抗衡，我们应通过与美国和世界其它大国以及发展中国家的交往，通过推动世界多极化趋势，求得国际力量之间的平衡，来遏制美国不断增长的霸权主义。中美关系的良性发展从总体上讲有利于世界的和平与稳定，也有利于中国的现代化发展，因此，我们应积极寻求中美间的共同利益，加强两国间的交流与合作，求同存异，增进相互理解。中美之间不能搞军备竞赛，中国为实现现代化在经济力量允许的限度内加强国防力量是必要的，但如与美国正面对着干，搞“水涨船高”式的军备竞赛，则不仅中国负担不起，而且很可能重蹈苏联的覆辙。

3. 启示之三：中国应做到“科学决策防失误”

领袖人物的作用对国家的前途和人民的利益至关重要，在某种程度上，领袖人物的决策能够改变历史。在外交领域，一个国家的领导人能否根据世界局势的发展“审时度势”、“明察秋毫”，作出正确的判断和科学的决策，是关系到国家安危的大事。然而，世界局势的瞬息万变以及外交斗争的错综复杂，使任何领袖人物都难以完全把握其发展趋势。而每一次外交决策的失误，都可能给国家和人民带来无可估量的损失。本文上述的戈尔巴乔夫在外交决策上失误所造成的苏联外部环境恶化的后果说明了这一点。因此，建立“集体领导”的科学的外交决策机制，防止“个人说了算”，便能够避免重大失误。应正确对待个人的作用，将国家（民族）的命运完全系于一两个人身上无疑是危险的。建立科学的决策机制，应包括建立和遵循科学的决策程序、组织制度、咨询机构、责任和监督机制等等。在外交决策方面，应大量收集信息，将定性分析与定量分析相结合，静态的典型研究与动态的系统分析相结合，进行充分研究论证，并采用集体决策的方式，以最大限度地提高决策精度。

4. 启示之四：中国应注重“经济建设不放松”

对每个国家来说，悠悠万事，唯经济发展为大，这不仅关系到国计民生，而且也关系到一个国家的生存。任何国家的外交都是为其内政服务，也就是为其经济发展服务。邓小平同志曾指出：“我们的对外政策，就本国来说，是要寻求一个和平的国际环境来实现四个现代化。”[①] 发展经济是我国对外战略谋求的核心利益。苏联当年对外战略的根本错误就在于它背离了“以经济建设为中心”，背离了和平外交的原则，对外搞“革命输出”和霸权扩张，试图用意识形态的观念和武力威慑的手段来改变世界，这是注定要失败的。社会主义终究要战胜资本主义，这是历史发展的必然规律。但是在和平与发展的时代主题下，社会主义国家要用自己的经济发展成就来证明社会主义优于资本主义从而吸引各国人民走社会主义道路，而不能固守与时代不相符合的观念和教条。当今世界，经济全球化已成为不可阻挡的发展趋势，经济已成为国际关系中的主导因素，过去以军事实力为基础的国际竞争已转变为以经济实力为基础的综合国力的竞争。对于中国来说，最根本的是要抓住时机，发展经济，排除一切干扰，一心一意搞好国内建设。经济发展了，国力增强了，那么不管外部环境如何变化，中国也能稳如泰山，世界社会主义就有希望。

① 《邓小平文选》第二卷，上海人民出版社，1994年版，第241页。

能源与气候

国际能源地缘政治的演进和当前全球能源格局的特征

余建华*

内容提要：百余年来，以石油、天然气为核心的能源政治始终与国际关系密切相连，围绕油气资源、市场、通道的角逐与竞争始终是国际能源地缘政治演变的主要内容。即使在世纪之交，世界各国尤其是以美国为首的西方对油气资源的竞争并未消失，能源问题政治化倾向更为加强，时常成为各国外交诉求的重要目标，甚至为了争夺油气资源而爆发冲突与战争，油气政治成为冷战后迈向新世纪的国际关系的一个极其关键的支点，迄今为止，有关能源消费国、资源国和过境国之间的利益碰撞和矛盾冲突，成为世界地缘政治经济竞争令人瞩目的重要组成部分。但在另一方面，随着冷战后世界经济全球化进程的加速，各国在能源领域的相互依存日渐加强，既竞争又协调成为国际能源战略格局的主流，各方越来越重视能源领域的国际合作及其国际机制的建设，主张通过国际合作与协调来实现能源安全。全球能

* 余建华，上海社科院欧亚研究所所长，研究员。

源格局发生深刻而重大的变迁，呈现出一系列令人瞩目的特征，对21世纪国际关系和世界经济发展走向产生不容低估的影响。

早在20世纪初，法国战时石油局局长亨利·伯伦曾经这样谈到："谁占有石油，谁就占有了世界，因为他可以用柴油统治海洋，用高精度的石油统治天空，用汽油和煤油统治陆地。除此之外，他还可能在经济上统治他的同胞，因为从石油中他可以取得意想不到的财富。石油这个奇妙的东西在今天比黄金更吸引人，也比黄金更宝贵。"① 虽然我们不能完全同意他的论断，但的确，以石油为代表的能源，早已不是世界经济和国际贸易中的普通商品，而是与国际政治、外交博弈和国家安全密切关联，成为当今变幻莫测的国际关系中的关键因素之一。

一

一方面石油和天然气成为现代工业必不可少的基础性战略物资，另一方面由于资源分布和需求的分离，许多国家难以在本国范围内获得足够的油气能源供应。百余年来，以石油、天然气为核心的能源政治始终与国际关系密切相连，围绕油气资源、市场、通道的角逐与竞争，始终成为国际能源地缘演变的主要内容。迄今为止，百余年来的国际能源地缘政治的发展，大致先后经历了墨西哥湾时代、海湾（波斯湾）时代和中心与外围对峙时代这三大阶段，以石油及天然气为中心的国际能源地缘政治这一态势的演变证实了能源政治学权威丹尼尔·耶金的论断："石油，

① ［美］哈维·奥康诺：《石油帝国》，世界知识出版社，1958年版，第255—256页。

10%是经济，90%是政治。”[①]

1859年美国宾夕法尼亚州德雷克油井的成功开钻，标志着世界石油商业性开采的开始。随后在高额利润和需求增加的驱使下，石油业成为现代经济中一个竞争激烈、影响广泛的庞大行业。美国成为世界石油工业的摇篮。在此前后，俄罗斯、罗马尼亚、加拿大、波兰等国也开始较大规模的石油生产。其中最重要的是纳入沙俄版图的阿塞拜疆巴库油区。19世纪末巴库油区和美国几乎各占世界石油产量的一半，在1899—1901年，俄罗斯石油年产量还一度超过美国。但总体而言，从1859年现代石油业诞生到1945年第二次世界大战结束，还是属于世界石油史上的墨西哥湾时代。这里包含了世界石油工业的第一阶段（1859—1920）和第二阶段（1920—1945），这期间，美国以世界第一产油大国的雄厚实力稳居世界石油业“龙头老大”的宝座。美国的石油业集中在德克萨斯州等墨西哥湾沿岸，而邻国墨西哥也是世界另外一个主要产油国，1919年墨西哥石油年产量突破1000万吨，超过苏联成为世界第二产油大国。1920年墨西哥石油产量突破2000万吨，加上当年美国生产的6000万吨石油，两国已占据世界石油总产量87%的份额。[②] 也就是说，墨西哥湾沿岸提供了全球约绝大部分的石油供给，由此直到二战结束，墨西哥湾成为全球石油生产的重心，以及当时世界油气地缘政治中心。

当然在“墨西哥湾时代”墨西哥并没有多大发言权，美国成为世界石油业的头号霸主。20世纪初的1914年和1916年，美国武装干涉墨西哥民主革命，主要目的之一就是企图保持对墨西哥石油的垄断，这场革命前美国资本控制了墨西哥80%的油田。美国之外的英国、法国、荷兰等跨国石油公司无力插手墨西哥湾

---

① 转引自［法］菲利普·赛比耶—洛佩兹：《石油地缘政治》，社会科学文献出版社，2008年版，第1页。

② 王才良：《世界石油工业140年》，石油工业出版社，2005年版，第16—19页。

的石油开发，因此世界油气地缘政治竞争主要在墨西哥湾之外的地区进行。除俄罗斯（苏联）外，20 世纪上半叶，委内瑞拉、伊朗、罗马尼亚和印度尼西亚等国也陆续加入世界重要产油国行列。因此这些国家成为两次世界大战期间战争双方阵营激烈争夺的对象。

“墨西哥湾时代”的另外一大主要特征，则是以美英等国为首的西方石油寡头在世界石油市场上把持着统治主宰的垄断地位。从 1870—1970 年这一个世纪的岁月中，号称“七姐妹”的西方石油垄断巨头控制着世界能源工业的绝大部分——从油气勘探、开发到储运、提炼和销售。石油“七姐妹”是建立在美国洛克菲勒石油帝国的基础上。其中，埃克森、美孚、雪佛龙就曾是洛克菲勒的标准石油公司在新泽西、纽约和加利福尼亚三州的子公司，此外包括美国的德士古和海湾石油公司以及两家欧洲的跨国石油资本集团——英荷壳牌公司和英国石油公司。到 20 年代初，尽管美国占有世界石油生产近 2/3 的份额，但英国人却在未来“世界油库”的中东建立起石油霸权。

1900 年澳大利亚人达尔西获得波斯勘探和开采石油的租让权后，1908 年在马斯吉德苏莱曼发现石油。1909 年英国石油公司的前身—英波石油公司成立，两年后接管达尔西的租让权，开始大规模石油生产。一战前两河流域的摩苏尔也发现了石油，一些欧洲财团组建了土耳其石油公司，德意志银行和壳牌公司各占其资本的 25%，英波石油公司拥有其余的 50%。1914 年该公司获得摩苏尔和巴格达石油资源租借权。一战后，1920 年英法签订“圣雷莫协议”，法国获得公司中德国的 25%股份，其余 75%的股份通过英波石油公司和壳牌公司仍为英国所控制。英国承诺法国可以拥有毗邻法属叙利亚的部分石油开采权，法国则慷慨授权英国石油公司在法属叙利亚至地中海石油港口之间铺设石油管道。而此时美国对海外尤其是中东石油的兴趣越来越浓厚，1919 年“巴黎和会”期间，美国地质局首席地质学家戴维·怀特就呼吁美国石油公司“发动更强大的勘探攻势寻找新的石油资源，尤其是在中东和南美”。[①] 在美国政府的强大压力和美国石油公司软硬兼施的手段下，英国最后还是作出了妥协，决定“开放”美索不达米亚的石油资源。

1928年7月，美、英、荷三国石油巨头与英国石油富商、土耳其石油公司创始人达成股权分配协定。土耳其石油公司改组为伊拉克石油公司，由新泽西与纽约美孚等组成的美国近东开发公司、法国石油公司、英国石油公司和英荷壳牌公司各持有23.75%的权益，古尔本金拥有其余5%的权益。各方约定每一方均不得在奥斯曼帝国边界（除伊朗和科威特外）的红线范围内谋求石油特许权。由此这个《红线协定》成为世界石油史上列强对世界能源的第一次瓜分，也即瓜分中东石油资源的第一次分赃。随后美、英、荷三国石油巨头商讨垄断世界石油市场的战略和方针，在1928年9月就瓜分世界石油市场达成《阿克纳卡里协定》。该协定通过在石油产量、市场份额、石油价格、设备利用、运输和成本等具体问题上的一系列协调，为欧美石油垄断资本控制国际石油业提供了基本框架。《红线协定》标志着美国与英国、荷兰石油巨头争夺中东石油的开始，《阿克纳卡里协定》则表明美、英、荷石油巨头已经联合建立垄断世界石油市场和石油价格的利益共同体。

但无论是《红线协定》还是《阿克纳卡里协定》，都未能阻止美国资本向中东的挺进。到二战爆发前，英国在中东的石油垄断权已经被美国打破；在拉美，美国夺取了坦皮科以北的墨西哥石油资源和60%以上的委内瑞拉石油资源；在远东，美国石油资本也在印度尼西亚拥有探明石油储量和开采量的30%。不过，此时英荷资本还是在美国以外的世界石油市场上保持着很大的优

---

① 江红：《为石油而战——美国石油霸权的历史透视》，东方出版社，2002年版，第69页。

势。二战后，美国垄断资本凭借美国迅速膨胀的经济和军事实力，加大争夺中东等海外石油资源的力度。1953 年美国通过支持伊朗军事政变，成功地打破了英伊石油公司一手掌控的伊朗石油业局面，使美国资本获得接管伊朗石油资源 40%的权益，到 1956 年，美国对中东石油资源控制额已上升到 57%。在拉美，美国进一步巩固其在各产油国的优势地位，1956 年控制了委内瑞拉 80%的探明储量。在远东，1954 年美国已占有印尼 50%以上的石油产量和探明储量。在非洲，美国石油资本也在利比亚、利比里亚和阿尔及利亚等国获得大片石油租借地。这样，到 20 世纪 50 年代中期，无论石油租借地、探明储量和产量方面，还是石油加工能力和销售市场方面，美国都远远领先于英、荷、法而处于绝对优势地位，成为世界石油市场的霸主和亚非拉产油国石油资源的最大掠夺者。

二

二战结束后，世界石油工业进入第三阶段（1945—1973），该阶段一个主要特征是中东发展为世界石油工业的中心，尤其是海湾地区石油产量迅猛增加，成为世界石油的最主要供应地，相应地国际能源地缘政治格局也由墨西哥湾时代进入到海湾（波斯湾）时代。

中东石油大发展的序幕是在二战前拉开的，包括伊朗的苏莱曼和阿加贾里、伊拉克的基尔库克、沙特的达曼和科威特的布尔干等大型油田。但在海湾（波斯湾）周围陆上和海域，更多油气田的勘探发现以及连同上述战前发现的油田大规模开发投产，还是在战后 40—50 年代。在沙特，20 世纪 40 年代相继发现阿布哈德利亚油田、布戛格大油田和加瓦尔特大油田（世界最大油田，1948 年发现，储量 82.6 亿吨），1950 年又发现世界最大海上油田萨法尼亚油田（储量 33.7 亿吨）。在科威特，1938 年发现的布尔干特大油田在战后探明并投产，成为世界第二大油田（储量 69.7 亿吨）。1946 年科威特正式采油，产量达 79.74 万吨，1960 年已经超出 8000 万吨大关，成为当时中东第一大产油国。另外在伊朗、伊拉克、卡塔尔等海湾国家也发现巨额石油资源，并得到迅速开发。与此同时，美国石油产量在世界总量中的比重开始下降，已经不能满足国内迅速增加的石油需求，1948 年美国开始从中东海湾进口石油，相应地从 20 世纪 50 年代开始，中东海湾地区取代北美墨西哥湾成为世界油气地缘政治中心，1948—1972 年，美国石油日产量虽然由 550 万桶增加到 950 万桶，但其在世界总产量中的份额却由 64%下降到 22%。同期中东石油日产量由 110 万桶增加到 1820 万桶，增加了 1500%，这期间世界新增探明储量 70%来自中东。[①] 尤其是科威特、沙特和伊朗等海湾产油国在世界石油工业中的重要性迅速上升。1961 年中东石油产量已占世界总量的 25.1%，出口量占世界总量的 51.6%；到 1974 年中东石油产量占世界总量的比重达到最高峰，为 38.9%；次年即 1975 年，中东石油出口量占世界总量的比重达到最高峰，为 61%。[②] 由此二战后到 20 世纪 70 年代，国际能源格局处于“海湾（波斯湾）时代”，世界油气地缘政治竞争主要围绕中东展开。

围绕石油资源及其运输通道的争夺和控制，20 世纪 50 年代中东发生了两场相关的国际危机。一是伊朗石油国有化运动。1953 年，美国中央情报局策动了一场支持巴列维国王的武装政变，推翻了致力于石油国有化的摩萨台政府，伊朗收回石油资源

① 徐小杰：《新世纪的油气地缘政治》，社会科学文献出版社，1998 年版，第 28 页。

② 王才良：《世界石油工业 140 年》，石油工业出版社，2005 年版，第 209、34 页。

主权的斗争受挫。[①] 由此，美国打破英伊石油公司（英国石油公司）在伊朗一统天下的格局，在接管伊朗石油资源的美欧石油国际财团中，美国资本获得40%的股权。这是战后英国石油垄断资本在国际石油竞争战中受到的最沉重的打击，美国石油垄断资本捞取了最大的好处。二是苏伊士运河事件。1956年埃及总统纳赛尔将英法控制的苏伊士运河收归国有，英法便联合以色列对埃及发动侵略战争。苏伊士运河战争使通过运河输往欧洲的海湾石油供应限于中断，整个西欧处于能源危机的边缘，西欧陷入缺油窘境。英法两国军事上遭受重创，政治上陷入孤立，经济上处于困境，不得不于当年11月黯然收兵。

欧佩克的崛起及其与西方石油跨国巨头的顽强不屈斗争，也是二战后到20世纪70年代国际能源格局处于“海湾（波斯湾）时代”的主要特征。为摆脱任凭西方石油垄断资本随意宰割的现状、维护产油国自身权益，1960年9月，沙特、科威特、伊朗、伊拉克和委内瑞拉5个石油出口国发起建立石油输出国组织（欧佩克）。70年代初，欧佩克以减产和谈判结合的策略，向国际大石油公司开展积极进攻，提高油价斗争和收回资源主权的参股、国有化运动两条战线相互推进。由此，以海湾产油国为主的欧佩克成员国不仅剥夺了国际石油卡特尔控制石油价格的特权，也取得了对在本国经营的国际石油公司的控制权，扫除了几十年来西方国际石油资本从产油国榨取高额垄断利润的基础——殖民主义性质的石油租让制，一批产油国的国家石油公司走上舞台，进入世界石油市场，它们拥有大量的油气储量和巨大的原油生产能力。以“七姐妹”为代表的西方国际石油寡头丧失了在世界石油工业中“一统天下”的垄断地位。在欧佩克捍卫民族国家经济权益取得积极成果的基础上，阿拉伯产油国在1973年中东“十月

① J. A. Bill & W. R. Iouise, *Mossadiq*, *Iranian Nationalism and Oil*, I. B. Tauris & Co., 1988, p. 8.

战争”爆发后成功使用石油武器，而欧佩克更是趁此有利形势，进一步完全收回油价决定权，并且连续大幅度地提高原油价格。1978年伊朗“伊斯兰革命”和1980年两伊战争爆发后，世界石油供应出现短缺，欧佩克因势利导，再次连续提高石油价格，使国际油价由20世纪60年代的1.8美元/桶上升到38.63美元/桶，涨幅高达2046%。由此，欧佩克不仅成员国石油收入急剧上升、贸易条件明显改善、民族经济迅速发展，而且欧佩克国际政治经济影响显著加强。

三

20世纪80年代以来，欧佩克对全球石油市场的影响力开始由盛转衰。一方面石油危机遏制了西方国家的石油需求，海湾石油产量增长受到限制。另一方面，高昂的国际油价促使非欧佩克产油国大力勘探和开发新的石油资源。70年代北海的埃科菲斯克、福帝斯特等大油田相继开发。整个西欧石油储量接近美国。1976—1979年墨西哥探明石油储量增加6倍。[①] 美国也在阿拉斯加发现大片油藏。1981—1985年。非欧佩克产油国（又称独立石油输出国）石油日产量年均递增100万桶。1981年非欧佩克产油国石油供应量首次超过欧佩克，1985年非欧佩克产油国已占国际市场石油供应量中的56.4%。在世界石油供过于求的形势下，1981—1985年欧佩克被迫实行“减产保价”策略，这又促使非欧佩克产油国在世界石油市场的份额大幅度增加。1985年欧佩克占世界石油产量的份额落到29%的低谷。1986年后在欧佩克之外，形成了北美、苏联、北海、中国、东南亚等地区性

① 吴巧生、王华、成金华：《中国可持续发展油气资源安全系统研究》，湖北人民出版社，2004年版，第108页。

油气资源中心，其产量增长迅速。但 80 年代中期后因国际油价长期低迷，许多非欧佩克产油国大幅度减少石油勘探开发投资，导致以海湾国家为主的欧佩克在世界油气地缘格局中得以保留优势地位。欧佩克在世界石油产量的比重又回升到 1990 年的 38.5%和 1995 年的 41.1%，进入 21 世纪后则进一步上升到 44%上下。不过海湾国家完全掌控世界石油市场的时代已经结束。另外，1970 年后世界迈入天然气工业大发展时期。除中东地区外，苏联、欧洲的北海盆地以及美国阿拉斯加，一大批大型气田的发现和开采，为世界天然气工业的大跃进奠定了基础。

这样，一方面是中东海湾仍然保持为世界油气地缘的中心，另一方面许多非欧佩克油气生产国和拥有大量石油战略储备的石油消费国也拥有不可小觑的市场控制力。欧佩克和非欧佩克国家均难以单独控制世界油气市场，从而形成多家参与、相互制衡的局面，由此从 20 世纪 80 年代初开始，国际油气地缘政治格局进入“中心（欧佩克）与外围（非欧佩克）对峙时代”，一直延续到 21 世纪的今天。值得注意的是，欧佩克特别是海湾产油国仍然是当今世界石油市场中力量最强的一方，欧佩克就其占世界总量的 2/3 石油探明储量、累计产量的 40%—50%以及输出量的 60%上下这些份额而言，其对世界政治经济的发展仍然具有十分重大的影响。其他参与各方难以单独对其抗衡，只有联合起来，如由经合国家组成的国际能源署对其形成制约。90 年代以来，中亚里海地区、北非马格里布和西非几内亚湾等地区也日益成为世界油气资源新的供给基地，加强了外围（非欧佩克）与中心（欧佩克）的油气地缘对峙格局。

四

世界石油价格的持续低迷，刺激了 20 世纪 90 年代以来世界经济的增长和石油消费的增长。除东亚金融危机一段时期外，90年代世界石油需求量以每年150万—200万桶的速度递增。虽然东西方冷战结束，但世界各国尤其是以美国为首的西方并没有放松对油气资源的觊觎与控制。正是由于油气资源的有限性及其分布的不均衡性，决定了各国能源安全的不确定性，以及各国为资源发生争端的尖锐性，甚至为了争夺油气资源而爆发冲突与战争，更使油气政治成为冷战后迈向新世纪的国际关系的一个极其关键的支点。从1991年的海湾战争，经“9·11”事件后的阿富汗反恐战争，到2003年的伊拉克战争，欧亚大陆腹地的风云变幻剧变就是能源因素左右国际地缘政治角逐和冲突的生动体现。

虽然冷战后国际油气地缘格局处于“中心与外围对峙时代”，但海湾仍然是石油蕴藏最为集中的“世界油库”。1990年8月伊拉克萨达姆政权出兵侵占科威特，主要目的就是掠夺科威特的石油资源、石油通道和石油资金。萨达姆意图通过吞并科威特来实现伊拉克的“一石三鸟”：一是伊拉克欠科威特的120亿美元债务一笔勾销，并将科威特的黄金、外汇和1000亿美元的国外资产占为己有；二是可以拓宽通往海湾的海岸和占有深水港口，使自己的石油出口不再受制于人；三是夺取科威特的石油资源，以便拥有1/5的世界石油储量，有助于增强伊拉克的实力和国际影响。而美国不远万里，在1991年发动海湾战争，也不仅仅是出于恢复科威特主权和领土完整这一伸张正义的目标，而是还有其更重要的战略意图，其中控制海湾石油资源便是至为关键的动因。当1990年8月2日伊拉克入侵科威特之后，8月13日，美国《纽约时报》电话采访基辛格等美国10位名人，他们一致认为，美国在海湾危机后迅速陈兵海湾，是因为“海湾关系到美国的切身利益……首先是保卫石油”。美国众议院军事委员会委员帕特里德·施罗德更直截了当地指出：“我们在沙特阿拉伯和科威特的主要利益基本上可以归结为两个字：石油。石油，石油，还是石油。”[①] 1991年1月17日，以美军为首的多国部队打响了对伊拉克的海湾战争。“美国为什么开战呢?”对于这一问题坦率地做出回答的是布什总统的老师——尼克松：“既不是为了自由，也不是为了民主，而是为了石油。”[②] 因此从海湾危机到海湾战争，实质上是冷战结束后谋求地区霸权的伊拉克和维护世界霸权的美国在海湾石油政治上的冲突博弈。

海湾战争结束后的1992年4月，美国著名思想库传统基金会发布的《缔造对美国安全的世界——美国对外政策蓝图》报告再次明确提出，美国对外政策的十大“保守原则”之一是“确保获得资源”，“防止某一敌对的国家主宰欧洲、东亚和海湾”。尤其是海湾，因为“海湾战略地位重要，又拥有丰富石油资源”。[③] 即使在进入新世纪后，国际能源格局依然处于欧佩克这一世界产油中心与由非欧佩克产油国组成的外围对峙的时代。一方面，作为欧佩克核心的海湾国家依然保持在世界石油生产和输出格局中的龙头地位；另一方面，中亚西部的里海地区越来越成为前景诱人的世界油气的新供应源，同时北非的马格里布地区和西非的几内亚沿海地区的油气开发也趋于活跃。这些新兴油气资源地区的崛起意味着一个以中东地区为核心的更大范围能源资源带的形成。

另外西方“新能源地缘政治”学派已在世纪之交的研究中揭示：中东虽然在石油市场上的份额下降，但石油市场越来越趋于开放，竞争性不断增强；前苏联的石油和天然气资源正在融入世界经济体系，并将引起深远影响；世界能源地缘中心正在向亚洲转移，亚洲将成为能源“新地缘政治”的主要威胁；到2020年，全球约50%的石油需求要由那些动荡国家来满足，而这些关键

① 转引自安尼瓦尔·阿木提、张胜旺：《石油与国家安全》，新疆人民出版社，2003年版，第38页。

② 日本《每日新闻》1991年1月17日。

③ 转引自王能全：《石油与当代国际经济》，时事出版社，1993年版，序言。

能源生产国很有可能爆发危机、中断供应；随着经济全球化推进，经济持续增长，加上能源需求上涨将使能源出口方拥有更大的影响力，能源价格也可能出现严重的上下波动；能源供需平衡问题将使世界主要的能源生产商和消费者受到新的竞争和政治压力；能源供应或投资在中东出现崩溃的可能性仍然存在；国际恐怖势力将有条件对日益复杂的能源基础设施造成后果不堪设想的严重破坏……[①]于是，十分自然，一个以中东地区为核心的更大范围的能源资源带成为新世纪美国政府维持和巩固世界霸权的重点战略目标。美国安全委员会成员扎勒米·哈利勒扎德在为美国国家战略研究所撰写的战略评估报告中，就对美国在“大中东”的利益进行了重点分析。[②] 虽然哈利勒扎德把包括北非、土耳其、利凡特、海湾和阿拉伯半岛在内的西亚北非地区称为“大中东”，但事实上在此前已有人将“大中东”的涵盖范围大大扩展，哈佛大学科学和国际事务中心（CSIA）的国际安全研究组就将“大中东”界定为从马格里布到里海盆地的整个地区。[③] 而此后2004年1月小布什总统在国情咨文中阐述美国推行促进自由的“大中东民主化战略”时，已不失时机地将阿拉伯世界22个国家连同土耳其、伊朗、阿富汗和巴基斯坦等国一起纳入“大中东”的范畴。

美国共和党领导人多尔就曾直言不讳地指出：“海湾战争表

---

① John V. Mitchell，Peter Beck，Michael Grubb，*The New Geopolitics of Energy*，the Royal Institute of International Affairs，1996，pp. 2－3. “The Geopolitics of Energy into the 21st Century，Volume 1：*An Overview and Policy Considerations*”，A Report of the CSIS Strategic Energy Initiative，(the CSIS Press，Nov. 2000).

② 1997年剑桥大学出版社出版的《美国与欧洲》一书就编入了扎勒米·哈利勒扎德撰写的《大中东的挑战》，随后他另外一文《大中东冲突的根源》又编入《21世纪的政治冲突》。参见（美）扎尔米·卡利扎德和伊安·O. 莱斯编著、张淑文译、江苏人民出版社2000年版的《21世纪的政治冲突》中译本。

③ See Robert D. Blackwill & Michael Sturmer，eds. *Allies Divided：Transatlantic Policies for the Greater Middle East*，Cambridge，Harvard Univ. Press，1997.

明保护自己在海外的石油利益是美国当前最重要的任务。目前这一任务的实施区域向北扩大到了包括高加索、西伯利亚和哈萨克斯坦在内的地区。”[①] 国际恐怖势力大规模袭击美国的“9·11”事件给美国带来向前苏联地区扩张海外能源利益、扩展油气地缘势力范围的“天赐良机”。

“9·11”事件促使美国认识到中东伊斯兰世界强烈的反美浪潮，随之显现的美国与世界头号石油供应国沙特关系的严重裂痕，也迫使美国更加重视把中亚里海作为补充海湾的海外能源新基地。2001年12月13日，美国助理国务卿琼斯强调，美国在中亚谋求三方面长期而重要的利益：一是防止恐怖主义蔓延；二是帮助中亚国家进行经济和政治改革，推行法治；三是确保里海能源资源的安全透明化开发。[②] 由此利用国际社会对美国反恐的同情和支持，美国不失时机地在2001年10月发动反恐旗号下的阿富汗战争，迅速推翻塔利班政权，借机进驻中亚地区，在乌兹别克斯坦、吉尔吉斯斯坦和阿富汗设立一系列军事基地，使其在争夺和控制中亚里海油气资源及其运输通道方面获得历史性突破。

“9·11”事件也对美国认识自身国际地位和世界的方式产生了重大而持久的影响。它不仅迫使美国重新审视与阿拉伯世界的关系，而且促使美国进一步担忧以“世界能源宝库”海湾为中心的中东阿拉伯—伊斯兰世界的反美浪潮对美国在中东石油利益的威胁，由此形成了一个向中东“扩展自由、推广民主、创造繁荣机遇”的“大中东民主化”计划。[③] 而2003年3月发动的伊拉克

---

① 转引自郑艳平：“资源、战争与资源战争”，《太平洋学报》，2005年第4期。

② A. Elizabeth Jones, “U. S. -Central Asian Cooperation”, Testimony to the Subcommittee on Central Asia and the Caucasus, Foreign Relations Committee, U. S. Senate, Dec. 13, 2001, p. 9.

③ Philip H. Gordon, “Bush's Middle East Vision”, *Survival*, Vol. 45, No. 1, Spring 2003, pp. 155—160.

战争便是小布什政府民主改造“大中东”计划付诸实施的第一步。

海湾战争虽然使伊拉克综合国力遭受重创，但萨达姆政权依然存在，并未向美国屈服，美国没有达到完全控制海湾石油的目标。桀骜不驯的萨达姆政权既是中东反美激进势力的一大中心，更是美国控制海湾石油的一大挡道石。随着美国在阿富汗的反恐战争顺利推进，把反恐战争和解除伊拉克的大规模杀伤性武器联系在一起，就成为美国进入“反恐战争第二阶段”，即伊拉克战争的理由。2003 年 3 月 20 日，美英联军在未得到联合国安理会授权的情况下，发动了推翻萨达姆政权的伊拉克战争。美国发动的 2003 年伊拉克战争既有安全考虑，也有石油的目的；安全是近期目标，石油是远期目标；安全是直接动因，石油是深层动因。美国对石油供应安全的关切是其安全战略的一部分，所以二者并不矛盾。美国之所以要重塑中东秩序，进行社会制度输出，一个主要目的就是要“确保石油顺利地流向国际市场”，特别是顺利地流向美国。“波斯湾石油对美国的重要性必须从全球角度来理解”。[①] 如果美国控制了包括伊拉克在内的重要中东产油国，就很可能获取应对和影响国际石油市场及国际能源格局的优势，进而赢得应对和影响其他石油消费大国与生产大国以及其他竞争对手的有利态势，最终有利于维护和扩大其全球霸权。正如沙特《生活报》刊登的一篇文章所指出的，美国巨大的石油利益已经成为小布什政府地缘政治战略的核心。美国地缘政治战略的新视点是把战略重点从欧亚大陆东部地区，转移到包括石油储量丰富的海湾地区和里海地区在内的欧亚大陆中南部地区。伊拉克战争是确立美国对该地区霸权进而称霸整个欧亚大陆的更大行动的一部分。德、法、俄反对美国对伊拉克开战，是顾及本国在伊拉克

---

① 王京烈：“中东战略地位与美国中东政策调整”，《西亚非洲》，1998 年第 2 期。

乃至海湾的能源利益。而推翻萨达姆政权，使伊拉克与法、德、俄等国公司签署的石油开采协议化为乌有，也十分符合美国政府和石油巨头的利益。

伊拉克战争显然对世界能源格局发生重大而深远的影响。在伊拉克战争之后，美国一心垄断伊拉克的石油资源。2003 年 5 月 9 日，美、英在联合国安理会提出解除对伊拉克制裁的提案，其核心内容为由美英联军控制伊拉克，并掌握伊拉克的石油收入，保证用于战后重建，直至得到国际社会承认的伊拉克新政权的建立。5 月 22 日安理会通过了关于伊拉克战后重建问题的 1483 号决议，从而使伊拉克石油不再受到出口限制，美英在伊拉克的管理当局获得负责伊拉克的石油生产、销售和收入管理的授权。即使以后成立的伊拉克新政府包括其石油部，事实上也在很大程度上为美国政府所操控。由此作为世界上第三石油资源大国和欧佩克主要成员国，伊拉克的“石油阀门”终于掌握在世界最大石油消费国——美国的手中，同时也使美国为今后能够利用伊拉克“钳制”和“弱化”欧佩克、左右世界能源格局而踌躇满志。而今美国、欧盟、俄罗斯、日本在伊朗核危机问题上的举手投足，自然也离不开对伊朗这一海湾油气大国的“特别关爱”。

通过伊拉克战争，美国对中东油气的影响与控制已经全面化，美国对国际能源格局的干预能力明显得到强化，并可以借此推动由其主导的多元油气供应格局的建立，谋求三重目标：保障自身能源安全；防止伊斯兰极端势力与“石油武器”结合危及美国经济命脉；借“石油武器”推进美国全球战略。美国在战后通过控制伊拉克政府，增强自己在海湾的战略存在，不仅获得对伊拉克石油的控制，进一步强化其对沙特阿拉伯等波斯湾国家石油的影响，甚至可能瓦解欧佩克，继而在很大程度上掌控左右世界石油价格的能力。控制石油价格就可控制石油消费流向，从而把握许多石油进口国的命运，使其石油安全长期处于美国的影响和控制之下，这无疑是对国际能源安全的巨大威胁和挑战。“9·11”

事件后，欧佩克面临以俄罗斯为主的非欧佩克产油国的挑战。伊拉克一旦崛起，又将对欧佩克构成更大威胁：如伊拉克重返欧佩克，则需要其重新调整内部现行配额机制，可能使本已复杂的内部矛盾更趋激化；如伊拉克游离于欧佩克之外，其庞大的石油产量与产能将使其成为欧佩克的一个重要竞争对手。

世纪之交的国际油气竞争除中东海湾地区外，中亚西面的里海地区也是各方纵横捭阖的逐鹿地。由于这一带蕴藏着富庶的石油天然气资源。于是从 20 世纪 90 年代初开始，全球和地区大国以及当地资源出产国掀起一场里海能源开发的蓬勃浪潮。新世纪以来，这场世界级能源竞争战不仅没有衰退，反而呈现出紧锣密鼓的深化发展新态势。美国通过 2001 年岁末的阿富汗反恐战争和 2003 年春的伊拉克“倒萨”战争，在打通欧亚大陆战略通道和控制海湾、里海两大能源宝库方面大为得手。在此背景下，其他世界和地区性大国出于各自战略意图和能源安全考虑，在这一欧亚大陆关键腹地自然也是全力以赴地投入这场国际地缘政治和经济大竞争。在这场里海能源的国际竞争中，世界各大国、周边地区性大国以及当地的资源出产国积极参与其中，它们在此舞台上的一招一式，背后均有各自意味深长的战略谋图。作为各路棋手，各种力量利益交错，矛盾交织。当今里海能源开发与欧亚大陆大国地缘经济竞争和地缘政治争夺的交合重叠更加突出。另外也要看到，各种力量之间既有针锋相对、志在必得的争夺较量，又存在谋求利益平衡、争取各方共赢的妥协合作，相互间的竞争碰撞与协调包容并行不悖。

另一方面，随着能源消费和供应群体的扩大以及世界能源业的日益国际化，能源问题越来越明显地呈现全球性的特点。国际能源相互依赖程度不断加深，消费国与输出国间矛盾大大弱化，利益契合点逐渐增加，特别是在维护国际能源市场的稳定和透明方面，有关各方的共识越来越多。自 20 世纪 90 年代初起，国际能源合作逐渐由国别、集团和区域逐渐向全球范围扩展，开始出现包括能源消费与生产国在内的多边国际能源合作机制，其代表性组织为“国际能源论坛”、“能源宪章组织”以及俄罗斯积极倡导的“天然气欧佩克”。以国际能源署而言，近年来，它日益重视世界能源中的全球性问题，不断与未加入国际能源署的国家发展关系，尤其是与中国、印度和俄罗斯的关系，力图通过把新兴的能源消费国中国、印度和异军突起的能源生产国俄罗斯拉进这个由美国主导的集体能源安全体系，来对它们的能源利益和能源战略进行制约，同时也有效平衡国际能源市场的供需矛盾。

今天，不仅新能源地缘政治学派相对于传统学派，更强调能源领域的国际合作及其机制的建设，而且新自由主义从全球化发展和国际社会相互依存理论出发，强调国际机制对国际能源体系构造的作用，认为国际机制不仅能防止国际能源关系的无政府状态，而且能有效促进处于相互依存中的世界能源领域里的国际合作。“旧的石油机制则在70年代初彻底崩溃。以国际能源署为中心的消费者石油机制成为‘霸权后合作’的典范。”[①] 国际能源安全研究权威丹尼尔·耶金也在新世纪提出了其对能源安全的新认识，从中我们可见他对通过国家间的合作来保障国家能源安全重要性的强调。[②] 显然，在一个越来越相互依赖的世界里，能源安全很大程度上将依赖于国家如何处理国与国之间的关系，国际能源合作是跳出国际能源领域里“安全困境”的有效途径。毕竟，随着冷战后世界经济全球化进程的加速，各国在能源领域的相互依存日渐加强，既竞争又协调成为国际能源政治格局的主流。由此各方越来越重视能源领域的国际合作及其国际机制的建设，主张通过国际合作与协调来实现能源安全，将维护本国能源安全与实现经济和社会的可持续发展、与维护国际能源体系的稳

① 罗伯特·基欧汉：《霸权之后——世界政治经济中的合作与纷争》，上海人民出版社，2006年版，第212页。

② Daniel Yergin, “Ensuring Energy Security”, *Foreign Affairs*, March/April 2006, Vol. 85, No. 2. pp. 69—82.

定运行、与应对和处理环境恶化和气候治理等全球性问题相结合。

此外，考察当今各国的国际能源战略，我们可以看到：(1) 各国对地区性能源合作的重视度越来越高。国际能源合作的不断深入，推进了一些区域性能源合作项目的实施，这与经济全球化推动下区域经济一体化的步伐加快是相一致的，也是各国经济相互依存在能源需求上的阶段性反映；(2) 亚太地区能源需求的膨胀使世界能源地缘格局发生了转变，即在亚太地区需求指针重点指向中东波斯湾地区的时候，美国和欧洲等传统能源进口大国却将对非洲和拉美等油气输出地给予新的关注，同时中东国家的对外经济联系也逐渐从大西洋两岸转向亚太地区；(3) 在能源生产国与能源消费进口国的竞争博弈中，利益优势的天平是向能源消费进口国倾斜的，这又是与能源消费进口国强大的政治与经济优势成正相关的；(4) 在国际金融危机的背景下，以欧美日为主的传统能源消费国都纷纷将新能源的开发利用作为将来占领经济制高点的重要突破口。一旦这种能源消费转型得以完成，今后世界的能源地缘结构必将发生变化和重塑。

五

国际能源格局经历了二战以来一系列深刻而重大的变迁，在进入21世纪后仍然处于进一步的、持续不断的调整和变动之中。概括而言，当前与国际关系演变密切相关的全球能源格局主要呈现出以下几方面令人瞩目的特征：

第一，随着冷战后世界经济全球化进程的加速，能源市场的全球化进程也在加强。不仅全球各地区之间，而且国家之间，无论是能源消费国还是生产国，以及消费国内部和生产国内部之间的相互依赖都在加深。世界经济和国际安全上的相互依赖，促使国家间的能源关系从早期的"零和博弈"模式正向"相互依赖与合作"模式转换。国际能源产需国合作与协调的趋势增强，能源生产国和消费国之间的相互依赖日益加深，其合作与对话愿望也与日俱增。欧佩克虽仍在世界能源生产中占据优势，但随着俄罗斯产量的迅猛增加，加上美、欧、日等国石油进口多元化战略的实施和能源战略结构的调整，石油作为其政治工具的功能和影响力已有所减弱，其与国际能源署及主要能源消费国和生产国之间协调明显增强。能源出口国和进口国，包括欧佩克与国际能源署，在国际能源会议（又称国际能源论坛）框架内定期进行非官方的全球性对话；其他各种地区层面的国际能源对话与协调也在不断发展和加强。

第二，在经济全球化推进国际能源格局中合作趋势加强的同时，我们也要看到国际能源格局的另一方面，即由于油气资源的有限性及其分布的不均衡性，以及能源因素在国际关系中的作用不断凸现，在能源领域从勘探、开发、提炼到使用的上中下游各环节，围绕资源产地、运输通道、销售市场等目标，以石油、天然气为主的国际能源的竞争进一步加剧，国际能源地缘竞争中的现实主义丛林法则依然存在，能源问题政治化的倾向将更为加强。以海湾为中心的中东地区还是世界上石油资源最丰富的地区，也是未来油气开采潜力增长最大的地区，自然也成为全球传统化石能源争夺最激烈的地区；此外国际能源地缘政治主要在中亚—里海、远东（含南中国海）、西非与北非以及委内瑞拉和墨西哥湾一带的中南美等地展开，形成以美国力求主导，俄罗斯、欧盟和亚太国家多种力量交汇的复杂竞争态势。国家既是世界能源合作也是国际能源竞争的主体，有关能源消费国、资源国和过境国之间的利益碰撞和矛盾冲突，成为世界地缘政治经济竞争令人瞩目的重要组成部分，对21世纪全球和地区国际关系和世界经济发展走向产生不容低估的影响。

第三，各大能源公司依然是当今国际能源格局中十分重要的国际行为体。西方巨头跨国能源公司通过不断的重组和合并，继续在国际能源秩序的构建和运转中发挥着举足轻重的影响。经过长期不断的兼并和跨国联合，目前国际上已形成了以埃克森美孚、BP（英国石油公司）、皇家/荷兰壳牌、道达尔、雪佛龙（原雪佛龙德士古）和康菲石油六大能源企业巨头，它们通过在世界各地的联系，控制着全球超过 80%的优质油气资源；并在母国政府的支持下，一方面赚取巨额的垄断利润，另一方面成为母国推行对外能源战略的主要工具，依然是当前世界能源市场的主要垄断者。与此同时，在欧美发达世界之外的亚非拉发展中国家和前苏东转型国家，各大国家能源公司在世界能源领域中的国际地位和实际影响日益增强。这些国家能源公司为国家独资或国家控股，不仅对本国石油、天然气等能源资源勘探开发实施管理和运营，而且有不少已走出国门，运用国家资本开拓海外资源和能源业务，肩负多重发展目标。它们既要提高经营效率和国际竞争力，实现其经济价值；又要支持国家经济和社会发展，维护国家能源安全，为政府的社会、经济、外交等政策的实施提供资源和资金保障。它们中已经有不少发展为国际能源领域中的实力强大的跨国公司。在 2008 年度世界 50 家最大石油公司综合排名的前 20 位中，就包含沙特阿拉伯国家石油公司（第 1 位）、伊朗国家石油公司（第 2 位）、委内瑞拉国家石油公司（第 4 位）、中国石油天然气集团公司（第 5 位）、墨西哥国家石油公司（第 11 位）、科威特国家石油公司（第 12 位）、阿尔及利亚国家石油公司（第 13 位）、俄罗斯天然气工业股份公司（第 14 位）、巴西国家石油公司（第 15 位）、俄罗斯石油公司（第 16 位）、俄罗斯卢克石油公司（第 17 位）、马来西亚国家石油公司（第 18 位）、阿布扎比国家石油公司（第 19 位）等。[①] 它们具有代表国家利益、维护国家权益、为国家总体利益服务的基本特征，在世界能源体

① Petroleum Intelligence Weekly, Nov. 30, 2009.

系中的作用不容低估。

第四，尽管实力强大的美欧发达国家依然控制和消费着世界上的大部分油气资源，但世界经济增长中心发生变化，亚洲越来越成为世界经济的引擎，相应成为全球能源消费增长最快和最主要的区域。伊拉克战争后5年世界经济的平稳回升，特别是一些发展中世界的新兴国家群体性崛起，使世界能源市场的需求快速增长，这一局面同世界能源可采储量特别是产量的有限增长之间形成明显反差。成为2004—2008年国际油价突飞猛进的主要动因。国际金融危机后的世界经济复苏同样由亚洲引领，伴随全球深层次的结构变革，众多的新兴工业化国家正在努力追赶西方成熟经济体，中国、印度等非经合国家的能源消费强度逐年上升，亚太尤其是东亚新兴工业化国家在世界油气消费市场中的份额还将进一步增大。对照之下，伴随经济结构调整、节能减排浪潮和新能源开发，欧美日等经合国家的能源消费强度连年下降，甚至超过GDP下降幅度，尤其是化石能源消费需求出现明显的下降趋势。国际油气资源的消费格局正在全球范围内重新调整。

第五，世纪之交以来，国际石油市场结构和价格形成机制发生明显变化。以美元计价的石油期货交易市场获得巨大发展，美元与石油价格走势密切相关，以投机套利为目的的交易占据交易总量的2/3以上，金融资本对国际石油市场的影响迅速增强，石油金融化特征以及石油期货市场的投机性愈加突出。华尔街金融资本的投机炒作是2008年国际油价疯狂飙升的主要推手，即使在国际金融风暴后的今天，原油期货市场上的金融资本炒作仍然是国际油价风云变幻的重要元素。此外，主要能源产地局势的动荡和混乱，伊朗核危机引发的令人堪忧的海湾局势，为世界能源安全增加了新的不安全因素。国际恐怖主义对国际能源安全，主要是石油运输安全的威胁加大。尽管它们的矛头主要针对美欧等西方，但同时对其他国家能源安全的危害也在上升，成为世界能源安全与稳定的重大威胁。影响国际能源安全的因素更趋多元化和复杂化。

第六，至少在未来20—30年内，由石油、天然气和煤炭构成的传统化石能源仍然将是全球主要的能源来源品种，在世界能源消耗中占主要地位。石油仍然是全球一次能源构成中最主要的成员，也是世界最重要的贸易燃料。作为清洁高效的化石能源，天然气将在未来全球能源市场供需格局中占据越来越重要的地位，21世纪中叶前后全球能源供应与消费将更多地由天然气所主导，非常规天然气的开发利用技术将日趋成熟，天然气时代将成为从石油时代向新能源时代过渡的中间阶段。尽管包括太阳能、风能、生物质能、核能、地热能、海洋能、天然气水合物和氢能等清洁新能源在相当时期内的全球能源消费中份额相当有限，但传统化石能源的稀缺性、不可再生性和利用污染性，世界环保运动的日益高涨，人类和地球家园可持续发展问题的日益突出，全球气候治理的日渐深入，促使可再生能源替代化石能源、优势能源替代稀缺能源、新能源替代传统能源成为国际能源消费格局发展的必然趋势。由西方发达经济体所引领，目前世界上越来越多的国家重视节能减排，投入到大规模开发和利用低碳或无碳的清洁可再生能源的浪潮，一场以低碳经济为特征的新科技革命正在悄然降临。在当今世界新能源战略实施浪潮中，各国既有共同趋势又有各自特征。许多国家在新能源战略实施中或主动利用国际协作，或不自觉地为外部压力所驱动，各国相互促进、借鉴协作。不同国家集团在全球气候治理问题上的折冲樽俎，在新能源开发利用上的你追我赶，昭示着国际各方正在为低碳经济时代全球竞争新体系谋篇布局、抢占先机。这股国际新能源战略浪潮无论是对当前世界经济与政治体系转型，还是对迎接低碳经济时代到来和人类新一轮科技革命，均具有不可低估的现实意义和深远影响。节能减排、国际气候治理和新能源浪潮引导着21世纪全球能源格局发展的未来走向。

第七，伊拉克战争后，国际能源领域已进入美国全球布局、力求主导的新阶段。美国争夺油气既要确保国内需求，更有控制这一战略资源维护其世界霸主地位的意图。继美国对伊拉克实施“政权更迭”、扶植亲美政权后，2003—2005年美国又在里海周围的格鲁吉亚、乌克兰、吉尔吉斯斯坦、乌兹别克斯坦和阿塞拜疆等地发起“民主化”浪潮，怂恿“颜色革命”。由此，美国不仅在地缘战略上成功打通中东与中亚，而且竭力谋求对海湾和里海这两大能源宝库的控制与主导。在美国四面出击、力图掌控全球能源龙头的同时，日本和欧洲等主要油气进口国则在积极寻求石油进口多元化，完善战略石油储备，并进行能源结构调整，竭力改变其在国际能源格局中的弱势局面。俄罗斯凭其拥有世界石油13%和天然气1/3的资源优势，力求对国际能源战略格局施加更大影响，其将输出油气资源作为维护其政治外交利益的重要砝码。这可从这些年其与乌克兰反复发生的天然气争端中窥见一斑。

最后，我们要强调，目前美国实施的旨在控制世界油气资源和左右国际油气市场的能源战略，与世界油气市场发展的总趋势是背道而驰的。因为在全球化背景下，未来的世界油气市场必然会朝一体化的方向发展，无论油气出口国还是消费国，都会通过对话与合作，促使市场各方进一步实行战略和政策调整，以顺应市场法则的要求，稳定世界油气市场和国际能源价格，而各种区域性和地区性能源合作机制的构建和完善，将进一步促进全球合理、稳定的能源统一大市场的建设。在国际能源新格局下，资源国与消费国之间的共同利益与矛盾分歧相互缠绕，相互依赖进一步增强，既竞争又协调将成为国际能源战略格局的主流。

冷战后中东欧国家的能源安全：制度变迁与地缘政治

崔宏伟*

内容提要：冷战后中东欧国家政治经济制度发生了根本性转变，对外经济关系从原先的经互会体系转向了欧洲统一市场；加入北约，支持美国欧亚大陆战略并寻求美国的安全庇护。然而，中东欧国家的油气消费高度依赖俄罗斯，双方之间的能源经济关系时常与欧亚大陆地缘战略竞争相纠结，从而使自身陷入能源安全的两难境地。为了降低俄罗斯能源地缘政治影响，中东欧国家选择进一步融入欧盟统一能源市场，将能源安全问题"欧洲化"，同时尝试推动建立本地区的能源安全体系，并力促欧盟的政治经济影响继续向东、向南延伸。

一、从经互会体系到欧洲统一市场

冷战时期，中东欧国家的能源燃料供应被纳入到了苏联东欧

* 崔宏伟，上海社科院欧亚研究所研究员。

社会主义阵营经济一体化体系。1949年，苏联与波兰、匈牙利、捷克斯洛伐克、保加利亚、罗马尼亚5个东欧国家建立了经济互助委员会（经互会）。之后，民主德国、阿尔巴尼亚等国家相继加入。在经互会体制下，成员国实行社会主义国际分工，进行生产专业化和全面经济合作，苏联向东欧经互会成员国提供自然资源和燃料，东欧国家则向苏联出口工业制成品，相互间贸易以卢布结算，价格遵守经互会内部体系制度，与世界资本主义市场隔绝。

在能源领域，苏联与波兰、捷克斯洛伐克、保加利亚、罗马尼亚等国建立了石油、天然气综合体和能源管道联合体系，东欧经互会成员国大规模投资苏联能源管道建设，苏联以低于国际市场30%—40%的价格为其他经互会成员国提供能源及相关产品。1959年12月，苏联与捷克斯洛伐克、匈牙利、波兰、民主德国等经互会成员共同签署了石油管道协议，开始修建“友谊”输油管道，该管道最终于1964年建成。“友谊”输油管道分为“友谊1”和“友谊2”，“友谊1”过境白俄罗斯和波兰，到达西欧国家；“友谊2”则过境白俄罗斯、乌克兰、捷克和斯洛伐克、匈牙利等国，运送至中东欧和南欧国家。20世纪60年代，天然气开始进入能源消费领域，俄罗斯与中东欧国家合作开发俄丰富的天然气资源，并且共同修建天然气管道，俄罗斯输往中东欧的天然气管道（“兄弟天然气管线”）于1972年投入运营，管道经乌克兰进入捷克斯洛伐克后分两条支线，供应了大多数的欧洲国家。俄罗斯天然气成为波兰、捷克斯洛伐克、罗马尼亚、匈牙利、保加利亚、民主德国等经互会成员国的主要进口来源，这些国家同时也作为重要的天然气过境国发挥作用。苏联加盟共和国立陶宛、爱沙尼亚、拉脱维亚是苏联能源供需体系的当然组成部分，经互会时期，拉脱维亚的文茨皮尔斯港和爱沙尼亚的塔林港是波罗的海最主要的石油和天然气出口港。

苏联的低价油气促进了战后东欧国家工业的迅速发展，逐步改变了这些国家的能源供应结构。到1980年，煤炭在中东欧国家能源消费总量中的比例下降到37%，石油则由1950年的15%上升到35%。除了石油和天然气外，苏联与东欧经互会国家建立了电力传输线网，苏联向东欧国家提供电力。在核电工业方面，苏联与东欧国家的联合公司和企业也形成了一定程度的生产专业化。按照经互会国家1981—1990年的生产核电站设备协议，苏方负责总设计兼建设和使用核电设备的技术顾问，苏联和捷克斯洛伐克生产原子反应堆，波兰和捷克斯洛伐克生产蒸汽发生器汽轮机，保加利亚、匈牙利和民主德国负责生产防护设备，匈牙利还生产转载机器。

1989年11月柏林墙倒塌，东欧国家始发政治剧变，经互会体制受到严重冲击。1990年1月，经互会会议讨论改革经互会体制以适应新的发展需要，成员国原则同意按照国际市场价格、以自由外汇进行相互间的贸易结算。1990年7月，苏联单方面宣布自1991年1日起，在其与经互会成员国贸易中，放弃传统结算方式，一切交易转而按世界市场价格以可兑换的硬通货支付，经互会体制随之处于事实上的瓦解状态。在1991年6月28日布达佩斯第46届经互会会议上，经互会委员会正式宣布解散经互会。

冷战结束和经互会解体后，中东欧国家政治经济制度发生巨大转变，加入欧盟成为中东欧国家的优先对外战略。自20世纪90年代初期起，中东欧国家先后申请加入欧盟，欧盟则提出了相应的入盟条件，如民主政治、市场经济体制、统一市场内竞争等。中东欧国家按照欧盟条件进行战略调整与转型，政治上实行民主议会制，经济上由计划经济向市场经济转型，对外经济关系也快速从经互会体系转向欧洲统一大市场。能源部门改革是中东欧国家从计划经济向市场经济转变、从经互会社会主义经济合作体系转向欧洲统一市场和加入欧盟的组成部分。中东欧国家能源部门改革的目标是通过能源工业公司化和私有化运作，建立一个有竞争力的能源市场。中东欧能源部门重建方式基本类同，即采取立法和市场经济标准，尤其是对天然气和电力领域实行制度结构改造，具体措施包括：能源价格改革，价格自由化和削减能源价格补贴；能源市场向外资大规模开放；公司化与垄断能源企业所有权拆分；改造和关闭生产落后和环境污染大的能源工业，以及能源技术结构和供应安全战略的转变。

1998 年 3 月欧盟与中东欧国家正式启动入盟谈判，中东欧国家能源领域市场化和私有化进程也同时加快。1996 年 9 月，波兰率先制定了能源部门改革立法，1997 年 12 月波兰能源法生效。波兰石油和天然气公司（POGC）被改组成 6 个不同的实体，即 4 个地区性的天然气配售公司、1 个生产与储备公司、母公司主要负责进口并出售天然气。1999 年波兰政府又对电力部门进行了私有化改革。匈牙利于 2001 年通过了能源法，采用欧盟能源法规和有关指令，对电力和天然气部门实行私有化，能源市场向外资开放。捷克政府关于能源公司私有化决议于 2001 年 12 月 17 日通过。按照决议，捷克天然气市场按地区划分为 8 个天然气分配公司，一个天然气运输公司，其业务范围包括天然气沿管道干线过境和运输、天然气储存和批发，鼓励外资进入能源私有化，德国的 RME 天然气公司最终控股捷克天然气公司。斯洛伐克采取国际招标方式对国有斯洛伐克天然气公司实行公司化改造，法国天然气公司、鲁尔天然气公司和天然气工业公司等国际财团中标，拥有斯洛伐克天然气运输公司 49％的股份。自从与欧盟开展入盟谈判起，罗马尼亚就开始推进能源部门的私有化和现代化进程，法国、德国、匈牙利、奥地利等国的大能源公司都获得了罗马尼亚能源公司的股份，参与罗能源管线改造，罗马尼亚能源生产和运输能力得以提高。

中东欧国家在内部实行激进的能源工业改革的同时，积极支持并签署了由欧盟主导的以自由市场原则指导的《欧洲能源宪章》和《能源宪章条约》。《能源宪章条约》被看作是基于市场经济、相互协作及非歧视性原则下推行的能源市场国、过境国和消费国进行能源合作的国际多边机制。《欧洲能源宪章》最初构想于1990年，由时任荷兰首相鲁巴斯提议，因而被称为“鲁巴斯计划”，其基本宗旨是开放前苏联和东欧地区的能源市场，鼓励能源领域投资和自由贸易，确保互惠进入对方市场，同时也旨在支持东欧国家和前苏联转向市场经济。1991年12月48个国家和欧共体委员会签署了《欧洲能源宪章》。在《欧洲能源宪章》的基础上，经过三年的谈判，1994年12月17日，宪章缔约国通过了《能源宪章条约》，1998年4月16日《能源宪章条约》生效。《能源宪章条约》建立在各国能源市场自由化基础之上，在关贸总协定和WTO原则指导下，规范石油、天然气、煤炭及可再生能源领域的国家行为，调节缔约国在勘探开发、生产加工、运输分配、销售利用等领域的活动，管理相互依存，为能源市场设置标准。条约的主要内容包括保护和推动能源投资、能源自由贸易、提倡能源运输的管道和网点的自由化、降低能源使用对环境造成的负面影响，提高能源利用效率、设立争端解决机制。

二、中东欧国家能源安全的困境

尽管对外经济关系完全转向欧盟，然而经互会体制下建立的中东欧和波罗地海国家与俄罗斯之间高度相互依存的油气供应体系难以在中短期内改变，双方之间的能源供需关系时常与欧亚大陆地缘战略竞争相纠结，从而使中东欧国家陷入能源安全的两难境地。

中东欧国家能源供应安全困境首先因油气需求高度对外依赖产生。中东欧国家油气进口来源和进口管道的单一性特点十分突出。总体上中东欧国家的石油和天然气资源较为匮乏。罗马尼亚是中东欧地区的能源生产大国，能源自足程度高。按照英国石油 2009 年 6 月的统计数据，截至 2008 年年底，罗马尼亚已探明的石油储量为 1 亿吨，天然气储量 6300 亿立方米。相比油气资源，中东欧地区的煤炭资源较富裕，尤其是波兰、捷克等国煤炭储量和产量较高。煤炭在波兰国内能源消费中占 58%，占能源总产量的 88%；煤炭占捷克国内能源消费的 43%，占能源总产量的 72%。而立陶宛、爱沙尼亚、拉脱维亚 3 个波罗的海国家、斯洛伐克、斯洛文尼亚等国的化石能源资源则极为匮乏。目前中东欧国家石油和天然气需求主要从俄罗斯进口，波罗的海三国、保加利亚、斯洛伐克等国国内天然气消费的 100%来自俄罗斯，而俄罗斯天然气在匈牙利、捷克、波兰、斯洛文尼亚等国进口中占 65%以上；俄罗斯石油在波罗的海三国、斯洛伐克、波兰、匈牙利、保加利亚等国的进口中占到 90%以上。①

正因如此，无论是俄罗斯内部能源政策调整还是其对外能源纠纷，中东欧国家对此都极为敏感和反应脆弱。由于天然气价格争端，2006 年 1 月 1 日俄罗斯关闭了通往乌克兰的天然气管道，导致对欧洲天然气供应中断持续 36 小时，供应减少了 10%，匈牙利、波兰和斯洛伐克等国的天然气供应量短期内急剧下降。2007 年 1 月俄罗斯与白俄罗斯石油价格争端；2009 年 1 月俄乌天然气冲突重演，危机造成了 18 个包括欧盟成员国在内的欧洲国家天然气供应受到影响，遭受影响的成员国平均减少了 20%的供应量。

---

① BP Statistical Review of World Energy, June 2009; Eurostat, 2008.

2004年中东欧国家国内油气消费占进口比例

国家	石油依存度%	天然气依存度%
保加利亚	99.7	103.9
捷克	98.7	102.0
爱沙尼亚	100.0	100.0
匈牙利	81.8	80.6
立陶宛	94.7	100.0
拉脱维亚	102.5	88.6
波兰	100.4	66.4
罗马尼亚	52.4	23.5
斯洛伐克	98.9	100.1
斯洛文尼亚	101.4	99.4

资料来源：OECD Database. http：//www.iea.org/dbtw-wpd/Textbase/index.asp. 超过100%的包括再进口。

冷战后欧洲大陆地缘战略竞争对中东欧国家能源安全供应造成冲击。冷战结束后，美国国家安全战略压倒一切的目标就是建设、维护且无限延续美国霸权的国际秩序，预警、打击任何安全挑战或竞争者的崛起。美国继续主导北约，通过北约控制欧洲安全事务。中东欧和波罗的海国家加入北约后，美国的目标是继续将乌克兰、格鲁吉亚、阿塞拜疆、摩尔多瓦及西巴尔干有关国家纳入西方影响范围，支持这些国家摆脱俄罗斯的政治经济影响，继续挤压俄罗斯的地缘政治空间。从美国战略看，欧洲—大西洋共同体的南部边缘即从巴尔干穿过里海进入欧亚大陆，包括土尔其、乌克兰、格鲁吉亚、亚美尼亚、阿塞拜疆等国家，这一地带夹在不稳定的中东和对西方充满敌意的俄罗斯之间，连接欧洲、俄罗斯、中东，不仅涉及包括能源走廊在内的一系列核心安全利益，而且该地区的稳定和民主化对西方国家安全至关重要，因此，必须将这些国家与西方紧密联系在一起。[1] 能源接触战略是美国欧亚战略竞争的重要手段。

美国利用能源管道外交扩大对乌克兰、南高加索等欧亚大陆的地缘控制。油气管道的控制意味着一个国家可以将自己的政治、经济、军事影响力扩展至管道所经过的所有国家，从而可能打破该地区的地缘政治格局，引发地区力量的重新组合。早在冷战结束不久，美国就于1996年启动了巴尔干地区发展计划，与保加利亚、马其顿、阿尔巴尼亚讨论输油管道计划，目标是在欧亚大陆建设新的绕过俄罗斯的东西走向的油气管道，削弱俄罗斯对中亚里海油气的运输垄断，降低欧洲对俄罗斯能源的进口。“巴库—第比利斯—杰伊汉（BTC）”石油管道被称为不是一条多出来的输油管道，而是能够确保美国国家安全利益的战略架构。[2] 美国支持欧盟修建“纳布科天然气管道”也具有同样的政治和战略目的。2005年美国与乌克兰举行能源对话并发表联合声明指出，避免乌克兰能源及能源基础设施被某一个国家垄断，双方合作旨在打破中亚里海能源垄断局面。2008年4月3日，在美国支持下，北约与乌克兰发表共同声明，并成立了北约—乌克兰委员会，协调北约与乌克兰的关系。美国欧亚大陆战略得到中东欧国家特别是波兰和波罗的海三国的积极回应，并大力支持乌克兰、格鲁吉亚加入北约。2008年8月俄罗斯与格鲁吉亚格爆发军事冲突后，波兰提议欧盟发表声明公开批评俄罗斯的“帝国主义行径”，提出欧盟应该加大扶助格鲁吉亚，使其成为欧盟在高加索地区的强大伙伴。

---

① Ronald D. Asmus，“Europe's Eastern Promise：Rethinking NATO and EU Enlargement”，Foreign Affairs，January/February 2008；“Rethinking the EU：Why Washington Needs to Support European Enlargement”，Survival，2007，no.3，pp. 93—102.

② 转引自［法］菲利普·赛比耶—洛佩兹著、潘革平译：《石油地缘政治》，社会科学文献出版社，2008年版，第168页。

尽管欧盟在欧亚大陆地缘战略竞争中的影响不大，但作为扩大政策的继续，在波兰积极推动下欧盟出台的《欧洲睦邻政策》和《东部伙伴关系计划》，在很大程度上是对美国欧亚大陆地缘战略的协助。欧盟利用政治对话、经济合作和法律制度重建等“软方式”，将乌克兰、摩尔多瓦、白俄罗斯、阿塞拜疆、格鲁吉亚、亚美尼亚等后苏联政治经济空间纳入到了自己的政治经济势力范围，所以俄罗斯对欧盟的《东部伙伴关系计划》抵触强烈。在2009年5月21日的欧俄峰会上，俄罗斯总统梅德韦杰夫对欧盟东部伙伴计划公开表示不满，指出希望该计划不会变成反俄罗斯的伙伴计划。[①] 因此，2006年、2009年俄罗斯与乌克兰之间爆发的天然气危机实际上是俄罗斯利用能源对中东欧国家支持西方战略的警示和敲打。

此外，俄罗斯还采用分化策略，削弱中东欧国家的能源过境国地位和谈判能力，提高巴尔干国家的能源过境国地位，平衡中东欧及波罗的海国家利用过境国地位对其的钳制和影响。俄罗斯新能源管道建设大都旨在降低波兰、波罗的海国家的过境国地位，提高巴尔干国家在欧俄能源关系中的作用。为了降低对爱沙尼亚、立陶宛和拉脱维亚等输送管线的依赖，俄罗斯从1997年开始建设波罗的海管道体系，逐步减少使用波罗的海国家的石油终端设备，减少通过石油管道向波罗的海国家的石油港灌输石油，取而代之，俄罗斯建设自己在波罗的海的终端设施。在建的“北溪天然气管道”也绕过了波兰、白俄罗斯和波罗的海三国，该管道项目实际上取代了原先计划修建的过境白俄罗斯和波兰的亚马尔Ⅱ天然气管道计划；而“南溪天然气管道”项目也绕过了波兰和乌克兰。同时，俄罗斯大力拓展巴尔干能源外交。2008年1月17—18日，在普京访问保加利亚期间，俄罗斯与保加利

---

① 中新网。www. chinanews. com. cn/gj/gj-oz/news/2009/05－22/1704133. shtml。

亚两国共同签署了3项重要能源协议：共同铺设“南溪”天然气管道项目协议、《布尔加斯—亚历山德鲁波利斯输油管道项目合作方成立国际设计公司的合同》和关于新建“贝列内”核电站的协议。2008年1月25日，俄罗斯工业和能源部长赫里斯坚科与塞尔维亚基础设施部长伊里奇签署了有关石油天然气领域的政府间合作协议，协议主要包括三项内容：一是塞尔维亚将加入“南溪天然气管道项目”；二是俄罗斯天然气工业公司出资收购塞尔维亚石油工业公司（NIS）51%的股份，并承诺在2012年前向NIS投资大约7.3亿美元对其进行现代化改造；三是俄罗斯在塞尔维亚境内兴建地下天然气储备库，将塞尔维亚建成俄罗斯能源向南欧供应系统中的中央运输枢纽。①

三、中东欧国家能源安全战略选择

第一，参与欧盟统一能源大市场建设。统一的能源市场是欧盟获得外部能源安全供应的基本保证。欧盟通过完善立法和实施一系列政策措施，对垂直一体化的能源大企业进行所有权拆分，促进内部能源市场自由化，建设能源网管的相互连接，加快完成统一能源市场。对中东欧国家来说，内部能源企业所有权关系改造基本完成，为了获得能源的安全供应，积极参与欧盟统一能源大市场建设。波罗的海三国和波兰首先实施波罗的海能源市场一体化计划。优先发展波罗的海地区电力、天然气的相互连接项目是2008年11月欧委会第二份战略能源评估报告《欧盟能源安全

① 引用关键斌：“普京卸任前开打‘管道战’”，《中国青年报》，2008年2月1日。

与团结行动计划》[1] 的优先任务之一。2009 年 6 月 17 日，瑞典、德国、波兰、丹麦、立陶宛、拉脱维亚、爱沙尼亚和芬兰等 8 个波罗的海国家达成了一项“波罗的海能源市场相互连接计划”协议[2]，目的在于提高该地区能源基础设施的相互连接能力，进一步推进地区范围能源市场自由化，取消能源跨境流动的规制限制，开放电力和天然气零售市场，逐步形成一体化的波罗的海能源市场。目前有 3 组已达成协议的电力项目：北欧重大项目、北欧—波罗的海连接项目、德国和波兰电网连接；天然气领域的主要工作是改进市场功能，实现天然气供应来源和线路多样化，完成液态天然气终端设施和天然气储备建设。

第二，将能源供应安全问题“欧洲化”，寻求欧盟层面上的集体能源安全保障。与法德等老欧盟成员国不同，中东欧国家大都支持欧盟共同对外能源政策，甚至支持建立欧盟能源共同体，呼吁欧委会对重大能源危机的管理和协调发挥主要作用，提出欧盟团结基金必须资助旨在增强地区能源安全的基础设施项目。2006 年 1 月俄罗斯与乌克兰发生的“断气”冲突后，波兰以俄罗斯推行强势能源外交、将能源作为重新赢得对欧洲和世界影响力的战略工具为理由，建议欧盟成立能源相互安全的法律保障协议和共同反应机制。

在欧盟对外能源关系方面，中东欧国家主张欧盟应优先并重点发展与里海中亚地区的能源合作关系，降低对俄罗斯能源资源和能源管道的依赖。在欧盟与里海中亚能源合作中，中东欧国家迫切要求欧盟对纳布科天然气管道项目予以经济资助和政治支

---

① European Commission, second strategic energy review, “An EU Energy Security and Solidarity Action Plan”, Communication from the Commission to the European Parliament, the Council, the European Economic and Social Committee and the Committee of the Region, SEC (2008) 2794, SEC (2008) 2795.

② Council of the European Union, “Baltic Energy Market Interconnection Plan”. Brussels, 8June 2009. 10703/09.

持。纳布科天然气管道从阿塞拜疆的巴库出发，将土库曼斯坦、哈萨克斯坦、阿塞拜疆乃至未来伊朗的天然气，经过格鲁吉亚、土耳其、保加利亚、匈牙利、罗马尼亚，最终达到奥地利。预计纳布科天然气管道项目于2015年完成并开始运营，最大年供应能力为380亿立方米，该项目的建成将在一定程度上降低欧盟对俄罗斯天然气资源和管道的依赖。捷克总理在2009年1月27日的纳布科项目大会上表示，该天然气管线不仅仅是有关几个公司或一些国家的事情，它是一个重大的战略项目，对整个欧洲的经济繁荣和政治独立至关重要。波兰和波罗的海国家尤其反对德国与俄罗斯合作的“北溪管道项目”。波兰外长指责“北溪天然气管道”不仅浪费金钱，而且进一步加重了欧盟对俄罗斯天然气的依赖。

第三，推动建立中东欧地区能源安全体系。由于欧盟成员国众多，能源消费结构不同（天然气消费比重差异较大），对外依赖程度不一样，特别是各成员国对俄罗斯能源政策不一致，欧盟对俄能源关系中难以用一个声音说话。德国、意大利、法国等老成员国将能源安全政策的重心放在对俄关系上，主张通过市场力量建立欧俄长期稳定的能源关系，德国和意大利还与俄签署了新的天然气管道项目合作协议。这种状况迫使中东欧国家在继续要求欧盟集体能源安全保障的同时，谋划地区能源合作。2006年1月，波兰组织匈牙利、捷克、斯洛伐克、奥地利、斯罗文尼亚、克罗地亚和罗马尼亚等国家，讨论制定共同能源供应计划，建设地区内管道网络、克罗地亚终端及波兰液体天然气储存等基础设施。2007年5月11—13日，波兰、乌克兰、阿塞拜疆、格鲁吉亚、立陶宛五国首脑和哈萨克斯坦总统特使在波兰召开“能源峰会”，就2011年前修建一条绕过俄罗斯而将里海石油输送到欧洲的“敖德萨—布罗德—格但斯克”石油管线进行讨论，会议得到美国和欧盟的支持。2010年2月24日，波兰、匈牙利、捷克及斯洛伐克四个“维谢格拉德国家”与保加利亚、罗马尼亚、斯洛文尼亚、波黑、塞尔维亚及奥地利等11个国家，在匈牙利首都布达佩斯共同举行了能源安全峰会。匈牙利总理鲍伊瑙伊在会议上指出，中东欧国家应该共同努力，形成地区自己的能源政策。会议发表共同声明，呼吁在中东欧地区建立稳定的天然气供应网络，加快地区能源供应多元化进程。按照11国签署的共同声明中的规划，中东欧地区应该建立起由东、南、北三个角组成的天然气供应“三角”网，包括纳布科天然气管道项目为主的南部天然气走廊、中东欧地区的液态天然气终端计划及中欧—东南欧天然气管道统一体计划等。[①]

第四，力促欧盟的政治经济影响继续向东延伸。早在1998年波兰与欧盟扩大谈判时就要求欧盟关注“东部维度”。2001年波兰外交部向欧盟理事会提交的一份政策报告，建议的核心是将乌克兰、摩尔多瓦、白俄罗斯这些东部邻国纳入欧盟政治、经济、社会及安全空间，发展欧盟与独联体国家的睦邻关系并将其融入欧洲共同经济和社会领域，建立安全与合作共同体。欧盟政策目标应集中于对外政策及与安全有关的议题，如交通与能源、过境、环境保护、贸易、信息与传媒等，其中的关键问题是波兰和其它其邻国的能源管道问题，因为尽管俄罗斯不再是超级大国，但它在欧洲大陆仍占有相当重要的分量，因而来自俄罗斯的石油和天然气运输安全问题应该被视为欧盟在东部经济活动的重要领域。[②] 波兰政策建议推动欧盟《欧洲睦邻政策》出台。大多数《欧洲睦邻政策》国家都与欧盟能源安全息息相关，一些国家是欧盟的重要能源供应国和关键的能源过境国，如乌克兰、白俄罗斯、摩尔多瓦是俄罗斯石油和天然气输往西欧的重要过境国，

---

① http：//www.euractiv.com/en/energy/v4 — hold-emergy-sucurity-summit，25，02，2010.

② Ministry of Foreign Affairs of Poland，“The Eastern policy of the European Union in the run-up to the EU's enlargement to include the countries of Central and Eastern Europe ——Poland's viewpoint”，Warsaw，2001.

高加索的阿塞拜疆、格鲁吉亚及中亚国家哈萨克斯坦都是重要的能源生产国和运输通道。

2008年12月波兰与瑞典联合提议的欧盟东部伙伴关系计划，获得欧洲理事会的认可（COM（2008）823/4）。《东部伙伴关系计划》的对象国包括乌克兰、白俄罗斯、摩尔多瓦、阿塞拜疆、格鲁吉亚和亚美尼亚。欧盟政策的目标是通过加强与这些国家的政治联系和经济合作，促进其加快进行政治经济改革。《东部伙伴关系计划》主要包括：（1）民主、善治与稳定；（2）环境、气候变化政策与欧盟趋同；（3）能源安全；（4）人员交流。其中，能源安全合作是《东部伙伴关系计划》的中心内容。

结论

加入欧盟谈判迫使中东欧国家经济制度的彻底转型，能源领域在短时期内完成了市场化和自由化，并且采取了符合欧盟能源市场规范的法规法律。由于历史原因和冷战遗留，中东欧国家与俄罗斯的政治经济关系复杂，能源供需关系受欧亚大陆地缘战略竞争影响大，能源供应安全风险对俄罗斯油气的高度依赖而愈发突出。中东欧国家期望降低对俄罗斯能源高度依赖，寻求欧盟整体能源安全保障，然而，欧盟成员国能源风险和利益不一致，欧盟在对外能源事务中的职权仍然以政府间方式推进，因此，中东欧国家探索本地区内的联合自强。

鉴于能源相互依存性以及能源供应的地理特点，尽管中东欧国家与俄罗斯的能源关系难以摆脱地缘政治的制约，但双方又存在着能源经济和能源安全上的相互需求，因而，对中东欧国家来说，多样化的能源供应是必要的，而现实主义的对俄能源政策也是明智的，事实上不少中东欧国家增进了与俄罗斯的能源合作。甚至波兰也在欧盟总体能源安全战略的促动下，于2010年11月

4日与俄罗斯签署了新的天然气协议。按照协议，俄罗斯将增加对波供应天然气，每年为102亿立方米，此前双方协议的年供应量是74.5亿。为了保障能源供应安全，中东欧国家开始发展利用再生能源，尽管总体上落后于欧盟西欧成员国，但一些中东欧国家已呈现较快发展势头，再生能源在拉脱维亚的能源消费结构中已经占到36%，捷克出台了较完善的促进再生能源发展的政策和立法，太阳能和风能领域的发展成就可观。

“后京都”时代的国际气候谈判：从机制建设的角度分析

孙　霞*

内容提要：全球气候治理体系的构建具体体现为国际气候机制的创建和运行。以《联合国气候变化框架公约》和《京都议定书》为主要内容的国际气候机制已基本形成框架，主要包括咨询机制、约束机制、执行机制、激励机制和履约机制五大核心机制。“后京都”时代的国际气候谈判延续了公约及其议定书的“共同但有区别的责任”原则等基本共识，并将仍然围绕这五大核心机制的内容及其完善展开。在新一轮谈判过程中，仍然存在很大争议。通过对上述国际气候机制创建和运行过程中存在问题的系统考察，我们可以看出：气候变化中的国家利益集团进一步出现分化；当前国际气候机制建设中的主导方仍然是西方发达国家，所制定的机制也大都倾向于维护它们的利益；大部分发展中国家仍然被排除在国际气候机制的创建之外；中国等发展中新兴大国承受着与其权利不相称的减排压力。

* 孙霞，上海社会科学院欧亚研究所助理研究员。

气候变化等全球性问题的最终解决是在理性的基础上建立本质上公平的为所有国家认同的全球治理体系。全球治理体系主要体现为国际或跨国机制的创建和运行，机制是一系列规则、决策程序和项目规划，它们形成社会实践活动，分配这些社会实践活动参与者的角色，并管理参与者相互间的作用。[①] 但是，机制在某些领域中更容易成功创建和运作，而在另一些领域中相对来说就不那么容易。当前的国际气候谈判正在制定和完善一套足以具有约束力的核心机制。2005 年 11 月在加拿大蒙特利尔召开的第十一次公约缔约方大会开启了"后京都"时代的国际气候谈判。新一轮气候变化谈判继续围绕核心机制的建设和完善展开，每一项实质内容和过程都需要艰难的谈判，机制的走向和分歧也逐渐明朗。

一、京都时代的国际气候机制

气候变化问题的国际机制是指国际社会为应对全球气候变化而确立的一系列多边协议，也被称为国际气候机制（International Climate Regime），从内容上看，主要包括《联合国气候变化框架公约》（United Nations Framework Convention on Climate Change，the UNFCCC，以下简称"公约"）和《京都议定书》（Kyoto Protocol，以下简称"议定书"）及其相关的协议。

1992 年制定的公约既不是一部综合性的气候保护法，也不是一套完整细致的调节机制，而只是制定了一个框架性公约，公约为在解决气候变化问题的政策和具体措施方面达成共识设定了

① ［美］奥兰·杨著，陈玉刚、薄燕译：《世界事务中的治理》，上海人民出版社，2007 年版，第 4—5 页。

程序。[1] 公约没有为发达国家设定明确的减排义务和时间表，但是规定由缔约方大会第一次会议及此后的定期会议对这些义务进行设定。从机制建设的角度看，公约没有设定清晰的方案，但是明确了机制建设的明确目标和原则。如公约将“共同但有区别的责任”作为缔约国承担义务的基础。[2] “共同”责任就是各国都要根据各自的能力保护全球气候；“区别”责任即要求发达国家率先采取减排行动，使温室气体排放于2000年恢复到1990年的水平，并向发展中国家提供技术和资金支持；发展中国家的义务是编制国家信息通报，制定并执行减缓和适应气候变化的国家计划。发展中国家履行上述义务的程度取决于发达国家资金和技术转让的程度。[3] 公约还制定了一项资金机制以向发展中国家提供赠款或优惠贷款帮助它们履行公约、应对气候变化。[4] 但是，公约仅规定发达国家应在20世纪末将温室气体排放恢复到其1990年的水平，但没有为发达国家规定量化减排指标。也就是说公约仅有激励机制，而缺乏约束机制，直到1997年《京都议定书》的诞生。

京都议定书是第一个为发达国家规定了量化减排指标的国际法律文件，虽然近2/3的国家没有被纳入减排约束，但是开启了碳排放的约束机制。此后的多次缔约方会议不断完善和补充约束机制、激励机制和执行机制。如1998年在阿根廷布宜诺斯艾利斯召开的公约第四次缔约方会议（COP4）通过了《布宜诺斯艾

---

① ［英］帕特莎·波尼、埃伦·波义尔著，那力等译：《国际法与环境》，北京：高等教育出版社，2007年版，第502页。

② UNFCCC，1992. 网址：http：//unfccc.int/resource/docs/convkp/conveng.pdf。下同。

③ UNFCCC，1992，Article 3.

④ 《公约》指定全球环境基金（Global Environment Fund，GEF）作为它的临时资金机制，并在1996年第二次缔约方大会上通过了同GEF的谅解备忘录，规定了各自的职责和义务。1998年公约第四次缔约方大会委任GEF为其永久资金机制机构，每四年进行一次评审。

利斯行动计划》（Buenos Aires Plan of Action），规定了实施减少排放量协议的时间表，推动议定书的批准和生效。这个计划还涉及遵约和执行情况等问题。[①] 议定书虽然没有在全球范围内大幅度减少温室气体的排放，但是，它的确建立起了引导国家长期减排的机制框架。这些激励机制与其他灵活减排机制和减排约束机制相结合，对于激励企业和政府参与减排有一定效果。[②] 但是，如何在“后京都”时代发挥这些机制的激励作用还需要更多的技术转移和资金援助计划形成的机制化成果来支撑，或者与更宽泛的公约框架连接起来。1997 年的议定书对于气候变化的应对途经、减排目标和时间表、执行方式等都做了明确规定，是国际气候机制的雏形。

公约及其议定书标志着全球气候治理体系的框架基本建立，国际气候机制也已经开始运转。从机制建设的角度分析，主要形成了以下五大核心机制：

（一）咨询机制

每一次谈判和承诺的遵守监督都需要科学技术咨询机构的支持。气候治理的咨询机制与政府间气候变化专门委员会（Intergovernmental Panel on Climate Change，IPCC，以下简称“IPCC”）及类似组织的成立和作用有关。IPCC 主要由世界各国的政府代表组成，他们与国家实验室、气象办公室、科学机构等有密切的联系。它既不是一个严格意义上的学术机构，也不是一

① UNFCCC，缔约方会议第四次会议报告，第 1/CP. 4 号决定：《布宜诺斯艾利斯行动计划》，1998 年 11 月 14 日，http：//unfccc. int/resource/docs/chinese/cop4/cp0416a01c. pdf.

② Gernot Klepper and Sonja Peterson，“the European Emission Trading Regime and the future of Kyoto”，in Erneato Zedillo ed.，*Global Warming：Looking Beyond Kyoto*，Washington，D. C.：Brooking Institution Press，2008，p. 101.

个严格意义上的政治团体，而是一个独一无二的混合机构。[①] IPCC每4—5年一度的气候变化评估报告成为决策者制定政策的主要依据，甚至成为商界、媒体及广大公众等利益团体关于气候变化的唯一信息来源。[②] 1995年，在约400名专家以及各国和非政府利益团体的代表之间进行了一轮又一轮令人精疲力竭的分析、谈判和游说之后，IPCC向世界宣布了它的第二份报告。报告中唯一一句广为引用的话是："有证据表明，人类对全球气候的影响是可以察觉到的。"[③] 这份报告直接推动了1997年议定书的达成。如果全球气候治理是建立在IPCC这样的国际组织基础上的，就应当保证科学研究不被政治所左右，必须保证科学研究和评估报告的客观和公正。合理的科学解释是建立一个公开、平等、合作的气候治理体系框架并采取一致行动的基础。在全球气候变化问题上，人类已经达成了足够的科学共识，科学不确定性不应该成为不采取相应行动的借口。

（二）约束机制

议定书规定，被列入附件B的发达国家要对6种温室气体限制排放，以确保在2008—2012年之间附件B国家温室气体的排放总量在1990年的基础上至少削减5%。考虑到不同缔约方的特殊情况，给每个缔约方设定了不同的排放限制。大多数国家

---

① 政府间气候变化专门委员会网站，http：//www. ipcc. ch/organization/organization. htm.

② Richard C. J Somerville and Jean Jouzel，"The Global Consensus and the Intergovernmental Panel on Climate Change"，in Catherine Gautier and Jean-Louis Fellous，eds.，*Facing Climate Change Together*，New York：Cambridge University Press，2008，pp. 12—29.

③ IPCC 1995，*Climate Change 1995*：*The Science of Climate Change*. Contribution of Working Group I to the Second Assessment Report of the Intergovernmental Panel on Climate Change，John T. Houghton，et al eds.，Cambridge，UK：Cambridge University Press，1996，p. 5.

都承担5%～8%的减排量，但新西兰、俄罗斯和乌克兰仅需稳定其排放量，而挪威，澳大利亚和冰岛则被允许增排1%～10%。发展中国家没有设定强制减排义务，充分体现了"共同但有区别的责任"。但是，美国借口总量限制将影响美国经济发展，以及发展中国家没有限制排放等，拒绝批准议定书，导致世界上碳排放量最大的国家被排除在减排的约束机制之外。加上发展中国家的排放量，世界将近3/4的碳排放量也被排除在外。议定书中基准年的选择也在发达国家间存在争议。公约允许附件一缔约方自由选择基准年。美国认为选取1990年为基准年意味着减排至1990年的水平需要削减大约36%的排放量，而欧盟发达国家以1990年为基准年则不必承担太多的减排义务。

（三）执行机制

议定书的一大进步并不在于其约束机制，也不在于其延续了公约规定的激励机制，而在于其包含的执行机制。为发达国家设定的减排义务需要通过强有力的市场机制来实现。议定书借鉴欧盟内部的排放权交易制度设定了三种灵活执行机制，被称为"京都三机制"，即排放交易机制（Emission Trading，ET）、清洁发展机制（Clean Development Mechanism，CDM）和联合履约机制（Joint Implementation，JI）。[①] 这些机制组成一个排放权交易体系（Emissions Trading Scheme，ETS），使得缔约国可以通过合作降低减排成本，在世界范围内通过排放权交易获得最便宜的

① 国内有些学者把这三种机制作为选择性激励机制或灵活机制。实际上，这三种机制主要是作为发达国家执行减排承诺所选择的执行机制，作为执行减排承诺的途径和方式制定，只有清洁发展机制可以被看做是使用于发展中国家的激励机制。参见陈刚著：《〈京都议定书〉与国际气候合作》，北京：新华出版社，2008年版。

减排方式，对于条约的最终执行具有推动作用。[①] 如联合履约机制主要是为了帮助欧共体实现减排。欧共体新加入的欠发达国家可以在其他发达成员国超额实现减排的基础上增加排放量。清洁发展机制主要是指发达国家通过提供资金和技术的方式，与发展中国家开展项目级的合作，帮助发展中国家实现大量减排，也间接完成发达国家的减排承诺。这些机制是由欧盟首先发明并在内部使用，后来被引用到全球范围内，被美国和发达国家认为是通过市场机制实现减排的经济高效的方式，清洁发展机制还为发展中国家提供了限制排放增长的经济激励机制。

（四）激励机制

公约和议定书的大多数减排义务适用于发达国家成员国，由于以 77 国集团为代表的发展中国家坚决反对受气候变化机制的制约，还没有把发展中国家纳入减排约束范围内。但是，中国、印度、巴西等发展中大国由于工业化的发展，其潜在排放量可能很快超过经济合作与发展组织的成员国。为此，公约和议定书制订了技术转让、清洁发展机制、共同但有区别的责任、发达国家资金援助、全球环境基金等机制，以鼓励发展中国家自主减排。这些激励机制能够发生预期效果主要取决于资金援助和技术转让的落实程度。如公约第 4 条第 7 款明确规定："发展中国家缔约方能在多大程度上有效履行其在本公约下的义务，将取决于发达国家缔约方在本公约下所承担的有关资金和技术转让义务的有效履行。"[②]

---

① Jutta Brunnee, "multilateral environment agreement and the compliance continuum", in Gerd Winter ed. *Multilevel Governance of Global Environmental Change* (1st ed.), New York: Cambridge University Press, 2006, p. 402.

② UNFCCC, 1992, Article 4 (7).

（五）履约机制

简而言之，履约机制就是胡萝卜加大棒的政策。[①] 依照审查和公开的威慑作用可能不足以保证缔约方遵守承诺，清洁发展机制等排放权交易机制也可能被滥用或被扭曲，市场机制也有失灵的时候。为此，公约规定了执行附属机构，负责协助缔约方会议"评估和审查公约和议定书的有效实施"，并审议缔约方根据公约第 21 条和议定书第 7 条提交的有关执行和计划排放量的报告。缔约方会议和附属机构为整个气候变化治理体系提供了重要的监督和履约机制。《公约》第 14 条对缔约方之间的争端规定了解决的程序。如第 1 款规定，缔约方发生争端时，应寻求通过谈判或其他和平方式解决争端。公约规定的争端解决方式有谈判、提交国际法院裁决、仲裁和调解。[②] 议定书第 18 条规定，应通过适当而有效的程序和机制用以断定和处理不遵守本议定书的情势，包括就后果列出一个指示性清单，同时考虑到不遵守的原因、类型、程序和次数。[③] 此后的"波恩会议"等均谈到"对违约行为的制裁"等议题。议定书还规定了附件 B 国家缔约方的报告制度，即年度报告和国家交流制度（NCs）。内部报告对于 2008 年附件 B 缔约方签署排放总量的计算并建立恰当机制特别重要。在执行过程中，也存在不提交或晚提交的情况，但迄今为止，还没有出现专家评审团没有提交包括执行和调整承诺问题的报告给

① Massimiliano Montini, "the compliance regimes of the Kyoto Protocol", in W. Th. Douma, L. Massai and M. Montini, eds., The Kyoto Protocol and Beyond: Legal and Policy Challenges of Climate Change, Cambridge, UK: T·M·C Asser Press, 2007, p. 96.

② UNFCCC, 1992.

③ Kyoto Protocol, 1997.

执行委员会的情况。[1] 履约机制是推动议定书附件 B 缔约方承诺执行的关键组成部分。

公约和议定书做出了举世瞩目的成就，基本构建起全球气候治理体系的框架，体系的完善和发展需要更加艰难的谈判。温室气体的减排目标和气候变化的综合治理是政治、科学不断进步和制度不断完善的结果，更需要政治家持续的热情。

二、"后京都"时代国际气候机制的新进展

根据议定书，发达国家减少温室气体排放的第一个承诺期将在 2012 年结束，应对气候变化的国际谈判进入了"后京都"时代。"后京都"时代的国际减排谈判延续了公约及其议定书的"共同但有区别的责任"原则、低碳经济发展模式等基本共识，并将仍然围绕全球气候治理的核心机制展开。

2007 年 12 月的巴厘会议上达成了"巴厘岛路线图"（the Bali Roadmap）。[2] 关于约束机制争议的焦点是发达国家缔约方的减排数量以及发展中国家是否承担量化减排义务。欧盟、澳大利亚和南非等国要求在大会决议中明确规定发达国家在 2020 年将温室气体排放量比 1990 年减少 25％～40％，发展中国家支持这一立场，美国强烈反对设定具体的减排目标，同时要求发展中国家承诺减排，日本和加拿大等国支持美国的立场。在做出一定妥协的背景下，美国在哥本哈根峰会的最后一刻接受了"巴厘岛路

---

① Feng Gao, "The International Climate Regimes: Where Do We Stand?" in W. Th. Douma, L. Massai and M. Montini, eds., *The Kyoto Protocol and Beyond: Legal and Policy Challenges of Climate Change*, Cambridge, UK: T・M・C Asser Press, 2007, p. 6.

② 2007 年 12 月 2—15 日，《气候变化框架公约》缔约方第 13 次会议暨《京都议定书》第 3 次缔约方会议在印尼巴厘岛召开，会后通过《巴厘行动计划》。

线图"。2008年12月的哥本哈根峰会的最后时刻，由美国和"基础四国"——中国、印度、巴西和南非起草了《哥本哈根协议》，并获得了欧盟、日本等30多个国家的支持，大部分发展中国家也倾向支持该协议。虽然该协议未能获得全会一致通过，但大会决定，当前公约190多个缔约方采取"自愿加入"的方式加入协议。该文件没有法律约束力，因此《京都议定书》仍然是唯一一份具有法律约束力的国际减排协议。"后京都"时代的谈判对于全球气候治理体系的核心机制都有所发展，对于当前谈判的几个核心机制都取得了一定的共识，但也仍然存在不少争议。①

(一)"气候门"事件与咨询机制

IPCC应当像它承诺的那样保持在气候变化问题上对各种评价的客观性和公正性，避免和防止少数政治立场对其客观性和公正性的影响。但是，由于IPCC中发达工业化国家的势力较强，其活动较多地反映了发达国家对全球气候变化的立场和观点。即使大部分人认识到全球变暖的事实，其科学发现也最后被证实，但是，被政治所左右的科学研究结果也已经失去了其应有的说服力。哥本哈根峰会期间仍有怀疑论者在质疑全球变暖是一场阴谋，被称为"气候门"事件。从政策制定者的角度来说，不确定性会导致缺乏行动。美国经常把全球气候变化的不确定性作为其不支持具有约束力的减排措施的理由，里根政府、乔治·H. 布什政府、乔治·W. 布什政府时期皆是如此。美国的国会也经常

① 有些学者把哥本哈根会谈分为5个轨道：减缓、适应、资金、技术和长期合作的愿景，并建议美国建立测量、报告和核查机制（MRV）。See Michael A. Levi, "Copenhagen's Inconvenient Truth", *Foreign Affairs*, Vol. 88, No. 5, September/October 2009, pp. 92—104.

以科学的不确定性为由反对美国采取减排温室气体的措施。[①]

IPCC 还由于过于强调减缓，忽视适应而遭到诟病。科学研究和国际共识表明，应对气候变化主要有两种手段：一是减缓温室气体的排放，从源头控制气候变化，这一措施的效果是长期的和全球的；二是采取适应措施，将气候变化的不利影响降低到最小限度，这一措施的效果往往是中短期的、局部的。即使全球未来温室气体的排放得到有效控制并实质性减少，全球变暖及其不利影响仍会持续数百年甚至上千年，这就给人类特别是发展中国家造成了极大的适应压力。[②] 从公约第二条可以看出，各成员国认为一定程度的气候变化是不可避免的，假如气候变化缓慢并足以使大自然适应，那么各国就准备接受这种变化的存在。《公约》设想将温室气体的排放应稳定在“防止气候系统受到危险的人为干扰的水平上”，这一水平“应当足以使生态系统能够自然地适应气候变化、确保粮食生产免受威胁并使经济发展能够在可持续地进行的时间范围内实现”。[③] 公约仅仅说明了适应的可能性，议定书则基本上是减缓的协议。实际上发展中国家在承受由发达国家造成的后果，发展中国家相比发达国家面对气候变化更为脆弱。发展中国家适应气候变化的战略需要更多来自发达国家的资金和技术支持，温室气体的主要排放国有义务为适应气候负起责任。议定书过于强调减缓，贬低加强适应能力，被认为会损害发展中国家经济增长、消除贫困的利益。

（二）“双轨制”与约束机制

按照现有议定书的框架，发达国家应在当前排放的基础上

---

① 薄燕：《国际谈判与国内政治——美国与〈京都议定书〉谈判的实例》，上海三联书店，2007 年版，第 68 页。

② 姜冬梅、张孟衡、陆根法主编：《应对气候变化》，北京：中国环境科学出版社，2007 年版，第 165、170 页。

③ UNFCCC，1992，Article 2.

逐步减少排放，发展中国家则未被要求强制减排。事实证明，已有的减排框架并没有实质性减少全球碳排放。据《公约》秘书处的统计，从 1990—2004 年，附件一缔约方温室气体总量只削减了 3.3%，其中经济转型缔约方削减了 36.8%，而加拿大则增加了 26.6%，澳大利亚增加了 25.1%，美国增加了 15.8%。欧盟现阶段的减排量主要来自英国与德国在能源结构上的调整以及东欧国家由于经济下滑而腾出的排放空间。[①] 议定书中承担减排义务的发达国家提出，由于美国和其他主要发展中国家没有承担减排义务，议定书只覆盖全球 1/3 的排放量，要求废除议定书，另起炉灶。发达国家为发展中国家设置强制减排目标的企图，遭到了发展中国家的一致反对。发展中国家坚持公约和议定书的“双轨制”谈判，反对为发展中国家设置强制性碳排放限制，主张依据自身能力自主减排。中国提出“谈强度”指标，即单位 GDP 的碳排量作为减排指标，并承诺，到 2020 年前单位国内生产总值二氧化碳排放量比 2005 年下降 40%—45%。发展中国家要求发达国家到 2020 年在 1990 年的基础上减排 40%以上。美国在哥本哈根峰会前提出的减排目标远远没有达到发展中国家提出的要求。在 2009 年的 G8 峰会上提出的目标，是在 1990 年的基础上到 2050 年减排 80%。

（三）碳市场与执行机制

在“后京都”时代，发达国家依然认为，实施国际间经过协调的碳排放税等价格调节机制，是落实减排指标数量控制的必要补充。国际排放权交易机制始于国内的排放贸易，如《欧盟温室气体排放贸易机制》（European Union's Greenhouse Gas Emis-

① 徐华清等：“气候变化问题的实质与我国的应对策略”，载韩文科等著：《中国能源问题研究》，北京：中国环境科学出版社，2008 年版，第 283 页。

sion Trading Scheme)、《2009 美国清洁能源和安全法案》(The American Clean Energy and Security Act of 2009),主旨是通过把排放温室气体变得更加昂贵来限制温室气体的排放。把某一国家或区域内的碳排放权交易扩展到国际范围内,形成国家与国家之间的碳排放权交易,这种以市场交易为手段的执行机制备受发达国家青睐。但是,以碳市场为依托的排放权交易并不能使全球的净排放量减少。理论上任何公约附件一缔约方均享有这种便利:美国和俄罗斯同样可以约定形成这样一种联合执行机制,排放权可以在他们之间随意交换。例如,公约规定,附件一中的发达国家可以通过资金项目的方式协助非附件一缔约方实现减排,并且完成自己的排放限量。其本质是,发达国家通过购买发展中国家的排放权来实现减排目标。这种执行机制看似可以达到减少排放的目的,但是在执行的过程中,如果发达国家由于资金、技术丰富可以购买发展中国家和经济转型国家的排放权,把减排义务转嫁到还没有排放量限制的发展中国家,所形成的转移排放并不能发生全球净排放量的减少。有些国家的减排大部分不是由经济效率提高和节能等措施获得的高效排放,而是转移排放,发达国家利用其优势经济地位逃避减排义务,这一机制遭到越来越多人的诟病。环保主义者批评这些机制在用于某些项目时太过冷酷无情。[①] 更重要的是,因为国家之间的关系不可能完全以市场交易来规定,看似公正的碳市场存在发达国家与发展中国家排放权的最大不公正。

(四) 金融危机与激励机制

从机制建设的角度来说,激励机制的目标是充分利用资源使得各方参与全球减排,包括扩大有效的融资渠道、推动研究、加

---

① Joel Kurtzman, "The Low-Carbon Diet: How the Market Can Curb Climate Change", *Foreign Affairs*, Vol. 88, No. 5, September/October 2009, pp. 114-122.

速技术的商业化，并刺激对能源和环境技术及基础设施的投资。激励机制还可以促使国家拿出切实的减排行动，而不是出于空洞的承诺。[①] 关于激励机制争议的焦点是资金援助的运作形式、供应总量以及技术的转让等。世界银行、国际金融机构、公约的清洁发展机制，以及各地区的发展银行都可能达成相关协议，为各国创造融资渠道，提供技术融资。但是，发达国家试图把提供资金援助同发展中国家的减排目标挂钩。它们认为，技术上，发展中国家达到减排的短期目标是可行的，但是它们不会主动追求目标，除非获得富国的帮助。来自发达国家的资金或技术援助能够起到很好的激励效果，促使发展中国家加入国际气候协议。富裕国家可以通过从国外获得更廉价的减排机会而获利，发展中国家也可以从资金流动中获利，这些资金可以帮助它们改进和扩建清洁能源设施，保护森林。[②] 这种把资金援助作为减排的激励机制是不合理的，因为以援助的方式提供资金反而可能更加不利于贫穷国家减少温室气体排放。应当以更加具有激励性的融资和投资方式提供资金，只有建立起完善的激励机制才能为约束机制创造条件。

除了与资金和技术直接有关的融资、投资与技术创新措施，还存在与气候变化相关联的一系列议题，如能源产业结构调整、贸易保护主义等。[③] 国际金融危机的产生、发展及由此带来的大国政策调整，尤其是主要大国和新兴大国之间频繁的能源、经济、环境对话，给激励机制的发展增加了更多变数。一些发达国

---

① Michael A. Levi, "Copenhagen's Inconvenient Truth", *Foreign Affairs*, Vol. 88, No. 5, September/October 2009, pp. 92—104.

② Carter F. Bales and Richard D. Duke, "Containing Climate Change: A Opportunity for U. S. Leadership", *Foreign Affairs*, Vol. 87, No. 5, September/October 2008, pp. 78—89.

③ 冯相昭、田春秀、任勇："高度重视气候变化与国际贸易关系新动向"，载《环境保护》，2008 年第 11 期，第 76—78 页；边永民："贸易措施在减排温室气体安排中的作用"，载《南京大学学报》，2009 年第 1 期，第 41—47 页。

家试图将气候变化问题与国际贸易挂钩，以气候变化为名行贸易保护之实，受到中国、印度等发展中国家的坚决反对。这些关联议题的机制化也成为气候变化治理的主要内容。基于激励基础上的气候政策，应该能够降低所有国家的减排成本，尤其是，能够使发展中国家从减排中获益。在当前经济危机国际环境下，缺乏达成减排协议的立约氛围，即如果单个国家不能就此得到保证，即其他国家也会在规制中合作，那么，它们也许就不会准备为减少碳排放而采取行动，即使它们认识到了问题的存在。但是，很多国家已经具备了减少碳排放所需的技术能力，更重要的是要通过政策措施形成激励机制。

（五）“三可”与履约机制

推动国家气候机制成员国履行承诺的关键是建立独立于条约的“履约机制”（compliance regimes），即一种新的争端解决机制。公约和议定书在咨询机制、执行机制、激励机制等方面相对完善，但是在争端处理、不履行等问题上的履约机制仍然存在极大缺陷，这导致整个全球气候治理体系对温室气体排放问题缺乏成效。由于京都时代缺乏监督和惩罚机制，发达国家均未完成减排目标。比如，欧盟平均起来实际减排仅为2%，而不是《京都议定书》中承诺的8%。公约第14条和议定书第19条提供了争端解决机制，但是，唯一强制性的措施是谈判和无约束力的调停。议定书第18条还提供了一个可供谈判的不履行程序，但是该程序要产生约束力还需要一个议定书修正案。最有效的措施是制定惩罚机制，对不履行排放义务的惩罚包括财政处罚、剥夺进行排放权交易的权利和共同执行的权利，或增加排放义务等。这需要一个独立的分支机构具体实施。当然，在缔约方履约过程中应当尽量避免争端，但是当出现争端时，也需要确保能够顺利解决，目前还没有出现比1997年议定书更有效的履约机制。

关于履约机制发达国家坚持把碳排放的监督、核查和惩罚机制引入国际碳排放协议，并要求发展中国家缔约方承担可测量、可报告、可核查（即“三可”，MRV）的义务。美国总统奥巴马在哥本哈根会议期间说，世界各国应对全球变暖的努力应该建立在诚实报告的基础上，但是这些措施不必非得是干涉性的，也不必允许某国侵犯他国主权。[①] 中国等发展中国家坚持主权原则，中国将以国内法律保障的形式来推动自主减缓排放行动；中国将通过法律和媒体的监督来保证国内自主减缓排放行动的透明度。[②] 中国坚持自我监测、统计和考核。在会议的最后阶段，美国国务卿希拉里突然提出或将在2020年前每年有条件地向气候基金会提供1000亿美元的资金，但要求其他主要国家满足美国对透明度的要求。这使得一度不愿接受国际检查的中国陷入被动。[③]

最有效的履约机制是制定惩罚措施。对于那些超过其排放标准的国家将可能被暂时排除在气候机制之外，并可能丧失未来加入碳出口市场的权利。不合作国家将不能再获得富裕国家向其森林和农业部门的投资以及适应气候变化的援助。对于违反议定书义务的国家是否采取具有法律约束力的强制措施，各国分歧很大。如果一个国家单方面实施惩罚，可能会产生报复风险。如美国提出，要对那些没有实施相似环境政策的国家进口的产品征收跨境碳税。这遭到了中国、印度等国家的坚决反对。理由是，征收跨境碳税可能违反世界贸易组织的相关规定，引发新一轮贸易保护主义。西方发达国家关于征收跨境碳税、实施国际碳排放核查的设想是完全错误的，必须加以避免。

---

① 德新社哥本哈根2009年12月18日电。

② 英国《卫报》网站2009年12月17日报道。

③ 曾昭鹏：“限制中国发展？免谈”，新加坡《联合早报》，2009年12月25日。

表一 国际气候核心机制及其发展

核心机制	基本共识	内容	载体	站在哪里	去向哪里	主要分歧
咨询机制	人类活动是造成全球升温的主要原因	向科学机构咨询	附属科学研究机构、IPCC	IPCC四次评估报告	建立监督、核查的附属咨询机构	不确定性、质疑客观公正性
约束机制	"共同但有区别的责任"原则	碳排放总量的控制	国家政府	《京都议定书》约束全球30%的碳排放量，美国、发展中国家除外。	全球升温限制在2摄氏度之内；发达国家第二期减排指标和发展中国家的减缓行动	发达国家的减排目标；发展中国家的自主减排
执行机制	低碳经济发展模式	排放权交易、碳市场	地方政府、私营公司、利益集团等	"京都三机制"	进一步完善，对灵活机制的使用条件加以限制	转移排放
激励机制	减缓和适应并重	融资、投资和技术创新	全球环境基金、绿色气候基金等	资金机制、技术机制、清洁发展机制等	资金落实问题；建立绿色气候基金会；设定技术机制	减排成本分担、与减排目标挂钩的问题
履约机制	主权平等原则	监督、核查和惩罚	附属审议、监督机构	争端解决机制、不履行程序	"三可"（可测量、可报告和可核查（MRV））；、强制执行、惩罚措施	发展中国家的主权独立、增加透明度

制定约束排放机制，同时辅之以发展替代能源资源和有效利用能源的执行机制和激励机制以及适当的评估、报告、测量、核查的咨询机制和履约机制，以"后京都"时代的新减排协议为主体的全球气候治理体系完全可以建立起来，而不必创建一个新的气候协调机构。①

三、国家集团在国际气候机制中的地位与作用

（一）当前气候变化国际谈判的启示

从气候变化谈判的新进展及国际气候机制中的分歧可以看出：

第一，气候变化问题是一个政治、科学和制度同时发生作用的领域，它需要科学的严谨、制度的完善，更需要政治家的持续热情。必须要用系统的方式解决问题，不仅仅是因为气候变化问题是全球性的，它们属于系统性的问题（如地球的自然系统，造成问题领域的相互关联），而且因为它们的发展变化是世界性的（无论任何国家，造成国家之间的非对称相互依赖）。单纯从经济或技术角度无法解决气候变化领域的一系列矛盾，而更适合用宏观的国际规范或国际法的主要原则来考虑。②

第二，国际气候变化需要各层次政治权力的综合运用，形成多层次治理。民族国家一旦在国际上承担了减排义务，就意味着

---

① 如法国总统希拉克倡议建立新的环境机构，以缓解无法避免的全球变暖。或者干脆建立一个新的世界气候组织作为协调组织，通过容纳、建立适当的机制来执行融资、投资、技术创新、监督、核查惩罚等职能。Frank Biermann and Steffen Bauer, *A World Environment Organization: Solution or Treat for Effevtive International Environmental Governance?* London: Ashgate Publishing Ltd., 2005, p.2.

② [美] 奥兰·杨著，陈玉刚、薄燕译：《世界事务中的治理》，上海人民出版社，2007年版，第13页.

它们准备接受超越国家的控制，并且如果不能履行承诺将可能接受制裁。这也意味着它们将向上让渡一部分国家主权和管理职能。但是，一旦民族国家承诺减排并为此采取措施，就需要制定相应的国内战略。国家政府必须想办法动员地方政府、私营企业和个人来采取适当措施完成减排承诺。民族国家、利益集团、非政府组织等各行为体必须要共同努力迎接气候变化的挑战。国家政府要再次发挥核心作用，将各层次、各领域的行为体联系起来。

第三，国家利益集团出现更多的分裂，使得充分照顾所有国家的利益诉求不太现实。类似“基础四国”、“16 国集团”的国家集团再次发挥关键的作用。这些国家集团不仅可以整理气候变化的复杂谈判并将自己的建议提交给范围更大的集团以获得合法性，而且能够把气候变化、经济危机、金融改革、能源利用政策、核安全等关联问题协调起来，共同解决跨国界的关联议题。但是国家集团之间的利益分歧和问题领域的相互关联也使得在短期内完善国际气候机制的努力变得更加困难。

第四，大国合作是气候变化谈判成败的关键。在最新一轮的气候变化谈判中，主要大国和新兴大国发挥了关键的推动作用，大国在国际机制建设领域的主导作用再次凸显。但是，在要求发展中大国承担更多的减排责任之前，要赋予它们更多的建设国际气候机制的权力和能力。

（二）明晰主要国家集团的责权利

在公约的谈判中，国家之间和国家利益集团之间的立场分歧日益暴露。发展中国家内部可分成三个主要利益集团；发达国家内部可分为四个利益集团。[①] 随着谈判的发展，根据国家权力、利益和责任的大小，国家利益集团之间的分裂更加明显。西方发

① 徐再荣著：《全球环境问题与国际回应》，北京：中国环境科学出版社，2007 年版，第 215—216 页。

达国家在制定国际气候机制的过程中掌握着更多的权力，制定的减排机制无疑是有利于它们的。而大多数贫困的发展中国家由于掌握的权力最小，尽管在气候治理面前的国家利益诉求最大，但是却不应该承担西方国家所试图强加的所谓国际责任。权力越大，责任就越大，在国际气候机制建设与减排责任之间，掌握主导权的西方国家理应承担更多的减排责任（参见表二）。

表二　主要国家集团在全球气候治理中的责权利评估

<table>
<tr><th>国家集团</th><th>国家权力</th><th>最优先利益诉求</th><th>承担的责任</th><th>评估</th><th>被期待的减排责任</th></tr>
<tr><td>主导大国（欧盟、英国）</td><td>主导制定国际减排机制</td><td>大幅度减排以提高生活质量</td><td>承担全球变暖的大部分历史责任</td><td>权利大
利益小
责任大</td><td rowspan="2">到 2020 年在 1990 年的基础上减排 40%以上，或者在 2005 年的基础上到 2050 年减排 80%。拿出 GDP 的 1%帮助其他国家减排。</td></tr>
<tr><td>伞形集团（美国、日本、加拿大、澳大利亚等发达国家）</td><td>主导制定国际减排机制</td><td>有限减排以占据经济、技术优势地位</td><td>承担全球变暖的部分历史和现实责任</td><td>权力大
利益小
责任小</td></tr>
<tr><td>发展中新兴大国（中国、印度、巴西、南非、印尼、俄罗斯等新兴市场经济体）</td><td>参与制定国际减排机制</td><td>自主减排以获得经济持续性发展</td><td>承担全球变暖的部分现实责任，自主减排</td><td>权力小
利益大
责任小</td><td rowspan="2">制定近期减排目标；到 2050 年，发展中国家人均温室气体年排放量限制为 1.44 吨，而发达国家人均年排放量限制为 2.67 吨（丹麦文件）。</td></tr>
<tr><td>最不发达国家（小岛国、大部分非洲国家、弱国等）</td><td>参与制定国际减排机制</td><td>大幅度减排以获得经济发展、消除贫困、维持生存</td><td>基本不承担全球变暖的责任，自丰减排</td><td>权利小
利益大
责任小</td></tr>
</table>

当前国际社会减排难的主要原因在于美国、日本、澳大利亚、加拿大等“伞形集团”缺乏承担减排的相应责任，导致国际实质性减排进展缓慢。发展中国家普遍关注经济的持续发展及国民生活水平的提高，对于改善环境和空气质量等利益诉求较低。发达国家不仅试图维持现有的国民生活水平，而且希望通过减少碳排放改善生活质量。同时，发达国家更大的利益诉求还在于通过引领全球经济转向低碳，获得或继续占据经济和技术的优势地位。例如，美国把应对气候变化作为展现领导权力的机会。[①] 深受气候变化之苦的最不发达国家的经济利益诉求和生存诉求是最基本的，因而也是最大的。但是，由于它们在参与制定国际减排机制中的话语权非常小，不应增加它们减排的责任和成本。

在新一轮谈判中，发达国家要求发展中国家承担减排义务，把发展中国家的人均排放量限制在发达国家的一半左右，而目前，美国的人均碳排放量是中国的 4 倍、印度的 20 倍。其实质是想转嫁减排责任，让发展中国家，特别是发展中新兴大国承担更多的减排义务。考虑到发展中新兴大国日益上升的碳排放量，承担相应的减排责任是合理的。但是，按照权力越大，责任越大的原则，在发达国家主导国际气候机制的制定和执行的情况下，中国等发展中国家不应承担更多的减排责任。

结 论

通过对上述国际气候机制创建和运行过程中存在问题的系统

① Carter F. Bales and Richard D. Duke，“Containing Climate Change：A Opportunity for U. S. Leadership”，*Foreign Affairs*，Vol. 87，No. 5，September/October 2008，pp. 78－89.

考察，我们可以看出：气候变化中的国家利益集团进一步出现分化；当前国际气候机制建设中的主导方仍然是西方发达国家，所制定的机制也大都倾向于维护它们的利益；大部分发展中国家仍然被排除在国际气候机制的创建之外；中国等发展中新兴大国承受着与其权力不相称的减排压力。

气候机制创建中最大的分歧分裂存在于以美国为代表的西方发达国家和以中国、印度、巴西等为代表的发展中新兴大国之间，其本质是权力与责任之间的平衡。美国认为中国和印度等发展中大国不愿意为全球气候变暖做出贡献，它们宁愿躲在美国后面，只要美国不带头减排，就别期望这些国家有多热情。现在情况已经开始转变。在哥本哈根峰会中，中国、印度、巴西和南非组成的国家集团——“基础四国”（四国英文名首字母合成为basic，意为“基础”）达成了一项不具有约束力的政治协议。这些国家正在准备承担一个大国应该承担的责任，而不是等待美国的改变。

当前看似有利于发展中国家的国际气候机制实际仍然在损害大部分发展中国家的利益。因为穷国总是气候变化的最先受害者，其生存权和发展权最先受到气候变化的威胁。如果国际社会不努力完善减排机制，把所有国家纳入减排框架，并通过国际气候机制约束国家行为，那么美国等西方国家征收碳税等单边行为将更加不利于中国等发展中的新兴大国。因此，中国应积极参与国际气候机制的建设，力求创建公正、合理、有效的多边减排机制，抵制美国的单边制裁。

中国对外关系

中美关系中的均衡问题

虞卫东[*]

内容提要：中美关系一直经历着合作—冲突—协调的周期循环。此次胡锦涛主席访问美国就是为了缓和最近比较紧张的中美关系。虽然，双方发表了《中美联合声明》，签订了若干协议，但中美之间诸如双方经济贸易、人民币升值以及安全利益几大实质性问题还有待进一步的谈判。中美关系出现冲突的关键是原有的均衡受到冲击和挑战。由于中国综合国力的上升，相对于美国掌控力的削弱，中美关系受到来自主观认知和客观变化两个层面的冲击和挑战，主要反映在经济贸易和军事等方面的失衡。文章就中美关系中的失衡以及经济贸易和军事失衡的原因做一些尝试性的分析探讨。要解决这些冲突主要看中美双方在相互交往中一种"度"的把握，即如何接受客观的变化和调整主观认识。

冷战后，美国对华定位经历了克林顿任期的"战略合作伙伴"、小布什执政初期的"战略竞争者"到后来的"负责任的利

* 虞卫东，上海社会科学院欧亚研究所副研究员。

益攸关方”以及“负责任的大国”等。当美国出现金融危机、奥巴马政府面临经济困境时，2008 年美国急于希望中国斥资缓解经济危机。构建“中美两国集团（G2）”的呼声十分高涨。2008 年伯格斯腾在《外交》杂志上撰文，用“G2”来呼吁中美合作。从中美关系的这些转变中，不难看出当前中美关系的侧重点逐渐从宏观转向微观，从传统的战略层面转入原来的战术层面，经济金融冲突排在了军事和政治问题的前面。中美关系从地缘政治方面转变为两国的“经济依赖”和“共同机会”。这与当前美国政府面临的国内经济压力有关。奥巴马在 2011 年月 25 日在国会发表的国情咨文中强调了增加就业、保持和提高美国的竞争力和削减赤字等三大经济目标。另外，多年来，在处理与美国的关系中，中国一直是经贸先行，安全战略滞后。[①] 随着中国经济总量的不断上升以及在全球影响力的提高，美国经济的停滞和削弱以及其全球掌控力的萎缩，中美之间原有的均衡出现了松动，双方关系日趋紧张，尤其在经济贸易和军事方面冲突明显。

一、中美关系出现失衡的原因

对均衡的评判来自主观意愿和客观实际两方面。从主观上来讲，冷战后，美国一直以唯一的超级大国自居，单一的超级大国不想有超级大国对手，因此，将采取行动推迟或防止大国升格，它优先考虑防止诸大国联合起来反对它。[②] 随着中国综合力量的上升，中美之间原有的结构均衡受到挑战，即崛起大国与霸权国

① 郑永年：“中美再确保：守住底线，避免冷战，寻求合作”，新加坡《联合早报》，2011 年 1 月 25 日。

② 巴里·布赞著：《美国和谐大国：21 世纪的世界政治》，上海人民出版社，2007 年 1 月版，第 94 页。

之间的冲突。基于美国维持霸权的意愿，中国就成为美国的对手。中国已经是世界第二大经济体，中国在很多国际经济组织例如世界银行和国际货币基金组织等的地位相应上升。中国成为了世界经济走出金融危机的最主要动力。对于中国是否将成为咄咄逼人的世界“老二”，美国可能有两条衡量的标准：一是中国是否会对现行世界政治格局提出挑战；二是中国是否会对美国在亚太地区的领导地位提出挑战。如果中国表现出咄咄逼人的姿态，美国必然会整合国际力量，全力遏制中国。所有国家总是担心它们自己的计算错误，以及其他国家权力的增长所造成自身的权力劣势。它们会不惜一切代价避免这种劣势。[①] 另外，政治学家罗伯特·吉尔平指出，当一个国家的权力增长的时候，势必按捺不住加强对环境控制的诱惑。为了提高自身的安全，它一定会加强自己对政治、经济和领土的控制，从而按照自身的特定利益改变国际体系。这里最关键的论点是：历史上的大国都认为自己有着最良好的意图，但无一例外都不得不采取行动保护自己不断扩展的利益。[②]

其次，美国把遏制（对一个正在崛起的大国采取一种相当传统的军事——政治回应）和从意识形态上使中国改变对自由化原则的信念（至少在经济实践方面如此）相结合，其更为长期的打算是试图缩小中国和西方之间在身份方面的鸿沟。[③] 美中合作基金会执行主席约翰·米勒—怀特在《中美关系新战略：跨越零和博弈的中美双赢之路》一书中提到：“我们把中国的文化和传统

---

① 汉斯·摩根索著：《国家间政治：权力斗争与和平》（第7版），北京大学出版社，2006年11月版，第244页。

② 法里德·扎卡利亚著：《后美国世界：大国崛起的经济新秩序时代》，中信出版社，2009年7月版，第117页。

③ 巴里·布赞著：《美国和谐大国：21世纪的世界政治》，上海人民出版社，2007年1月版，第94页。

定义为‘宏观调控’而非‘权利社会’。”[1] 而美国是个“权利社会”，认为所有事情都应该按照规则行事，而且，在竞争和对抗中零和博弈是顺理成章的。因此，中国的崛起在三个根本性方面会对美国带来挑战：第一，中国有可能给美国带来资源、能源、经济上的挑战；第二，中国有可能对美国带来政治、意识形态、发展模式的挑战；第三，中国有可能对美国带来军事安全上的挑战。由此，美国对中国还有六大抱怨，即：战略不确定、政治不民主、经济不开放、军事不透明、外交不负责、对台不灵活。[2] 而中国的“宏观调控”往往对规则并不苛求，也不认为自己的发展和实力上升会影响他者的发展。中国文化的中庸之道是注重调和与调控，不讲究明确和明白，总是留有余地。一些中国战略家认为：中国未来必定成为占世界主导地位的国家，而不会与今日占主导地位的国家爆发冲突；纵使两者爆发了冲突，最终也无碍中国崛起的雄心。这种中美之间认知和文化上的差异造成了相互认识上的失衡。根据皮尤研究中心在美国民众中的调查结果，有47%的民众认为中国已经成为世界上最强大的经济实体，只有31%的人认为，美国还是全球经济老大。而中国《环球时报》的调查结果则显示，仅有12%的受访者认为，中国已经成为了一个超级大国。

从经贸和军事上看失衡：1. 中美国内生产总值增长此长彼消，在全球今年70.1万亿美元的国内生产总值中，美国约占14.2万亿美元，中国约占9万亿美元。从过去10年来看，美国增长了60%，而中国增长了800%。[3] 中美贸易逆差虽有减少但依然不小，另据中国海关统计，2010年全年，中国对美出口2833亿美元，同比增长28.3%，中国自美进口1020.37亿美元，

---

① 约翰·米勒—怀特、戴敏著：《中美关系新战略：跨越零和博弈的中美双赢之路》，中信出版社，2008年12月版，第12页。

② 袁鹏：“中美关系向何处去?”《外交评论》，2010年4月第2期，第4页。

③ 数据来源根据国际货币基金组织和美国中央情报局公布的《世界概况》。

同比上升 31.7%。美国是中国最大贸易伙伴国和最大出口国；中国为美国第二大贸易伙伴、第三大出口目的地和首要进口来源地。美国商务部公布的数据显示，美国 2010 年 12 月份对华贸易逆差从 11 月份的 256.3 亿美元收窄至 206.8 亿美元，但 2010 年全年对华贸易逆差仍创出 2730.7 亿美元的纪录新高。2. 美国是世界上最大的债务国，中国已经超过日本成为最大的债权国，拥有大量的美国国债。3. 人民币汇率问题，美国始终把人民币低估与美中贸易逆差挂钩，中国则坚持美中贸易逆差是全球经济结构分工的结果。4. 中国国防预算的增长，2010 年中国国防费预算为 5321 亿元，较上年预算增长 7.5%。不过，美国国防部怀疑中国的国防预算实际数字为公布数字的 2—3 倍。斯德哥尔摩国际和研究所也估计称，2009 年中国国防预算约为官方公布数字的 1.45 倍。2011 年 2 月 14 日，奥巴马政府正式向国会提交 2012 财年预算需求，其中国防总预算为 6710 亿美元，与 2011 年和 2010 年相比呈下降趋势。在过去 10 年里，中国大力发展海军力量，推进海洋战略。在钓鱼岛问题、南海问题和朝鲜半岛问题等地区事务上，中国表现出比较主动的态势，改变了过去“中国的外交政策严格遵守邓小平的一条指导原则——韬光隐晦”。[①] 与此同时，美国也在加强它在亚太地区的影响力。2011 年 2 月 8 日，美国 7 年来首次修改《国家军事战略报告》，报告显示美国将逐步结束在伊拉克和阿富汗的反恐作战，将战略重心转向亚太地区。

二、中美经济贸易的失衡

20 世纪 90 年代以来，中美贸易往来日益上升，中国对美国

① 伊丽莎白·伊科诺米：“和平崛起的终结?”美国《外交政策》，2010 年 12 月号。

的贸易顺差不断扩大，中美贸易的不平衡成为了中美关系的一个重要问题。2003 年 5 月，美国制造业协会公布的《对华贸易对美国制造业的影响》的调查报告称，根据协会的最新民意调查，75％受访的美国制造业人士认为，美国制造业正面临着巨大的危机，64％受访者认为，中国发展成为出口大国是对他们生存最大的威胁。[①] 2006 年 2 月 14 日，美国贸易代表罗布·波特曼向美国国会提交了题为《中美贸易关系：更大责任与严厉执行的新阶段》的报告，指出“追求建立一种更加平等和持久的贸易关系，以获取更平衡的贸易机会来促进出口所创造的就业人数的相应增长”在内的三个原则、六大目标和 10 项初步措施，以使中国承担起作为“贸易强国”应有的责任。[②] 美国国内出现了中国实施“不公平贸易”和操纵人民币汇率的说法，也使得美国政府在市场准入、知识产权和人民币升值等问题上向中国施压。另外，美国加大了对华反倾销调查，还对一些中国公司经济制裁和对华出口管制等。近年来，双方贸易冲突的范围也在扩大，从原来的农产品、纺织品等转向了服务业和高端产品等。

（一）贸易失衡的客观原因

1. 中美贸易出现结构性不平衡是经济全球化条件下国际产业分工和产业转移的结果，也就是在资本追逐利益原则下，以美国为主的发达国家和地区向发展中国家制造业转移的结果。中美产业结构不同，互补性明显。中国的出口产品主要以劳动密集型为主，这也成为了劳工集团和工会要求政府实施贸易保护行为的

① 王亚飞著：《中美贸易摩擦的政治经济学研究——理论与实证分析》，河北大学出版社，2009 年 1 月版，第 67 页。

② 张继民著：《美国对华贸易政策的决定——政治经济视角下的均衡》，复旦大学出版社，2009 年 1 月版，第 1 页。

借口，声称“因为中国劳动力优势而受损”，[①] 影响了美国人的就业。另外，美国出口中国的产品主要是高端的科技产品，并且对华限制出口。这样一松一紧，失衡无法避免。但中方认为，在中国的出口结构中，有一部分是由内资企业生产的劳动密集型产品，而另一部分是由中外合资或独资企业生产的带有一定技术含量的资本和技术密集型产业中的劳动密集型环节的产品。这部分产品出口占中国总出口额的60%以上，是构成中国贸易顺差的主要部分，其中利益的大部分为美国跨国公司所得，中国只得到其中很少的加工利益。不得不承认，一些中国企业缺乏行业自律，低价竞销现象严重。

2. 中美货物贸易统计存在比较大差异。在直接贸易中双方报价不同、中国出口货物经第三地转运是导致统计差异的一个重要原因。中国对美出口的货物中，有一大部分先被运到香港、韩国釜山、中国台湾、墨西哥等地，在经过分装之后再运到美国，在此过程中有的商品会被重新包装，有的经过简单再加工从而产生一部分增值；另外，部分货物在中国报关时，中国出口商不知道这些商品是出口到美国的，以为只出口到香港、台湾、韩国，实际上最后的出口目的地是美国，中国根据进口商的报关认为是出口到韩国、香港，而美国按原产地原则在统计时将它们都归于自中国进口，这也是差异的原因。[②] 按照双方商定的研究范围和研究方法，中方小组选取了2000年、2004年和2006年中美贸易统计数据，按照“东向贸易”和“西向贸易”分组进行了比对。“东向贸易”指中国对美国出口及美国统计的美国从中国进口，“西向贸易”指美国对中国的出口及中国统计的中国自美国的进口。通过数据比对发现：“西向贸易”差异很小，2006年仅为40亿美元，“东向贸易”差异很大，双边统计的差异高达843

① 张继民著：《美国对华贸易政策的决定——政治经济视角下的均衡》，复旦大学出版社，2009年1月版，第161页。

② 崔鹏：“中美贸易统计数据为何差异大”，《人民日报》，2010年3月22日。

亿美元。

2003—2010 年中美双方的中美贸易统计情况（单位：亿美元）

	中方统计		美方统计		差额偏差
年份	贸易总额	顺差	贸易总额	逆差	
2003	1263.3	586.1	1808	1239.6	653.5
2004	1696.3	802.7	2314.2	1619.8	817.1
2005	2116.3	1141.7	2853	2016.2	874.5
2006	2626.8	1442.6	3610	2325	882.4
2007	3020.8	1633.2	3867	2562.7	929.5
2008	3337.4	1708.6	4092.5	2663.4	954.8
2009	2982	1434	3660	2268.3	834.3
2010	3853.5	1812.6	4567.1	2730.7	918.1

资料来源：综合各网站数据。

3. 人民币汇率问题。2002 年 10 月，美国摩根士丹利公司首席经济师斯蒂芬·罗奇在他题为《中国因素》的报告中称，中国正在通过商品出口将通货紧缩转向全球。该观点成为“人民币升值论”的源头。从 2003 年起，美国政界和商界的部分人士认为，中国通过人民币与美元的固定汇率制故意低估人民币币值，扩大对美出口，加剧了美国对华的贸易逆差，削弱了美国制造业的竞争力，导致相关行业的失业率上升。人民币每升值 1%，中国的出口额会相应减少 10%，尤其是农产品、电子产品和家居饰品等。相对美国的出口来说，斯蒂芬·罗奇在美中经济与安全评估委员会作证时却说：“即使人民币大幅升值，也不可能给中国出口价格带来大的影响。例如，如果人民币升值 20%，中国对美出口的价格将只会上升 4%，这几乎不足以导致需求转向美国制造的产品。”[①] 哥伦比亚商学院教授、美国国家经济研究局中国项目主任魏尚进指出，实际上汇率对双方的经常账户没有很大的影响。此外，中美的利益关系有很多重叠的地方。目前，中国已成为美国国债的最大持有国。2010 年底，中国持有美国国债 8910 亿美元。中国如调高人民币汇率，势必会减持美国国债，这样美国的政府开支和个人消费可能都受到冲击。可以说，人民币升值是个十分复杂的问题，涉及到中美多方利益的博弈。

（二）贸易失衡的主观原因

1. 美国对华贸易政策受到美国总统选举周期的影响。一般在美国大选年，美国对华贸易政策就会变得比较强硬。里根、老布什、克林顿、小布什包括现在的奥巴马，都在竞选期间不同程度地对华采取了保护主义的贸易政策，放大中美贸易的不平衡，对中国施压。中美贸易会围绕美国大选呈现出三部曲：“竞选时，共和、民主两党互打中国牌，中美贸易关系受损；新总统上任后，双方磨合，中美贸易关系放缓；磨合过后，中美贸易关系就会重新高速发展。”[②]

2. 作为“公共物品”的贸易政策的变化涉及多方利益博弈。贸易政策变化导致的收入分配效应促使政治市场中的参与者
选民或公众、政府、官僚、利益集团、乃至外国人——将根据各自的目标或既得利益产生对贸易政策的需求和供给。[③] 美国对外贸易政策的制定权在国会和以总统为首的政府部门手中，同时，一些政党、利益集团、公众舆论、智囊机构等也有影响作用。由

① 丘杉著：《中美贸易摩擦的战略考察》，社会科学文献出版社，2009 年 3 月版，第 121 页。

② 张继民著：《美国对华贸易政策的决定——政治经济视角下的均衡》，复旦大学出版社，2009 年 1 月版，第 105 页。

③ 同上书，第 4 页。

于中国的工业制成品出口对美国依赖度很大，因此，美国的生产部门成为对华贸易保护政策的助推者。近年来，针对中国的反倾销诉讼都在诸如纺织品制造商协会、商业与产业协会和钢铁协会等夕阳产业上。2010 年美国对华发起反倾销、反补贴的“双反”调查共有 15 个案件，比 2009 年的 11 个案件增长了 36%。反之，在中国具有出口利益的如航空航天、计算机、汽车、电讯、化工和农产品等行业主张对华自由贸易。还有类似人权、宗教、劳工、支持西藏独立等组织想通过扩大中美贸易的不平衡来反对中国。

3. 美国对外贸易政策的转变。20 世纪 70 年代后，在巨大的贸易赤字压力下，美国的对外贸易政策开始从自由贸易转向公平贸易，其目的是一方面调整国内产业结构；另一方面，政府出面致力于消除贸易伙伴的不正当、不合理、不公平的贸易政策，为美国商品、服务和资本打开海外市场。[①] 在产业结构调整缓慢的情况下，美国政府对他国贸易政策的敏感度就会加大。因此在对待中美贸易逆差上的态度难免会出现偏执。

三、中美军事关系失衡的原因

2009 年的“无暇”号事件和钓鱼岛撞船事件中美国的态度都预示着中美在亚太地区的冲突在所难免。2010 年也是中美两军关系历经波折的一年。2010 年 1 月末，由于美国向台湾出售总价值 64 亿美元的武器，中美双方停止了原本在年内要进行的一系列军事交流项目。2010 年 11 月 17 日，美国国会的超党派对华政策咨询机构“美中经济与安全评估委员会”公布了 2010

① 王亚飞著：《中美贸易摩擦的政治经济学研究——理论与实证分析》，河北大学出版社，2009 年 1 月版，第 117 页。

年年度报告，其目的是呼吁国会加大对中国的压力，敦促政府采取具体措施。报告称："中国军方继续推动其战机和导弹舰队的现代化，目的在于扩大人民解放军的打击半径。"2010年美国海军军事学院公布的新五年研究报告称，中国正在建立一支不久将开始挑战美国在亚洲海洋统治地位的海军。2010年12月7日，中国国务委员戴秉国发表了题为《坚持走和平发展道路》的文章，文章指出，中国决不会取代美国成为世界舞台上的主导力量。中国军费的逐渐增加只是为了维护国家的"核心利益"，保护领土完整。并点名指出"那种在地区国家间挑拨离间及在中国近海搞联合军演的做法，更是典型的冷战思维"。

2010年，中美双方在亚太地区都各自举行了一些军事演习。在中国的西南方向，6月1日，美国主导的代号为"金色眼镜蛇"东南亚地区的联合军事演习在泰国中部举行，为期11天。来自泰国、美国、印尼、新加坡、日本、韩国等国的约1.4万名军事人员参与。韩美两国继7月底在东部海域（日本海）举行名为"不屈意志"的大规模联合军演后，8月16日又举行名为"乙支自由卫士"的联合军演。从9月27日开始，两国在韩国西部海域（黄海）再次举行反潜联合军事演习。尤其是"不屈意志"演习，双方投入兵力多达8000人，在韩国东西海域同时进行，美国除了出动"华盛顿"号外，还首次派出第四代作战飞机F－22"猛禽"飞临韩国上空。有外界传言，F－22有能力突破中国的防空体系。更值得注意的是，2010年7月，以美国为首的多国特种部队首次进入柬埔寨，举行了代号为"安科尔侦察兵2010"的实战演习。同年8月，美军深入蒙古境内与蒙古军队举行了代号为"可汗2010"的联合军事演习。同一时间，美国又和英国军队在哈萨克斯坦境内举行了代号为"斯提波鹰2010"的联合演习。

2010年中国举行了11次较大规模的军事演习，先后与巴基斯坦、泰国、土耳其、罗马尼亚等国军队举行联合训练。2010

年3—4月间举行了创造中国海军日常演训史上多项“第一次”的“东联—2010”演习；7月26日，解放军北海、东海和南海三大舰队主力驱逐舰，在南海举行多兵种合同实兵实弹演练，这是中国海军历史上规模最大的一次演习，也是参训要素最全、难度最高的一次联合对抗实战化演练，展示了中国海军在防空反导能力上已达到了国际先进水平；2010年的重要演习是，10月10—21日，解放军举行了代号为“使命行动—2010”的集团军跨区机动演习。演习由北京军区、兰州军区、成都军区各出1个集团军机关带部分实兵，总兵力3万余人，机动总里程超过1万公里。海军方面，11月2日，海军陆战队两栖突击登陆战斗在南海某海域进行了“蛟龙—2010”演习，是南海舰队的一次年度例行性训练。9月20日，中国空军参加了土耳其“安纳托利亚鹰”的中土联合军事演习，虽然规模不大，但被美国《华盛顿时报》评论为“中国空军首次与北约国家进行这类联合演习”。

中美双方出现了一定程度的军事对峙。2010年中国周边的各种军事演习十分密集，其频度和规模都超过世界其他任何地区，具有很强的针对性和战略指向性。中国周边的海上争端与冲突因素此起彼伏，2010年中国军队的几次海上和对海演习训练活动都向海外传达了军队捍卫主权的决心。当美国及其同盟感到不能从中国获取足够的合作时，在美国主导下，在其它多个方面开始寻求或者启动应对中国的举措，包括南中国海、东南亚、南亚等等。在这一过程中，中美两国互相指责。美国指责中国过于自信、不负责任、要挑战美国等，而中国也认为美国要动员其一切力量来再次围堵中国。①

从失衡的原因看，目前普遍认为直接影响中美军事关系的主要有三大因素：美国坚持不断对台湾军售，美国国会2000年国

① 郑永年：“中美再确保：守住底线，避免冷战，寻求合作”，新加坡《联合早报》，2011年1月25日。

防授权法对两军交往的限制，以及美国军机、舰艇对中国沿海的频繁抵近侦察。下面从三个方面来分析中美军事关系失衡的原因：

（一）美国战略重心向亚太地区转移与中国“核心利益”的冲突

奥巴马总统曾声称要成为“亚太总统”，国务卿希拉里也高调宣称要“重返亚太”。2010 年 10—11 月，他们出访亚太，前者访问了越南、柬埔寨、马来西亚、巴布亚新几内亚、新西兰、澳大利亚和中国等 7 国，后者出访了印度、印度尼西亚、韩国和日本 4 国。美军在亚太地区展开以关岛为枢纽的前进部署，其军事前沿近年来已经向中国方向推进了几千公里。美国把军事力量部署重心从大西洋方向调整到太平洋方向，强化在东亚的军事力量存在和双边与多边的军事同盟关系。长期以来，美国东亚政策在三个问题上时常有动作，一是所谓“协防”台湾，二是与朝鲜维持不战不和的状态，还有一点就是在保证航行自由的前提下不介入南海地区争端。恰好这三个问题全都关涉到中国的国家统一、领土完整和周边稳定。“中国正在扩大其军事力量的投射能力，确保在重要陆海领域的领土完整免遭对手的侵犯。”[①] 美军太平洋司令部司令罗伯特·威拉德认为，中国目前的注意力集中在“近海”——渤海、黄海、南中国海和东中国海，希望尽可能减少外国军事力量对该地区的的影响。

（二）中美军事交往中缺少双方都认同的基本原则

中美双方在建立军事互信的理念上存在差别。中国认为应该先从宏观入手，“自上而下”地在战略层面达成相互理解和互信，

---

① Robert G. Sutter，“Chinese Foreign Relations：Power and Policy Since the Cold War” Rowman & Litttlefield Publishers，INC 2008，p. 135.

或至少达成原则性互信，[①] 明确发展方向，再谈具体事宜。美方则提出，要“自下而上”地进行，先透明才能互信，因为“开放产生信任，而保密是不信任的温床”。只有理解才能建立互信。因此，美方一直坚持要增加透明度，制订防止意外事故的各种规则。[②] 目前中美战略与经济对话在某种意义上就是“2＋2”机制，即“外长＋财长”的对话机制，而在中美国防军事安全领域没有此类对话机制。美国一方面担心中国的军事现代化和战略“走出去”会对它们的安全构成压力，另一方面却又希望中国能够承担国际责任。在双方缺少理解又缺少建立理解的机制情况下，中美在军事关系上产生相互猜疑和防范过度乃至冲突也属正常。

（三）中国军费逐渐增加与美国削减军费的反差

实力对比的变化投射到国民心态上，呈现出美国自信心下降，敏感性、脆弱性上升，中国自信心增强，自豪感、自傲感上升的特点。虽然，中国新开发的歼—20 隐形战机在 10 年内不会改变中美两国间的力量平衡，但歼—20 战机在心理和象征性方面具有一定意义。“对于所谓的中国在 90 年代中期快速崛起的兴趣和关注，与其说是被真实的、渐进的、‘预期的’力量变化所驱动，还不如说正如威廉·沃尔福威茨一再谈到的‘被感知的’力量所驱动。”[③] 中国努力实现海军、空军和导弹以及反卫星等武器装备的现代化，建造潜艇和航空母舰是为了维护中国的领土主权和完整，是防御性的国防，并不是如美国所担心的“取代美国”。两国军事力量建设及其力量部署调整都引发了相互猜疑。

---

① 徐辉：“中美军事互信为何难以建立?”《外交评论》，2010 年 4 月第 2 期，第 26 页。

② 同上。

③ 金骏远：《中国大战略与国家安全》，社会科学文献出版社，2008 年 4 月版，第 79 页。

中国正常发展的军事力量被美国看作是对美国地区军事霸权的潜在挑战；坚持对台军售、继续对中国军事禁运，同时反对欧洲盟国保持对中国的军事制裁等，被中国认定美国是在对中国施行战略遏制和包围。不容否认，在缺乏政治互信的背景下，中美两军关系仍然具有某些“零和”特征。

结　语

我们欣喜地看到，中美联合声明称，中美致力于共同努力建设相互尊重、互利共赢的合作伙伴关系，以推进两国共同利益、应对 21 世纪的机遇和挑战。罗伯特·基欧汉认为：“行为者不仅出于工具性原因而关心他国福祉，而且因为不论别国如何行动，其收益的增长也会促进自身的福祉，反之亦然，在这种情况下，各行为主体间的利益属于情势性相互依赖关系（Situationally Interdependent）。”[①] 笔者认为中美可以建立这种相互依赖关系，只要在一些失衡的领域加强各层次的实质性对话和沟通，以减少误解、误读、误判，增进了解，扩大共同利益。在经贸方面，2010 年 1 月 28 日，美国总统奥巴马向国会发表的国情咨文中表示，希望在未来 5 年把美国商品和服务出口额较 2009 年的 1.57 万亿美元水平提高一倍，以创造数百万个就业机会。美国经济的改善是离不开中国这个第二大经济体的。声明第 24 条称，双方认识到开放的贸易和投资对促进经济增长、创造就业、创新和繁荣的重要意义，重申将采取进一步措施推进全球贸易和投资自由化，反对贸易和投资保护主义。双方也同意愿本着建设性、合作性和互利性的态度，积极解决双边贸易和投资争端。第 16 条和

① 罗伯特·基欧汉：《霸权之后：世界政治经济中的合作与纷争》，上海人民出版社，2006 年 1 月版，第 121 页。

21条称，双方认为，中美两国在促进亚太及其他地区和平安全方面拥有共同利益，同意加强沟通与协调，应对紧迫的地区和全球挑战。双方同意，本着相互尊重和合作的精神加强在亚太地区的沟通和协调，并通过多边机构等渠道和其他亚太国家一道促进和平、稳定与繁荣。第9条称，中美两国确认，一个健康、稳定、可靠的两军关系是胡锦涛主席和奥巴马总统关于积极合作全面增加中美关系共识的重要组成部分。2011年上半年适当时候，中国人民解放军总参谋长陈炳德将应邀访问美国；两军在反恐、维和、护航、人道主义救援、减灾等非传统安全领域开展合作；双方同意将于2011年上半年举行中美国防部工作会晤和中美海上军事安全磋商机制工作小组会议；双方将继续就两军关系指导原则与框架进行磋商，并于适当时候形成双方同意的文件。

美国和中国不应忌讳对两国的分歧进行坦率的讨论，有可能进行一下换位思考。中国必须开始以大国的方式行事，要足够宽松；要足够开放，参与真正的辩论，而不是只喊口号；并做好准备随时充当真正的领导者。[①] 同样，美国也要避免大国的霸道和只顾自己、言行不一的双重标准。希望中美两国关系沿着理性健康的轨迹向前发展。

---

① 斯蒂芬·瓦因斯："处于青春期的大国"，《南华早报》，12月11日。

中国跨国移民的研究与进展[①]

吴前进*

内容提要：在20世纪90年代初至今的时段内，国际学界的跨国主义理论与移民研究逐渐被介绍到中国，中国的跨国移民研究因此与国际移民学界的跨国移民研究相关联，特别是经由海外新华侨华人学者的引进与推介，以及具有国际学术背景的本土学者的努力和推动，移民研究的跨国主义视野在中国大陆得到推展、应用，并反映在华侨华人研究领域内。本文回溯这一段研究历程中的主要学者和观点，以梳理中国跨国移民研究的基本内容和未来走向。

随着全球化进程的加快，国际移民出现了前所未有的类型和节奏。“这种移民方式与永久定居和排他性地获得居住国公民权的旧做法形成了鲜明对比”。[②] 新型移民本身，构成了全球化的一个重要特征。在20世纪90年代初至今的时段内，跨国主义的移民研究正是基于新移民类型的出现而逐渐被介绍到中国的。中

① 本项研究受“上海市浦江人才计划”资助。

* 吴前进，上海社会科学院亚洲太平洋研究所研究员。

② 王苍柏：“也谈华人”，《读书》，2004年第10期，第125页。

国的跨国移民研究因此与国际移民学界的跨国移民研究相关联，特别是经由新华侨华人学者的思考、引进和推介，以及具有国际学术背景的本土学者的努力和推动，移民研究的跨国主义视野在中国大陆得到推展、应用，并反映在华侨华人研究领域内。本文回溯这一研究历程中的主要学者和观点，以梳理中国跨国移民研究在引进、应用、反思及推进中的基本内容和未来走向。

一、新华侨华人学者的思考、引进和贡献

改革开放后到20世纪90年代末，中国的华侨华人研究从恢复到逐步推进，取得了不少成果。然而，时代的发展和新华侨华人现象的不断涌现，传统的限于民族国家视野看待和研究华侨华人问题的方式方法，已越来越无法满足现实之于理论的需求。中国的华侨华人研究者需要一种新的思维方式和理论导引，以突破既有的思维屏障。在这种情况下，海外新华侨华人学者之于西方移民研究理论的思考、引进和推进，就为本土的中国学者提供了一个重要的思想来源和理论参考。

21世纪初，较早把跨国主义移民研究理论引进和推介到中国大陆的当推在新加坡国立大学任教的刘宏副教授（现为新加坡南洋理工大学教授）。2000年，刘宏的《中国—东南亚学：理论建构、互动模式、个案分析》（中国社会科学出版社，2000年6月版）一书出版，标志着移民研究的跨国主义范式在中国大陆登堂入室。跨国主义（Trans-nationalism）一词，首次在中国大陆学界得到呈现和展开。[①] 相应的，华人移民的跨国主义研究也被

① 同年稍早时候，刘宏书稿中有关跨国主义与移民研究的篇章“社会资本与商业网络的建构：当代华人跨国主义的个案研究”，亦发表在北京《华侨华人历史研究》上，第1—15页。

置于中国—东南亚国家互动的框架中予以论述。恰如王赓武教授所评价的：如果人们由后往前来阅读该书的话，那么人们将会更好地理解与体会刘宏博士所关注的问题层面。这些研究层面的逐一展开依次表现为：从初期的以民族国家为研究对象（该书的第四部分：东南亚的视野——国家社会关系的多元格局），到突破民族国家视野，以跨国的思维来解构中国—东南亚国家（地区）关系中的个人、群体、社团乃至网络等等（该书的第三部分：当代海外华人跨国网络——机构基础与社会特征），这种思维的跃进是连贯的，并在趋向构成一种清晰可见的体系（该书的第二部分：中国与东南亚——多维互动模式），从政治学、经济学、社会学、历史学、地理学、文化学和国际关系等多学科角度建构作者拟议中的："中国—东南亚学"（该书的第一部分：导论——理论与分析框架）。整项研究是作者运用跨国主义理论，阐述中国—东南亚国家（地区）之间的互动历程。作者因此指出，以往那种人为地将整个亚洲划分为几个次区域（东亚、东南亚、南亚和中亚）的西方"区域研究"（Area Studies）理论正在变得不合时宜。因为正是在那种研究框架中，处于中国—东南亚之间的看得见和看不见的"交界地带"被忽略了。这些交界之处包括很久以来便存在的人口、观念的交流以及跨界的社会商业网络。而所有这些传统上向来被西方学术界主流所排斥和忽略的内容，不仅在历史上已证明它的存在和影响，而且也被时代的进程所一一证实。换言之，它在促动跨国双边互动、一国内部发展以及整个亚太区域内的连动方面均有着未可小觑的多面一体性。也正因如此，历来以民族国家论说作为整体分析的出发点，将中国与东南亚国家之间的联结处（也即民族国家的疆界）作为分析的终点，而忽略了各个次区域之间"灰色地带"以及彼此互动的——既有研究思维，正有待重新审视和观察。藉此，作者提出，通过集中分析与考察不同的次区域/地理文化圈之间的"接触区"（Contact Zone），能够检讨亚洲历史变迁的动力与特征，从而更好地认识整个区域的发展。跨国领域的"接触区"是各民族相遇，建立持久关系的跨文化交流区。在作者的视野里，跨国主义的研究思维一方面有助于突破民族国家的困境和语境，另一方面则有助于推进由移民群体所带来的不同地理/文化圈之间的互动及其进程。它可以被用于解释中国—东南亚"接触区"之间的互动关系。其具体表征落实为，"社会资本与商业网络的建构：当代华人跨国主义的个案研究"，以及"旧联系、新网络：海外华人社团的全球化及其意义"。这些华裔个人和团体的时代特征，正在不断说明全球化与地方化的双重进程规定着作为跨界族群在社会互动中的作为和意义的问题。藉此，作者所谓的"中国—东南亚学"，是一种用于研究中国与东南亚之间跨国关系的区域图谱。它不仅注重货物、资本、信息和人口的双向交流，而且也注重由此产生的新的社会文化与政治经济格局及其对国内、区域和全球的影响。[①]

如果说《中国—东南亚学》体现的是作者以跨国主义理论建构有关"中国—东南亚学"理论模式的话，那么《战后新加坡华人社会的嬗变：本土情怀·区域网络·全球视野》（厦门大学出版社，2003 年 9 月版）同样体现了作者的跨国主义研究旨趣。这两本研究著作都自觉地以跨国主义理论为视角，探讨华人与中国以及东南亚地区之间的关系互动，从而超越民族国家的论说体系。确切地说，面对全球化时代不断增长的移民跨国居住现象，作者认为必须将海外华人的经历置于比较的框架下加以分析，以与全球性的社会科学研究的新动态与方向接轨。为此，他再次引入了跨国主义理论来说明海外华人的新动向，提出了"跨国华人"（Transnational Chinese）的新概念。在他的分析中，"跨国华人"被定义为：在跨国活动过程中将移居地同出生地联系起

① 吴前进："跨国的思维 体系的建构——刘宏博士《中国—东南亚学：理论建构、互动模式、个案分析》述评"，上海外国语大学《国际观察》，2003 年第 3 期，第 65—67 页。

来、具有多重关系和背景的移民个人和群体的身份特征。按照刘宏的观察，近二三十年来形成的跨国华人群体可归纳为两大类：以海外为出发点和轴心的同心圆和以大陆为出发点和轴心的同心圆，二者互为补充，构成海外华人社会的新兴力量。这一群体特征被归纳为：具有两种以上语言能力，在两个或多个国家拥有关系网络和事业基础，且具有行动上的跨界性、文化上的掺杂性、经济上的全球性、社会上的互动性和认同上的多元性等一系列共同内容。除此之外，他们中的大多数人选择了不同于传统的“落叶归根”和“落地生根”的生存模式，取而代之的是一种“既在此处又在别处”的游移常态，换言之，他们属于“华人世界主义”新身份的一群，而不特别固定在某一处。

基于跨国移民不同于传统移民的行为处事方式，作者进一步就跨国华人的互动领域做出了提炼——“非地域性”倾向，即跨国移民的领土与地域建构于自身活动的空间之中。他们和传统移民不同，民族国家的地域、政治意义不再重要，经济、文化和社会的空间具有更多意蕴。作者特别从“跨文化性”的立场来分析跨国华人的特质，以为他们既是中华文化在海外的重要载体，又是超越东、西方文化之外第三文化（The Third Culture）的建构者。全球化时代跨国华人的文化特性，在作者笔触下跃然纸上，它超越了中国—东南亚之间的互动领域而扩展至全球范围。

值得指出的是，在提出跨国华人或跨国移民研究的全球化视野同时，和许多学者一样，刘宏没有忘记重申要“把国家带回来”的观念，因为他始终注意到民族国家在当今时代的不可替代性和重要作用，且敏锐地意识到，不能简单把民族国家视为垂直的、僵化的、权威的政治体系，而应更多地看到它如何与横向构成的跨国华人网络相协调、互动，进而逐步实现和壮大自身力量的可能优势。很明显，对于垂直建构的民族国家与横向联系的跨界网络之间关系的探讨，透过对于战后新加坡华人社会的个案研究而得出了颇具启发性的见解。它也表明，从“中国—东南亚学”的理论探究到“战后新加坡华人社会”的具体剖析，作者对于跨国华人的研究不断深入。[①] 刘宏认为，现在有三类“跨国华人”：一是“再次移民者”，即一批从传统的华人移居地（东南亚）迁至发达国家的早期移民，他们在新旧移居地之间形成跨国网络；二是早期移居海外的华侨华人，他们因中国大陆的改革开放和经济发展而与大陆重新建立密切联系；三是改革开放后出国的新移民，他们与国内有较强的多重联系。这一群体的跨界活动又呈现出三种模式：“哑铃模式”（在海外和中国国内都有事业）、“风筝模式”（在多个国家发展事业的同时和国内保持联系）、“太空人模式”（在多处的事业之间来回穿梭）。刘宏的跨国主义和华人移民研究，对于大陆的华侨华人问题研究者的相关思考有着直接的理论贡献和推动意义。在他的两本著作出版之后，相应的评介[②]和相关的探讨，均在不同层面显现，人们注意到了类似研究之于中国国际移民研究的理论价值和实践意义。

2000年11月24日，美国威斯里大学地理系的周宇教授在北京大学经济研究中心作了题为“跨国现象——一个研究移民的新框架”讲座，向国内的学者和学生介绍了西方移民研究的新思潮。周宇提及，从20世纪20年代美国芝加哥学派开始，对移民研究一般都定位在文化同化论模型或文化多元论模型之上。虽然这两种模型对移民整合的描述有所不同，但它们都有一个共同假设：移民的最终结果都将建立在当前主流文化和移民传统文化之间的对抗和对话之上。换句话说，影响移民的因素都被架构在现在和过去这样一个线性空间内。然而，最近学者们渐渐认识到一种新现象：移民作为一个活跃的主体进行跨国活动。一个新概念出现了：超越国界现象或跨国现象（Trans-nationalism）。学者

① 吴前进：“‘中国—东南亚学’的具体建构和深化研究”，上海外国语大学《国际观察》，2005年第3期，第73—77页。

② 如，郑一省、陈衍德、李明欢、曾玲、吴前进等，均曾撰文加以评述。

们将移民的跨国现象定义为一种过程，在这个过程中，移民建立了一个社会区域，将他们的母国和当前的居住国联系到一起。与传统意义上移民单方向的移动不同，跨国移民建立和保持着一种跨国界的、多向性的家族、经济、社会、制度、宗教和政治关系。学者在考察跨国现象同时对全球化给予了更大重视。全球化为跨国行为提供了背景、机会和原动力。但跨国现象与全球化是不同的。全球化通常将移民看成只是其带来的一个结果，而在跨国现象框架里，跨国移民是积极的主体，他们同时参与母国和当前居住国的活动，推动、打造全球化。全球化通常关注货物、资本、信息的流动，其载体跨国公司有严格的等级制度、规章制度。而在跨国现象中，更重要的还有人力资本的流动，并且规范上述行为的不是法律、协定、等级制度，而是由移民自己建立的社会关系网、社会关系。一些学者认为，跨国现象的后果之一就是国界的模糊，无地域性社区的出现。华人的跨国移民活动同样摒弃或模糊了区域性。对于这种观点，周宇强调，华人的跨国网络和行为虽然是不定的、无界的，但它们与华人移民经济的地方化程度有很大关系。如果认识到跨国行为要在一个复杂的网络上进行人力资源、货物、资本和信息的传递，那么没有网络端点的强有力的结合的话，这个网络是无法存在的。简言之，地方化是跨国现象的 个关键的地理因素。周宇的介绍和看法，对于国内学者思考跨国现象和移民之间的关系，有着方法论上的意义。

此后，在英国牛津大学“迁移、政策和社会研究中心”（COMPAS）工作的项飚博士在跨国主义和移民研究方面也做出了瞩目成果。2005 年在国务院侨办政策研究司和经济科技司协助下，在亚洲发展银行资助下，项飚完成了“通过侨民网络促进科技知识交流”的项目。该课题研究重点不在“海归”，而是针对那些暂时不回中国的海外专业人士，研究其如何通过跨国网络的建设促进他们和中国国内相关专业学者之间的知识交流。据估算，1978 年改革开放后离开中国的华侨华人专业人士超过 52 万，其中 20 多万完成学业。华侨华人专业人士是一个成长中的群体，其主要价值不在于向中国引回具体的技术和项目，而是越来越多地体现为帮助中国在相关领域方面提高自身研发能力，以更积极姿态参与全球化竞争。项飚的观点是，中国政府和社会在智力引进方面成效显著，政府部门启动的项目数量多，种类和方法多元，其经验值得其它发展中国家借鉴。但目前存在问题是，过于“以政府为主导、以工商项目为重点”，部门之间工作有重复，社会参与程度不够，引智工程尚未形成不断自我强化的良性机制。课题因此就如何使引智工作更好地和海外华侨华人专业人士自身的事业发展相结合，如何使正式引智项目和非正式网络建设相结合等问题进行了分析，并提出了具体的政策建议。①

在跨国主义的移民研究领域内，上述学者（以中、英文）和相关学者②（主要用英文）表达了他们对于跨国主义及其移民研究的理论思考。他们向国内学者介绍和引进的西方移民研究最新成果，令中国学者能够与全球化时代移民研究的新趋势相匹配、相吻合。这种跨学科的知识引进和学术交流，有助于中国学者和西方学者在国际移民研究的平台上构筑对话的基础。可以说，新华侨华人学者的努力和贡献，开启了 21 世纪初中国本土学者在华侨华人研究领域的再探索和新追求。

---

① 中新社北京 2005 年 4 月 13 日电。

② 如，美国华人学者郑苏（Zheng Su）的撰述：“音乐与移民：纽约的中国传统音乐”，《世界音乐》1990.32（3）：48—67；“移民音乐和跨国的论述：美国华裔音乐文化在纽约”1993 威斯理大学博士论文；“文化迁移中的音乐：美国华裔在美国写下的史诗”，《跨国文化》1994，3（3）：273—288；专著《美国华裔（亚裔）中的音乐、跨国主义及文化政治》（2010 年）等。见郑苏“中国音乐在美国与加拿大”，《中央音乐学院学报》（季刊），1999 年第 1 期，第 62—67 页。

二、中国学人对跨国主义与移民问题的研究

20世纪90年代末，在跨国主义的移民研究兴起之时，国内一些学者，特别是具有国际学术背景的华人问题研究者注意到这一新的发展趋势，开始运用当下理论拓展和丰富已有的华侨华人研究。这种研究，一方面落实在跨国主义理论的介绍基础之上，体现中国学者之于该理论的评价与反思；另一方面落实在侨乡研究的实证基础之上，[①] 体现跨国主义理论与本土研究相结合的范例。它显示，国际学界的跨国主义与移民问题研究正在和中国的国际移民问题研究接轨，并取得同步推进的效果。

首先，评价跨国主义的移民理论，本土学者的思考成果不断显现。这类成果主要体现在两方面：一是对跨国主义理论的核心概念和重要现象进行梳理和把握；二是对理论本身的局限以及对中国国际移民研究的意义予以思考和反省。如，李明欢把“流散族群”（Diaspora）一词置于社会人类学视野下，就其来源、涵义、歧义、发展，以及所折射的特殊社会文化意义，给予了精到翔实的分析。[②] 同样，对于跨国场景中移民那种“既在家又不在家”的模棱两可，以及回归移民那种“既是家又不是家”的茫然感慨，王苍柏、黄绍伦给予了实证分析和理论探究。他们以香港印尼华人为例，捕捉到了全球化时代“家”之于移民的特殊含

---

① 当然，还有其他的研究成果。如，吴晓萍从跨国主义视角对少数民族华人进行的比较研究，“‘根’文化对跨国移民民族特性的影响——美中苗族文化交流研究”，《贵州民族研究》，2000年第4期，第69—75页。

② 李明欢编译“社会人类学视野下的‘迁移’与‘家园’”，《吉首大学学报》（社会科学版），2005年第3期，第80—85页；李明欢：“Diaspora：定义、分化、聚合与重构”，《世界民族》，2010年第5期，第1—8页。

义：在后现代世界，“家”作为一个稳定和与某种地理界限相联的概念不断受到挑战。对于穿梭于不同地理和社会场景的跨国移民来说更是如此。很多研究表明，在全球化世界中，‘家’正变得前所未有的不确定和模棱两可，从而出现了家的各种各样新形态。对华人移民而言，“祖先的家”、“情感的家”和“功能的家”构成了“家”的三个基本维度。从移民开始迁徙起，“家”的含义就沿着这三个维度不断发生裂变。因此，在全球化时代，“家”是一个轮回过程：始于“完整的家”，经过“分裂的家”，最后达致“象征的家”，从而在旅行的起点找到了终点。① 王苍柏和黄绍伦对于全球化时代“家”的变迁和解构，恰如其分地勾画了“家”之于跨国移民的真实内涵。

在香港学者研究之外，中国社会科学院世界历史研究所的丘立本研究员，是大陆在华侨华人研究领域内较早有意识地提倡运用跨国主义理论探讨华人移民问题的学者。② 在他的推动下，2007 年 9 月 24 日，中国华侨华人历史研究所和中国华侨历史学会，就“跨国移民理论与华侨华人研究”进行专题探讨。会上，潮龙起做了“移民史研究中的跨国移民理论”报告，从四个方面进行评述：（1）跨国主义的界定、兴起条件和原因；（2）跨国主义的空间维度：全球、国家与地方；（3）跨国主义的时间维度：历史与现代；（4）跨国主义的影响与局限。他认为，尽管西方学界近年对跨国主义的移民研究蔚然可观，但它仍是一个高度分割的领域，既没有形成公认的理论框架，也缺乏分析上的严格性。因此，跨国主义的移民研究应在两方面加强：（1）跨国主义理论需要在对不同时空、不同类型的国际移民的实证研究基础上去检验、修正和完善；（2）跨国主义需要将跨国移民研

① 王苍柏、黄绍伦：“回家的路：关于全球化时代移民与家园关系的思考”，《广西民族学院学报》（哲学社会科学版），2006 年第 4 期，第 31—32、36 页。

② 丘立本：“国际移民趋势、学术前沿动向与华侨华人研究”，《华侨华人历史研究》，2007 年 9 月第 3 期，第 1—6 页。

究中不同地区、不同学科背景的学者集中在一起，建立国际合作和对话机制，比较各自不同的经验研究和理论观点，相互借鉴，取得共识。[①] 李明欢就跨国主义理论在华侨华人研究中的作用表达了看法。她概述了跨国主义理论的指导意义，认为对跨国现象的抽象化研究是建立跨国主义理论的基础，我们现在对于华侨华人的研究需要一种新的研究理论来进行指导，而跨国主义理论是我们需要的新理论之一。丘立本认为，家庭是跨国主义的一个基础，对家庭的跨国主义研究，是研究跨国社会空间的基础。家庭之间的货币流动是家庭跨国现象的经济基础，相对而言，社会空间一直随着跨国现象而流动。他强调，应结合中国国情，有针对性地将跨国主义理论运用于华侨华人研究之中。[②]

针对跨国主义理论在华人移民研究中的问题，潮龙起的观点十分中肯："跨国主义仍是一个正在形成并充满争议的理论，系统的研究和个案的比较研究还不多，还没有多少纵向的研究去探讨跨国实践如何随时间而演变，也没有比较不同华人输出地和接收地不同的跨国实践。在今后的华人跨国主义研究中需要注意三个方面的问题：第一，需要对海外华人的跨国现象予以明确的界定。跨国主义不要滥用，不是所有的跨国活动都是跨国主义，也不是所有的华人移民都是跨国华人。在全球化时代，海外华人中仍然存在着大量的落叶归根者和落地生根者，跨国华人只是其中的一部分，且他们的跨国性可能只出现在其生命历程的某个阶段。如果我们随意夸大海外华人的跨国性，只会使跨国主义研究更难以把握，也使它失去新颖性和明确的范围。第二，需要正确对待已有的理论问题，如跨国主义理论与民族国家理论的关系，

① 潮龙起："移民史研究中的跨国主义理论"，《史学理论研究》，2007 年第 3 期，第 52—63 页。

② 详见"'跨国移民理论与华侨华人研究'座谈会综述"，《华侨华人历史研究》，2007 年第 4 期，第 79—80 页。

跨国主义与同化论的关系，它是同化论的一种形式，还是一种替代？再如，跨国性与离散性（diaspora），具有哪些相同而又不同的含义？我们在研究海外华人时，必须注意跨国主义理论的运用范围，需要结合不同的理论来理解他们生活经历的多样性。第三，需要跨国的实证研究方法。”[①] 这些精到的点评比较全面地概括了跨国主义理论在华人移民研究中需要注意的问题以及可能存在的障碍。

同样，王苍柏对“跨国主义”是不是分析当前华人移民最合适的框架也提出了疑问。他认为，对于分析全球化时代的移民活动，“跨国主义”模式有其弊端。至于“跨国华人”概念在捕捉和揭示华人移民认同本质方面，也有讨论余地。[②] 尽管如此，对近年流行的“华人散居者”（Chinese Diaspora）一词，他有保留地表示了肯定，以为“华人散居者”（用来指中国境外无论持何种国籍的所有中国人）这个词汇更具包容性，表达了华人移民的多元化、流动性、广泛性和混杂性，它可以避免许多困扰移民身份的对立冲突。[③] 显然，中国学者在运用跨国主义理论研究华人移民问题时，正在思考跨国主义理论的解释对象和应用范围，以更切实地反映中国跨国移民的现实状况和发展历程。

其次，运用跨国主义理论研究中国侨乡，本土学者做出了有效的探索。早在1997—1998年，厦门大学南洋研究院在庄国土教授的带领下，对“晋江侨乡海外联系”做了专题研究。庄国土表示，之所以选择侨乡作为研究重点，是为了全面了解华人与中国的关系及这种关系对双方的意义。课题落实在侨乡如何在经济、历史和社会文化层面运用和发展海外联系，以及这种联系所

---

① 潮龙起：“跨国华人研究的理论和实践——对海外跨国主义华人研究的评述”，《史学理论研究》，2009年第1期，第95—106页。

② 王苍柏：“也谈华人”，《读书》，2004年第10期，第124页。

③ 同上，第127页。

赖以形成的各式各样的网络。[①] 该项研究的学理脉络在于通过侨乡网络，把握中国和海外华人关系发展的历史具象和现实表现，归纳和总结华人与侨乡互动的模式和结构。换言之，通过侨乡网络探寻中国国际移民的行为、关系和制度特征，成为华人移民研究的一个新视野。尽管庄国土不曾使用跨国主义理论解构晋江侨乡，但事实上，中国国际移民借由网络而形成的跨国现象和跨国互动，已经纳入到研究者的思考范畴之中。

如果说，庄国土对“晋江侨乡海外联系”的研究，与跨国主义理论有着不期而遇的思想契合的话，那么李明欢的《福建侨乡调查：侨乡认同、侨乡网络与侨乡文化》（厦门大学出版社，2005 年 5 月第 1 版），则可明确视作是一部立意运用跨国主义理论解构福建侨乡的实证性研究著作。作者和她的同事们通过多年艰苦的田野调查，为人们提供了一幅福建侨乡的跨国主义图谱：“侨乡”不仅是华南地区具有一定规模移民迁出的方位，更是今天连接移民输出国和接受国双方之间的一个散居中心。基于此，作者归纳出侨乡的四个特征：海洋性、边缘性、底层性和跨界性，认为正是侨乡文化才形成了它所具有的对国家权威进行地方性解读的特殊能力。故而，承载侨乡文化的是由血缘、乡缘纽带编织而成的跨国网络，它是一种亲情与实利交织的跨国互动。在这种解说中，侨乡的意义再现为一个有关移民本土性和全球化的关系问题，即作为中国移民和家乡联系的根据地，侨乡的进程和发展，从来就孕育着中国和外部世界关系变迁的萌芽、脉络。侨乡，作为一种历史现象和社会现实，通过外迁移民的“行为—关系”特征而把输出国和接受国连接起来，从而实现移民—家乡—国家—地区关系的制度化构成。在李明欢的研究中，中国传统侨乡被归结为：既是在乡村人口跨国互动中逐步形成的，更是在跨

---

① 庄国土：“晋江侨乡海外联系研究课题的目的、进程与意义”，《华侨华人历史研究》，1999 年第 1 期，第 1—2 页。

国互动中走向发展的。在这个过程中，跨国互动成为解读侨乡意义的关键词。在“侨乡”的标识下，跨国移民利用两个世界的差异，凝聚起分散的社会力量，共同追求一定的利益。“侨乡”研究的跨国主义视角，经过每一个个案的翔实调研而得以奠定、成型和确立，它完整地勾勒和破解出作者心目中有关福建侨乡的历史真实，及其在当今时代生生不息的文化内涵。① 与此同时，李明欢提出并梳理了“侨乡社会资本”命题的理论意义。她以当代福建跨境移民为例，认为跨国民间网络是侨乡社会资本的基本载体，跨国互惠期望是侨乡社会资本的运作机制，跨国链接增殖是侨乡社会资本的效益特性。侨乡通过已定居移民、信息网络和人情互惠提高移民操作的成功率及获益率的能力，是一种社会资本。这种资本有望转化为经济资本、文化资本乃至政治资本，但这种转化只有在如愿跨境输出人力资源的条件下才能实现。侨乡社会资本的特殊性体现在它与发达国家劳动力市场的链接，其效益通过其投资对象——“移民”进入发达国家劳动力市场而实现转换与增殖。当移民作为一种投资途径并且存在有效运作空间时，移民行为必然生生不息，而侨乡社会资本正是通过一次次诸如此类的跨国运作不断增殖。②

福建侨乡的跨国主义解构，经由庄国土和李明欢等学者的共同推进，已成为认知中国侨乡的有效路径之一。他们的研究，奠定了实证基础和学理研究相结合的典范。在两位学术领军人物之外，郑一省以华侨华人与闽粤侨乡为研究对象，提出并探讨了多重网络的概念。在他看来，多重网络是侨乡网络与华侨华人网络的重合或交叉所构成的一个类似蜘蛛状的网络。在这个网络中有四组紧密相衔接的网络：侨乡民间网络、侨乡政府网络、侨乡政

① 吴前进：“‘侨乡’探询：跨国主义的分析视角——李明欢教授《福建侨乡调查》述评”，香港《二十一世纪》网络版，第57期，2006年12月30日。

② 李明欢：“‘侨乡社会资本’解读：以当代福建跨境移民潮为例”，《华侨华人历史研究》，2005年6月第2期，第39、47页。

府参与网络和华侨华人网络。在由这四组网络构成的多重网络的中心有一个实心圆，它代表传统的中华文化，各组都通过这个实心圆链接起来，表明传统中华文化构成多重网络的基础。[①] 之后，刘莹对浙南（以温州、青田为代表）侨乡的跨国移民活动进行了实证考察。她的研究结论是，改革开放以来，浙南新移民占浙江省新移民总量的90%（其中前往欧洲的人数约40多万），尤以来自温州地区和丽水地区青田县的新移民占绝大多数。随着国内经济高速发展，浙南跨国移民越来越多地定期来往于家乡与移入国之间。他们在国外创业，积累了一定资金实力后，再回到充满商机的国内寻求新的投资机会，跨国移民的流动性由此不断增强。浙南移民的跨国网络促进了人口、信息、资金的跨国流动，促进了迁入地和迁出地的经济发展和全球一体化进程。[②]

值得注意的是，在跨国主义理论和侨乡研究的现实成果之外，侨乡历史研究的跨国主义视角也在推进，如，刘进对华南国际移民书信的研究，[③] 姚婷对侨刊在深化和强化海内外乡亲集体记忆与“同胞”概念维系作用方面的研究。[④] 还有，台湾学者之于跨国主义的移民研究，特别是台湾与东南亚国家之间的跨国婚姻（家庭）研究，[⑤] 在加拿大的台湾移民研究，[⑥] 以及劳工移民

---

① 郑一省：“多重网络的渗透与扩张——华侨华人与闽粤侨乡互动关系的理论分析”，《华侨华人历史研究》，2004年第1期，第35—45页。

② 刘莹：“浙南跨国移民潮的历史变迁”，《南洋问题研究》，2009年第1期，第72—73页。

③ 刘进：“华南国际移民书信与跨国视野下的侨乡研究”，《中国社会科学报》，http：//www. sspress. cn/news/13782. htm，2010年9月30日。

④ 姚婷：“乡土传媒与国际移民——侨刊对侨乡社会的文本记录与移民网络的参与构建”，《中国社会科学报》，http：//www. sspress. cn/news/13780. htm，2010年9月30日。

⑤ 王宏仁、张书铭：“商品化的跨国婚姻市场：以台越婚姻中介业运作为例”，http：//benz. nchu. edu. tw/～hongzen/paper/agency. htm。

⑥ 徐荣崇：“集体记忆与社会资本——谈加拿大台湾移民的居住地选择与思维”，台湾《人口学刊》，2008年12月，第37期，第115—150页。

研究等方面，都有相当扎实的成果。

2009年10月21—23日，厦门华侨博物院成立50周年暨陈嘉庚国际学术研讨会召开，跨国主义与华人移民研究成为研讨会主旨之一。丘立本的《从新的历史起点看跨国移民理论》，刘宏的《当代华人新移民的跨国实践与人才环流：英国与新加坡的比较研究》，李明欢的《落叶归根、落地生根与跨国化生存：关于国际移民实践与理论的若干思考》等论文，都从不同侧面再次丰富和发展了新形势下中国的跨国移民研究。越来越多的研究者认同，在国际移民的未来进程中，劳动全球化的必然性，族群冲突的可能性，以及跨国主义对传统民族观和国家观的挑战性，将不可避免。[①]

三、跨国华人的身份认同、艺术实践和反思

在跨国主义的移民研究之外，另一类与移民有关的跨国主义论述也反映在本土学者和海外华人学者的视野之中。这些论题的探讨者除了大陆和台港同胞之外，还包括了海外多种身份的华人。之所以把这部分和中国有着千丝万缕联系的旅居海外者纳入本文叙述结构中，是考虑到这些华人，无论身居何处，他们思想意识中的“中国想象”从未停止，也从未真正摆脱，不管他们以中国为中心，还是以居住地为中心，他们都需要一个以“中国为对象”的他者来安定和自处个人的生活和事业。也因此，从影视、绘画和书法的视角去理解华人精英的跨国想象和艺术实践，其本身便构成中国跨国移民研究现实状况的一

① 李明欢：“当代西方国际移民理论再探讨”，《厦门大学学报》（哲学社会科学版），2010年第2期，第5、11页。

部分。

1. **跨国视野中的华语华文文学**

华语语系文学（Sinophone Literature）[①] 在海外汉学研究领域是一个新兴概念。多年以来，那些漂洋过海从事文学研究的大陆及台港学者移居海外后，都会自觉或不自觉地在新的时代背景下，对过往习惯的以中国为中心的现代中国或中文文学（Modern Chinese Literature）概念予以重新审视，他们体悟到，传统中文文学的概念，在现当代语境里，蕴含着国家想象的情结，正宗书写的崇拜，以及文学与历史大叙述（master narrative）的必然呼应。长久以来，海外华人学者已经惯用“华文文学”指称广义的中文书写作品。它指涉的是以大陆中国为中心所辐射到的域外文学的总称。由是延伸，乃有海外华文文学，世界华文文学，台港、新马、离散华文文学之说。因此，它是中央与边缘的对比。然而，在 Sinophone Literature 的英语语境里却另有脉络。这个词的对应面包括了 Anglophone（英语语系）、Francophone（法语语系）、Hispanophone（西语语系）、Lusophone（葡语语系）等文学，意谓在各语言宗主国之外，世界其他地区以宗主国语言写作的文学。华语语系文学因此不被视作是以往海外华文文学的翻版。它的版图始自海外，却扩及到大陆中国文学，并由此

---

① 华语语系文学（Sinophone Literature），是一个值得商榷和充满争议的概念。提出者是加州大学洛杉矶分校的史书美教授。这概念中包含了较强的意识形态立场，即抵抗中国中心主义的“去中心化”倾向。在研究者方面，代表人物是史书美和王德威，但后者在运用此概念时，认为无法把中国排斥在外。对于史书美的 Sinophone 指称，华人学者鲁晓鹏予以辨析并指出，史书美所参照的 phone 的研究有两个模式：一个是 Anglophone（英语语系），这个概念比较好，包括了英国、美国、澳大利亚、加拿大在内所有讲英语的地方；另一个是 Francophone（法语语系），只包括法国以外讲法语的地区，如北非、越南、魁北克，他们把法国以外叫 Francophone Literature（法语语系文学），法国国内的叫 French Literature（法国文学）。史书美的 Sinophone 选择的是 Francophone（法语语系）的模式，而不是 Anglophone（英语语系）的模式，因为后者把英语文学全部都包括在内了。详见 李凤亮：“‘跨国华语电影’研究的新视野——鲁晓鹏访谈录”，《电影艺术》，2008 年第 5 期，第 34 页。

形成对话。鉴于20世纪中期以来海外华文文化的蓬勃发展，中国或中文一词已不能涵盖这一时期文学生产的驳杂现象，尤其在全球化和后殖民观念的激荡下，有关国家与文学间的对话关系，有了更为灵活的思考。这种思考首先表现为“中国性”的视野。即中国经验与中国想象如何在地域、族裔、社会、文化、性别等各种层面移动与转化，华语语系文学如何铭刻、再现这些经验与想象；其次是离散与迁移的主题。随着华裔子民的海外迁徙、移民，华语语系文学如何体验它的语言、族裔和典律的跨越问题；再次是翻译与文化生产主题。翻译（从文学、电影、戏剧到各种物质文化的转移）如何反映和再现华人社群与世界的对话经验？相关文化生产如何被体制化或边缘化？最后是世界想象的问题。中文文学如何承载历史中本土、域外的书写或经验？多元跨国的现代经验如何在歧异的语言环境中想象中国、华人与历史？频繁的文学行旅，移动的边界想象，把马来西亚华人、美国华人和中国两岸三地同胞聚集在一个对焦上，中文书写越界和回归的可能，海外文学对中国的建构和解构。新华侨华人在跨国互动中，在学术沉思中探索华语语系文学的展开。[1] 所有这些跨国文化想象和建构，都成为华人新移民经验和焦虑所在，他们不只在跨国层面探讨上述主题，而是从内心深处挖掘这些主题，以粘合或接缝现实和想象的距离。这是跨国主义表述在华人新移民精英身上所体现的时代敏锐和集体焦虑——如何认知并安置自我与他者之间的关系与互动。

2. 世界范围内的跨国华语电影

跨国华语电影（Transnational Chinese Cinemas）和华语电

① 王德威：“华语语系文学：边界想像与越界建构”，《中山大学学报》（社会科学版），2006年第5期，第1—3页。

影（Chinese-Language Film）这两个概念，由华人学者鲁晓鹏[①]首创，他认为，华语电影是一个涵盖所有与华语相关的本地、国家、地区、跨国、海外华人社区及全球电影的更为宽泛的概念。“种种迹象显明，只有在恰当的跨国语境中才能正确理解中国的民族电影。人们必须以复数的形式提及中国电影，并且在影像制作发展过程中把它称作跨国的。中国个案中的跨国主义可以从以下几个层面来观察：第一，19 世纪以来，特别是在 1949 年后，中国分成了三个地缘政治实体——内地、台湾、香港，由此而来，这三个地区之间出现了中国的民族电影、地区电影的竞争与合作。第二，在 20 世纪 90 年代的跨国资本主义时代，中国电影的生产、销售、消费的全球化。第三，电影话语本身对中国及中华性的表述与质疑，即对内地、台湾、香港和海外华人中个人或群体的国家认同、文化认同、政治认同、族群认同以及性别认同的交叉检验。第四，一次对中国‘民族电影’的重新回顾与审视，这一过程旨在揭示民族电影话语的政治潜意识——电影的跨国根基与条件。这些是任何一个民族电影规划必定要克服与超越的，目的是为了保护国家免受实际的或假想的帝国主义危害，或是为了迫使少数民族保持沉默来维持国家统一”。[②]“跨国华语电影”（Translational Chinese Cinema）这个词在电影界已形成共识。它蕴含着这样一种现象：“语言与国家之间的非等同性和不相称性，表明当今世界各地华人之间在国家和文化联系方面既存

---

① 鲁晓鹏，1962 年生于西安，少年时代在北京居住和上学，1979 年赴美留学，1990 年获印第安纳大学比较文学博士学位，曾在匹兹堡大学任教多年。2002 年起任加州大学戴维斯分校比较文学系教授。创办该校电影系，任首任系主任。研究领域包括世界电影、后社会主义电影、跨国华语电影、中国现代文学与视觉文化、中国传统叙事学、文化理论、全球化研究、东西方比较诗学等，出版了《跨国华语电影：身份认同、国家、性别》、《华语电影：编史、诗学、政治》等中英文论著、编著多部。被认为是“为在美国发展中国比较文学和电影研究事业做出开拓性贡献”。

② 李凤亮：“‘跨国华语电影’研究的新视野——鲁晓鹏访谈录”，《电影艺术》，2008 年第 5 期，第 34 页。

在着一脉相承之处，也存在着裂痕与分歧”的现实与困境。[①] 对此，鲁晓鹏表示，“国族想象”绝对是海外华语电影研究中一个非常中心的议题，也是一个切身的实际问题，以个人身份而言，如果我一直生活在北京，那身份非常简单，但在国外多年后，身份问题就有点不清楚。你有时会有好几种身份：早上九点给美国学生上课时，是美国公民；晚上九点打开电脑上网看中国消息（我 90％的时间喜欢上中文网站）时，是文化意义上中国人。早上九点与晚上九点的身份认同差异居然这么大！所以，生活在海外的华人多少都有点精神分裂症。电影有时就探讨这些身份问题。在全球化时代，跨境的流通越来越频繁，华语电影研究的是一个学术问题，也是一个跟现实生活有关的问题。[②]

2000 年后“越来越多国籍不明、身份复杂的电影出现在中国电影市场上，如《大腕》、《寻枪》、《英雄》、《天地英雄》、《手机》以及《十面埋伏》、《无极》等，它们都是全球化背景下的电影产物。民族电影、国产电影、中国电影的概念都在让位于一个定义更加模糊的华语电影，甚至非华语的华人电影。这些华语电影已不是过去意义上的中国电影，当人们观看《英雄》时，会感觉到一种西方人看中国的视野是如此鲜明地引导着影片对中国故事的书写。从这个意义上说，中国电影在世界电影中的概念置换或者说中国电影成为一种民族性模糊的华语电影、华人电影”[③] 的现象，正在呈现。

3. 跨文化交汇的中国书画艺术

1980 年，陈逸飞赴美国留学，入纽约亨特学院，后获该学

---

① 李凤亮：“‘跨国华语电影’研究的新视野——鲁晓鹏访谈录”，《电影艺术》，2008 年第 5 期，第 34 页。

② 同上书，第 35 页。

③ 尹鸿：“全球化背景下中国电影的国际化策略”，《文艺理论与批评》，2005 年第 5 期，第 16 页。

院艺术硕士学位。美国《艺术新闻》称其为“第一位从中华人民共和国到美国学习的艺术家”。他遍访了西班牙、意大利、荷兰等十余个国家的博物馆，观摩了大量欧洲名画原作，对油画制作有了更深入的认识。在美国，西方文化以一种包围的态势浸润着陈逸飞。他对在纽约现代艺术博物馆举办的毕加索回顾展印象深刻，尤其对毕加索非洲题材绘画作品极为心折。他在纽约迅速吸收各种不同的新观念，“每两周我会去苏豪区、57 街和麦迪逊大街所有画廊转一圈，让眼睛不只盯在一点而是全方位的，包括电影与戏剧。我乐此不疲。我的画风会有变化，不是抄袭其他风格，而是慢慢地来自心灵深处的转变”。[①] 有评论者认为，综观陈逸飞 20 世纪 80 年代后的油画创作，“水乡风景、音乐人物、古典仕女、西藏风情题材在陈逸飞赴美后的创作中占据很大比重”。陈逸飞油画作品的最大特点在于画面上弥漫着宁静和柔美，在美国照相写实主义中渗透着东方神韵。无论是江南水乡还是古典仕女，无不体现他的一种追求：“运用西方的技巧，赋予作品中国的精神。”[②] 跨文化的会通，正是陈逸飞享誉国际的成功所在。在这里，人们固然看到，“全球化时代漂洋过海的跨国资本已越过了原有的制约，在全球文化中发挥着越来越巨大的支配作用。在这种格局中，存在着一种不平衡、不平等的对话局面。西方资本主义始终支配着全球化，同时，西方文化以其经济、文化上的支配性力量对非西方文化进行控制、主宰和占有，构成了全球范围的后殖民语境。”[③] 尽管如此，人们仍然需要承认，人的跨国流动所形成的思想和文化的交流，以及由此产生的精神共鸣和相互激活，才是艺术家丰富灵感的创作来源。个人或国家，“恰恰是

---

① 魏红珊：“陈逸飞绘画：后殖民批评解读”，《文化研究》，2001 年第 5 期，第 123 页。

② 同上书，第 126 页。

③ 同上。

在跨国语境之中形成了自己的民族性，而不是通过反抗跨国语境来型塑之。”[①] 这种看法，可能更客观公允、更符合全球化时代文化交汇的逻辑。

同样，书法艺术领域中，有学者预言，论及中国书法前途，若以现状为指标，则中国书法将成为一项跨国界、去区域化、超越政治边界的文化实践。根据王冬龄[②]、徐冰[③]、谷文达[④]、曾

① ［英国］裴开瑞：“跨国华语电影中的民族性：反抗与主体性”，尤杰译，《世界电影》，2005年第1期，第8页。

② 王冬龄（1945—），著名书法家，中国美术学院教授，博士生导师，美国明尼苏达大学客座教授。1989年应美国明尼苏达大学之邀赴美国讲授中国书法，为该校及加州大学教授，在哈佛、伯克莱等20多所大学举办讲座与展览。1992年底由国家教委招聘归国。1994年回中国美术学院执教。先后在中、美、日、加等国举办个展20余次。作品由中国美术馆，中国军事博物馆、北京图书馆、北京大学及伦敦大英博物馆、美国北达科他艺术博物馆、哈佛、耶鲁、斯坦福、伯克莱大学、德国石荷州美术学院等收藏。曾在中央电视台主讲书法，美国BS电视台作过专访。被伦敦《世界名人录》、芝加哥《北美华裔艺术家名人录》收入。http：//artist. artxun. com/28928－wangdongling/jianjie/，2011年1月28日登入。

③ 徐冰（1955—），生于重庆。1987年获中央美术学院硕士学位。1990年接受美国威斯康辛大学邀请，作为荣誉艺术家移居美国。现为独立艺术家，生活工作于纽约。曾在美国华盛顿沙可乐国家美术馆、纽约新美术馆、布朗士美术馆、西班牙米罗基金会美术馆、捷克国家博物馆等重要艺术机构举办个人艺术展。曾被邀请参加英国、法国、加拿大、日本、澳大利亚、芬兰、意大利、德国、韩国等国的重要联展。1999年获得美国文化界最高奖：麦克·阿瑟奖（MAC ARTHUR AWARD）。http：//baike. baidu. com/view/36411. htm。2011年1月28日登入。

④ 谷文达（1955—），生于上海，是中国当代艺术中国际知名的艺术家之一。英国艺术史家爱德华·露西·史密斯称他为“八十年代末期到九十年代初期来自中国的新生代前卫艺术家代表人物”。谷文达是八五美术新潮运动中的领军者之一。20世纪80年代早期，他把错位、肢解的书法文字做水墨画，借此挑战正统体制，并影响了后来一代艺术家。这些早期作品部分受到“文革”时期“大字报”的影响。1987年他移民美国，开始创作大规模装置。谷文达把自己定位为一位不断阐释存在于全球化时代的文化、语言障碍的文化讲解人。http：//www. hudong. com，2011年1月28日登入。

佑和[①]等人的作品可以获此结论。20世纪晚期的书法以“混血兼容”之风——融会传统及当代，并具有某种自觉式的批判性反思。这种反思，令绘画及书写两种迥异的表现模式在中西传统中并行不悖。在这个文化跨国主义的时代里，人、影像、资讯流通迅速，单一的文化中心消失，制作及展示当代书法的重镇不止一处，它遍及北京、台北、东京、纽约、巴黎等全球性的大都市。[②] 也就是说，跨域不仅是一种地理上的跨域，还是国家的跨域、族姓的跨域和文化的跨域，也是一种心理的跨域。跨域是一种飘离、从母体向外离散。从根本上说，中国的海外移民，远离母土，飘散在世界各地，本质上是一个离散的族群，或者说是一个跨域的族群。离散或者跨域是历史形成的，其中有政治原因，也有经济和文化的原因。但将一个跨越全球的离散族群整合起来，成为所谓“离散的聚合”，其联结纽带主要为文化，是飘离故国而植根全球的中华子民共同信仰的源远流长的中华文化。[③]

今天，在这个鼓励跨国移民的时代，政府需要跨国移民去实践和推动国家利益的最大化，移民本身也需要依托国家力量去追求和实现个人乃至族群利益的最大化，这是一个寻求双赢和多赢的时代。跨国移民顺应并追随着时代的发展。恰如王苍柏在描述华人认同时描述的那样：“在全球化时代，有时很难区分谁是华

---

① 曾佑和（1925—），生于北平。1949年赴美生活工作，成为蜚声海外，卓有成就的女画家和美术史教授。1971年，曾佑和在美国费城举办了欧美第一个大型中国书法展，同时出版展出目录《中国书道》，比较全面地向西方介绍中国书法。1993年出版了《中国书法史》。作为一个艺术家，曾佑和超越了文化的疆界，把古典中国绘画及书法的造诣和西方表现及色彩技法完美结合，东、西兼修。http://www.hudong.com，2011年1月28日登入。

② 古德柏：“全球化时代的中国书法”，http://www.art-child.com/school/calligraphy/dictionary/200609/1683.html，少儿艺教网，2006年9月6日。

③ 刘登翰主编：“双重经验的跨域书写——20世纪美华文学史论”，上海三联书店，2007年6月第1版，第11—12页。

人，谁不是华人，谁是‘真’华人，谁是‘假’华人。”[1] 为了克服这种真假难辨、左右为难的尴尬，就必须冲破“华人性”的牢笼，去积极建构一种全球化时代的认同，去拥抱个人的、社会的和政治的多种多样的生活，而所有这些内容都远远超过了作为一个华人的含量。[2]

四、小结

李光耀曾言及：“过去海外华人能够很容易地了解中国的变化，因为他们离开中国时，带着对传统文化的深厚了解和认识，而且中国还没有多大的改变。他们知道中国需要什么。他们可透过到中国工作或投资来帮助中国，也因为这样，海外华人甚至能连续几代，把他们的知识和技能带回中国，为中国的发展做出贡献。但今天的中国正直接向外国学习，而且变化迅速。很快地，海外华人回中国旅游或工作时，已经无法提供任何新的知识，做出特别的贡献。”[3] 因此，要对中国和海外华人关系所经历的改变提出看法和评论，需要调动新的知识视域去认识和理解新世纪华侨华人与中国和居住国的关系。而跨国主义的移民研究正应和了这种时代需求，它有助于学者和政策制定者更好地把握由移民带来或促成的有关中国和世界相互关系的新的发展进程，并对这种进程做出中国学者的思考、探索和回答——它当超越“西方理论”加“中国原料”的既有学术套路，以真正展示出中国学人的问题意识和意义发现，从而推进国际学界的跨国主义及其移民研究，并使之趋向成熟和完善。

---

① 王苍柏：“也谈华人”，《读书》，2004 年第 10 期，第 129 页。

② 同上。

③ “内阁资政李光耀于华裔馆十周年馆庆筹款晚宴的演讲摘要”，（新加坡）《华裔馆通讯》，2005 年第 5 期（十周年馆庆特辑），第 12 页。

专题研究

苏东剧变后国际恐怖主义的演变与走向

刘锦前*

内容提要：苏东剧变发生后，恐怖主义活动的频繁发生构成了世界局势不稳定的一个重要因素。与冷战前相比，恐怖主义在性质、形式、规模、手段等方面都发生了明显的变化，与其他有组织的跨国犯罪，例如毒品走私、非法贩卖武器等，一起成为人类社会的公害。20世纪90年代国际恐怖主义的迅速发展与当时处于国际秩序失衡下的复杂时代背景和国际环境（历史遗留问题与现实权益之争日渐交错、文化价值观认同出现异化、大国利己干预与国际弱势群体生存危机等）有密切关系。90年代国际恐怖主义的发展呈现出与以往不同的新特征：极右型恐怖活动呈现猖狂态势；以建立伊斯兰政教合一的政权为目标，具有圣战特性；生存能力较强，具有一定军事实力；高科技化色彩明显等。同时，90年代国际恐怖主义的发展，产生了严重后果，不仅影响到国家的政治稳定，并引发政治危机，甚至酿成动

* 刘锦前，上海社科院欧亚研究所助理研究员。

乱、国家分裂。从民族国家内部层面看，国际恐怖主义已成为一大公害，并进一步激化了社会矛盾。恐怖主义否定世俗政权的合法性，主张不惜一切手段夺取政权，这种恐怖主义行为又反过来刺激了民族分离主义、宗教极端主义等极端活动升级与恶性发展。此外，恐怖主义也是一场严重的经济破坏战。它造成极大的物资和金钱损失，耗费政府和社会大量的反恐支出，增加了维护社会稳定的成本。

苏东剧变发生后，恐怖主义活动的频繁发生构成了世界局势不稳定的一个重要因素。自20世纪90年代以来，几乎每年都发生重大的恐怖事件。无论是原本十分稳定的国家还是一直处于动荡之中的国家，都受到了这股浪潮的冲击。国际恐怖主义的泛滥对国际秩序提出了严峻的挑战。直至发生美国“9·11”特大恐怖袭击事件，作为一个标志性事态，表明恐怖主义已构成了一种极其严重的全球性威胁。

“9·11”事件前的10年间，从美国俄克拉何马城政府大楼爆炸到日本东京地铁的沙林毒气案；从英国伦敦的大爆炸到斯里兰卡泰米尔猛虎组织大闹科伦坡；从以色列总理拉宾遇刺到美国驻坦桑尼亚和肯尼亚大使馆被炸等等，国际恐怖主义浪潮越来越显示出席卷全球的趋势。与冷战前相比，它们在性质、形式、规模、手段等方面都发生了明显的变化，与其他有组织的跨国犯罪，例如毒品走私、非法贩卖武器等，一起成为人类社会的公害。

一、20世纪90年代国际恐怖主义演变发展的时代背景

冷战结束后两极体系瓦解，出现“权力失衡”和“权力真

空”现象。领土争端、民族和宗教冲突重新泛起，宗教极端思潮和民族分离主义上升，一些冲突长期得不到公正解决，冲突中的弱势一方便以极端手段乃至恐怖行动来表达其政治诉求。同时，在全球化进程中被边缘化的弱势群体中，一部分人走向无政府主义，进而诉诸恐怖行动，成为冷战后极端主义和恐怖主义滋生的土壤。结果，出现了一批以“基地”组织为典型的新型恐怖主义组织。这些恐怖组织从各种极端思想中获得政治合法性，形成了国际化、网络化的组织结构，与跨国有组织犯罪集团相互勾结，使恐怖主义从原来国际政治斗争中的一种工具转变为一个具有明确政治目标和自我行为逻辑的国际行为体。20 世纪 90 年代国际恐怖主义的迅速发展与当时处于国际秩序失衡下的复杂时代背景和国际环境有密切关系。

（一）历史遗留问题与现实权益之争日渐交错

20 世纪 90 年代，国际格局中原有均势被打破，许多曾被冷战掩盖的历史问题浮出水面。特别是一些存在着严重的地区和部族问题的国家，矛盾非常突出。比如塔吉克斯坦和吉尔吉斯斯坦都有南部地区和北部地区的鸿沟问题，叙利亚和黎巴嫩有历史认识和具体的边界等问题。例如中亚地区国家政权的脆弱：各国多实行高度集权的政治体制，大权集于总统或精英阶层，政治反对派受到严厉压制，没有形成良性的社会结构框架模式。此外，由于国家实力不同，现实权益之争造就了个人或团体绝望，致使恐怖事件频发。

在经济领域，一些国家的政府官员、大企业领导人和新生的产业精英控制了大量的财产，有的甚至成为具有垄断力量的寡头，为社会不公埋下了隐患[①]。而且从哈、土、吉、乌等国看长期充当的原料供应国的地位不仅没有改变，反而在继续加强。如

① 杨恕：《转型的中亚和中国》，北京大学出版社，2005 年版，第 92 页。

下表:

1994—1998年外贸投入哈萨克斯坦各部门情况(占引进外资的%)[①]

	1994年	1995年	1996年	1997年	1998年
石油天然气工业	98.3	20.7	15	16	66.6
有色金属工业	0.8	29	32	18.7	2.6
黑色金属工业	1.8	32.9	30.5	35.2	1.5
邮电	1.1	4.5	2	0.4	0.3
电力	—	5.4	7.5	9.7	12.1
建筑	—	3.1	2.5	5.7	0.4
农产品加工	—	2.2	0.9	2.4	9.4
农业	—	—	1.1	8.5	0.1
商业	—	—	2.4	0.4	1.4
其它	0	2.1	6.1	3	5.6

从表中可以看出，外资主要投向石油开采、有色金属和黑色金属工业，因为这些能源和原料有广阔的市场。而这些部门原来就是哈萨克斯坦基础较好的工业部门，而基础薄弱、与人民生活息息相关的其他部门却很少有人问津，结果，哈萨克斯坦经济结构失调进一步加剧。经济发展的良性循环没有实现，为社会动荡埋下伏笔。政治改革与国家间协调发展缺乏活力，政治腐败、官僚主义盛行，贫富悬殊，民众不满日渐上升。

(二)文化价值观认同的异化

冷战后民族和宗教问题泛起，甚至成为局部冲突与战乱的主要根源和导火索。在两极格局的军事对抗当中，民族和宗教问题

① 资料来源:哈萨克斯坦统计署编:《1999年哈萨克斯坦统计年鉴》，阿拉木图，1999年，第323—325页。

在当时的苏联阵营中在一定程度上被掩盖住了。苏联解体后，民族主义和宗教思想重新弥漫于各个新独立的民族国家。宗教和民族极端势力在这个地带活动频繁，成为威胁地区安全的一大难题。并且在20世纪90年代出现了Jihad VS World的现象。① 要想国家实现稳定，有两个因素是非常重要的：一是边界的稳定；二是内部各族居民对新国家的认同。而在广大欧亚地区，解决这两方面问题的难度是非常大的。某些新国家的民族多达100多个，各种宗教及教派也是积怨很深，民族、宗教问题非常突出。例如，南斯拉夫本身就是一个多民族、多种族、多文化、多宗教的国家，其本身在联合的时候就潜伏着分裂的危机。当二战的惨痛记忆被逐渐忘记，当民族友谊随着因地区利益产生的龃龉和摩擦而消退时，民族认同感也会随之减弱甚至完全消失。20世纪60年代后，斯洛文尼亚和克罗地亚经济发展水平与其他共和国差距拉大，这两个国家先是与联邦产生了利益冲突，随后产生了认同感危机。另外，根据俄罗斯学者的说法，仅在中亚就至少有19个争议地带，② 边界争端必定会产生矛盾和冲突。

民族宗教极端势力日渐嚣张：中亚民族宗教极端势力活跃，它们主张在中亚建立伊斯兰国家，不接受世俗政权，欲推翻现行国家体制和政权，为达目的不惜使用暴力和恐怖手段。苏联解体后，人类发展史上现有几大文化力量的大交流、大较量时代业已开始。格鲁吉亚、乌克兰和吉尔吉斯斯坦事件表现为俄罗斯和美国力量的交锋；乌兹别克斯坦骚乱则既有俄罗斯和美国力量的较量，同时也有伊斯兰力量的趁势跟进。③ 而中东地区和南亚地区，如巴勒斯坦地区的一些激进组织、当前伊拉克地区的一些激

---

① Benjamin Barber，*Jihad VS Mcworld*：*How Globalism and Tribalism are Reshaping the world* [J]．(Ballantine，1996)，based on his 1992 *Atlantic Monthly* article of the same name.

② 孙壮志："苏联解体留下空隙"，《环球时报》，2002年4月1日。

③ 汪金国："中亚动荡背后的影子"，《人民日报海外版》，2005年5月22日。

进组织还有巴基斯坦的部分边缘部落地区，都不同程度地受到宗教极端势力的影响，他们打着独立、自强的旗号与美国的“民主十字军”进行作战并实施恐怖手法。民族宗教极端势力充分利用穆斯林世界的人们对美国的价值观存在疑义[①]的这一间隙大肆进行活动，导致恐怖事件频发。

（三）大国利己干预与国际弱势群体生存危机

广大欧亚地区地处国际恐怖主义势力活跃的核心区域，遍及克什米尔、巴基斯坦、阿富汗、伊拉克、高加索、巴尔干，远接阿拉伯半岛和中东地区。此外，由于欧亚地区战略地位的重要和丰富的油气资源，这一地区也为大国所高度重视，成了大国角逐的舞台。

20 世纪 90 年代末，以美国为首的北约发动了科索沃战争，目的是希望解决“民族冲突”，支持“民族自决”，但战争虽然导致了米氏的下台，也同时刺激了世界范围内的民族分离主义。北约在科索沃的胜利还有在世界范围内催生恐怖主义的作用。在伊斯兰极端主义眼里，只要搞民族分离，只要坚持斗争，哪怕进行种族清洗都是一种达到目标的手段，为“基地”组织和圣战组织的生存提供了理论支撑和现实感召力。斯里兰卡的“泰米尔猛虎组织”、“东突”分子、车臣分裂主义分子无不在此后欣喜若狂，连续发动了恐怖袭击。科索沃战争后的巴尔干地区，也使得恐怖组织找到了新的活动阵地。恐怖分子利用复杂的民族关系得以生存，此外还利用走私途径来获得武器和弹药，这就将恐怖组织、民族分离分子、有组织犯罪集团和非法军火商四方联系在了一起。恐怖组织也像犯罪集团那样，利用“金钱开道”，腐蚀政府

---

① Pew Global Attitudes Project，“What the World Thinks in 2002：How Global Publics View：Their Lives［R］. Their Countries，the World，America，” December 4，2002，at http：//www. people-press. org.

执法官员，从一些国家军队和警察中的少数人那里购买军火。并且恐怖分子借助跨国偷渡来实现人员的转移。近来，欧洲许多国家在调查从巴尔干来的移民时都发现，在跨国偷渡活动中出现了“基地”组织的影子。

此外，发达国家利用经济等手段，制造国际经贸方面的波动，致使亚洲发生金融危机，波及全球，使得部分国家（特别是印尼）经济衰退与产生政治动荡，在带来社会不安与贫富差距拉大之余，也让基本教义派力量日益活跃，成为影响区域安全的重大变数。

二、国际恐怖主义发展呈现出的新特征

冷战后，原有的恐怖主义类型发生了此消彼长的重大变化，种族、宗教型恐怖主义异常活跃。其中，南亚、东南亚地区的恐怖活动中，团伙的联系相对较弱，“圣战”的意识形态很强，如斯里兰卡泰米尔猛虎解放组织，菲律宾的阿布沙耶夫武装、“摩洛伊斯兰解放阵线”，这些组织大多都主张为了建立自己心目中的国家而进行圣战，它们之间的彼此联系比较弱。而中东地区的恐怖活动则派别组织色彩明显，有本·拉登领导的“基地”组织；巴勒斯坦恐怖组织；黎巴嫩真主党；而且这些组织之间有不同程度的联系，主要表现在贩毒、武器走私与相互提供情报等。中亚则更多表现出隐蔽性的色彩，以“东突厥斯坦运动”等三股势力为标志，这些恐怖组织的主要目的，就是为了建立一个完全独立的国家，或者为了获得完全的自治。实际上，20 世纪 90 年代国际恐怖主义的发展已日渐呈现出一些新的特征，主要表现在以下几个方面：

1. 极右型恐怖活动呈现猖狂态势。20 世纪 90 年代，世界上有案可查的恐怖主义活动有 1000 多起，其组织一般可分为国家

支持型恐怖组织、极左型恐怖组织、极右型恐怖组织和种族宗教型恐怖组织等类型。然而，随着经济全球化和区域集团化的深入发展，加之国际反恐怖合作的加强，使得通过诉诸恐怖手段实现国家特殊利益的行为变得困难重重，国家支持型恐怖主义的市场逐渐萎缩，其恐怖活动不断减少。适应 20 世纪六七十年代国际形势发展而兴起的极左型恐怖组织也在蜕化，有的已经不存在了。但是，主要分布于西方主要发达国家的各种极右型恐怖团体以及遍布世界各大洲的种族宗教型组织不但没有退出历史舞台，而且在新的形势下死灰复燃，活动十分猖狂。据统计，自 1994 年下半年起，巴黎和欧洲其它国家连续不断的恐怖事件绝不是偶然孤立的行为，而是由一个组织严密的、庞大的宗教型恐怖集团在幕后操纵的结果。这个集团成立于 1992 年，由一批移民至欧洲的阿尔及利亚原教旨主义者组成，包括“伊斯兰拯救阵线”积极分子和该阵线的武装组织——“伊斯兰武装小组”的军事骨干。他们在短短的三年里就编织了一张从巴黎到萨拉热窝、从布鲁塞尔到华沙、从卡尔斯鲁厄到米兰的巨大的恐怖组织网。他们在欧洲设立了许多秘密小组，招兵买马，训练杀手，并随时向那些公开反对原教旨极端主义的国家如法国等采取恐怖行动。

此外，在其他欧美国家，包括“新法兰西”在内的各种极右型恐怖组织也都纷纷冒了出来，德国新纳粹分子残害移民事件呈几何级数增长。1994 年，单是反犹太人事件就多达 1147 起。在美国，除了臭名昭著的黑手党外，各种恐怖组织近年来迅速发展和壮大，并出现名目繁多的新集团，如“爱国者”、“民兵运动”、“民族社会对外活动党”等，它们以宗教派别、白人至上组织或新纳粹党的形式出现，并与大洋彼岸的纳粹组织发展广泛的联系。据统计，美国白人组成的各种民兵组织已达 300 多个，活动范围遍及 47 个州，成员多是反对政府的极端分子，崇尚暴力恐怖。1995 年月，俄克拉何马市爆炸案的制造者麦克维就得到了“民兵运动”的支持。在俄罗斯，大大小小的法西斯恐怖组织遍及大小城镇。还有屡打不尽的意大利黑手党、西班牙与奥地利的极右恐怖主义势力等等。由此可见，种族、宗教性恐怖活动正在成为20世纪90年代恐怖主义的主要形式。

2. 以建立伊斯兰政教合一的政权为目标，具有圣战特性。盘踞在费尔干纳盆地的宗教极端分子武装团伙建立飞地，只是中亚伊斯兰极端分子整个行动计划中的第一步，他们的根本目的是要把整个乌兹别克斯坦变成伊斯兰神权国家，然后推行全世界的伊斯兰革命。中亚各恐怖组织正是利用中亚各国居民普遍信奉伊斯兰教、对政府心存不满的现实，宣传伊斯兰极端主义和原教旨主义思想，主张推翻中亚国家的世俗政权，建立政教合一的“哈里发国家”。同时吸引大量对现实不满和对世俗政权失望的青年加入组织，对其进行军事培训，不择手段地采用各类残暴手段，制造恐怖气氛，从而将政治信息传递给更广泛的群众，以实现其建立宗教政权的政治诉求。如“乌伊运”，毫不隐瞒自己的目的，扬言要推翻现政权，在乌兹别克斯坦建立伊斯兰神权国家，解放被卡里莫夫囚禁的穆斯林同胞。[①]

3. 生存能力较强，具有一定军事实力。1999年仅在塔吉克斯坦加尔姆地区的乌伊运就有将近1500人。[②] 由此推断，乌伊运拥有武器的匪徒有数千人。这支队伍的装备几乎包含了所有种类的射击武器，有配有夜视仪的最新式的狙击步枪、无后坐力炮、毒刺式导弹、冰雹式火箭、装甲车以及火炮防空体系装置，成为中亚地区最大的一支恐怖主义武装力量。该组织主要靠国际伊斯兰教义运动、慈善基金会的财政支持，以及流亡海外的乌兹别克人的捐助，此外，还定期获得国外特工机关，甚至国际恐怖

---

① 张来仪：“中亚伊斯兰极端主义”，《东欧中亚研究》，2001年第5期，第132页。

② 米哈依尔·法尔科夫：“乌兹别克斯坦伊斯兰运动概况”，《国际反恐怖主义问题研究资料汇编》，第153页。

主义组织的物质援助。[①] 这也包括来自当今世界最大的恐怖分子本·拉登的所谓善款。

4. 高科技化色彩明显。冷战后，随着高科技的发展和信息高速公路的出现，恐怖分子也更多地采用高科技手段为其恐怖活动服务，并且把袭击的目标对准了经济和信息领域。同时，制造并使用具有大规模杀伤力武器的危险性进一步增大，由此便产生了毒品恐怖主义、经济恐怖主义、电脑恐怖主义、超级恐怖主义等恐怖主义的新类型。如 1995 年美国俄克拉何马市联邦政府大楼的爆炸案、东京地铁的沙林毒气案，就是超级恐怖主义者所为，它正在成为新型恐怖主义中最具威胁的一种，也是国际社会在今后相当长的一段时间内重点防范和打击的对象。出现于 20 世纪 90 年代的毒品恐怖主义，主要活跃在南北美洲和欧洲地区，贩毒集团和与毒贩合作的一些国家的反对势力，为了谋取暴利，铤而走险。他们利用尖端设备和现代化通讯系统走私毒品，建立装备精良的武装力量，对所有阻碍者实行暗杀、绑架、爆炸等恐怖行动。20 世纪 90 年代国际社会虽然展开了大规模的“剿毒战”，但由于吸毒者不断增加，贩毒集团高科技反剿杀和自我保护能力增强，毒品走私屡禁不止，毒品恐怖主义事件也时有发生。

此外，经济恐怖主义有一定抬头。恐怖分子以一个国家的经济为主要打击目标而进行的恐怖活动明显上升，如埃及的伊斯兰极端分子专门袭击外国游客的行为几乎断送了一向兴旺发达的埃及旅游业。智利的恐怖主义分子将剧毒品氰化物放进了出口的两颗葡萄中，险些摧毁了智利的整个出口市场。

---

① 米哈依尔·法尔科夫：“乌兹别克斯坦伊斯兰运动概况”，《国际反恐怖主义问题研究资料汇编》，第 147—150 页。

三、20世纪90年代恐怖活动产生的影响

20世纪90年代国际恐怖主义的发展，影响国家政治稳定，并引发政治危机，甚至酿成动乱、国家分裂。在俄罗斯和中亚地区，恐怖主义与民族分离主义和宗教极端主义相互交织，对有关国家的安全与主权统一构成了严重威胁。特别是恐怖主义组织和恐怖分子往往阴谋暗杀各国政治首脑，对世界各有关国家的政治领导人的生命安全造成程度不同的现实威胁，进而引发政治危机，对其国家的政治稳定构成现实危害。如果一个国家事前没有关于国家和政府最高首脑交接班的法制化的明确制度规定，一旦最高首脑被暗杀（包括大规模爆炸袭击）身亡，不但会使该国丧失一位最高领袖，而且会使国家陷入空前的政治危机。例如，在俄罗斯，车臣分离主义分子的恐怖活动不但危害车臣地区的安全与社会秩序，而且危害首都莫斯科等地的安全与社会秩序，并对国家安全与领土完整构成现实威胁，并两度引发了国内战争。在中亚的哈萨克斯坦、吉尔吉斯斯坦、乌兹别克斯坦、土库曼斯坦、塔吉克斯坦五国，伊斯兰原教旨主义等宗教极端势力的恐怖活动也迅速蔓延，危害了各国的社会秩序，并对各国世俗政权的政治统治构成了现实的危害与挑战。

从民族国家内部层面看，恐怖主义已成为一大公害，并进一步激化了社会矛盾。20世纪90年代，全球许多国家都不同程度地遭受着恐怖主义的现实威胁。在阿尔及利亚，1992年以来国内恐怖主义泛滥，反政府的暗杀、爆炸活动持续不断，不但使许多军人与政府官员死于非命，而且也使大量的普通市民、商人、知识分子、新闻记者、外国游客等无辜平民丧生，社会秩序一度荡然无存。恐怖主义更加剧了国内的各种社会矛盾，并使国家陷入更加贫困的境地，加剧了国内的经济矛盾与经济危机，并为新

的恐怖主义的滋长提供了土壤，导致国家陷入持续数年的动荡不安之中。例如，在卢旺达，1994 年 4 月卢旺达总统与布隆迪总统的座机在卢旺达首都机场上空遭袭击的恐怖事件，不但致使两位总统遇难身亡，而且更成为卢旺达国内图西族与胡图族之间百万人丧生的种族仇杀战的导火索，对国内安全与社会稳定构成了严重危害与破坏。

恐怖主义否定世俗政权的合法性，主张不惜一切手段夺取政权，这种恐怖主义行为又反过来刺激了民族分离主义、宗教极端主义等极端活动升级与恶性发展。萨达特、拉宾被杀等恐怖事件，加剧了整个中东的紧张局势，影响了这些国家的社会发展和外资引入。伊斯兰圣战组织哈马斯极端分子的恐怖主义活动，不仅没有吓倒以色列，反而使阿以矛盾越积越深，也使更多的无辜巴勒斯坦群众遭到以色列的疯狂报复。另外，由于中东恐怖主义大多以宗教的名义进行组织、宣传与活动，加之中东是三大宗教发源地，所以，“中东的恐怖和屈辱能够波及全球，引发各地的暴力活动”。它不仅诱发了其他穆斯林国家的民族分裂主义、宗教极端主义和恐怖主义的产生，加深了不同宗教、文明之间的对抗，而且引发了局部战争甚至全球性冲突，破坏了国际社会的安全与稳定。

恐怖主义是一场严重的经济破坏战。它造成极大的物资和金钱损失，耗费政府和社会大量的反恐支出，增加了维护社会稳定的成本。首先，恐怖分子敛取了巨额钱财，对国家的财产与经济构成了直接危害。恐怖主义造成的直接物资财产损失极其严重。埃及的旅游业曾因恐怖袭击几乎瘫痪。被占领土的恐怖活动给处于困境中的巴勒斯坦经济雪上加霜。恐怖主义对石油设施、国际石油运输通道的袭击，破坏了国际石油产业的生产、运输、销售，也造成国际能源市场不稳定，严重威胁世界经济。在美国，1993 年 2 月纽约世贸中心大厦爆炸案造成的直接物资财产损失约 10 亿美元；1995 年 4 月俄克拉荷马州联邦政府大楼被炸，直接物资财产损失高达 7.5 亿—10 亿美元。[1] 恐怖主义对旅游业的危害非常突出。1997 年 11 月 17 日，埃及恐怖分子用冲锋枪屠杀外国游客的卢克索恐怖事件，致使埃及旅游业损失 10 亿美元的收入。

① Edward F. Mickolus, Todd Sandler, and Jean M Murdock, *International Terrorism in the 1980s*, Vol. 2, 1984－1987 (Ames: Iowa State University Press, 1989), pp. 419－420.

欧盟多层次治理与公共领域的建设

孙敬亭*

内容提要：欧盟的多层次治理不仅是全球治理的重要组成部分，而且又可为全球治理研究提供很好的样本资料。从多层次治理的角度我们可以更有效地认识欧盟决策程序的复杂性与独特性，了解欧盟决策过程要涵盖更多层面的组织机构与利害关系人，以及这些不同层面治理之间的关系和多层次治理的原则。同时本文尝试在错综复杂的多层次治理关系网络中，对一个「欧盟公共领域」建构的可能性进行分析和探讨。

国际关系学者罗西瑙在1992年出版的《非政府部门的治理：世界政治的秩序与变迁》一书中首次提出“治理”（Governance）的概念。尽管这一概念多用于讨论国际关系问题，但其内涵和外延有不断扩大的趋势。Rosenau等对治理给出了一个相当简洁的定义：“治理即是秩序加上意图性。”就是说，国际关系中的行动者，彼此间的决策行为是互动关系，而且相互依赖，这些行动者

* 孙敬亭，上海社会科学院欧亚研究所所副研究员。

都会试图施加自己的影响力，以形成某种秩序，解决共同的问题。[①] 而到 1995 年联合国全球治理委员会（Commission on Global Governance）的定义要宽泛的多，这个委员会在该年度的报告中对全球治理做了如下界定：

治理是各种个人和机构在处理他们的共同事务的诸多方式的总和。它是使相互冲突或不同利益得以调和并采取联合行动的持续过程。它包括了有权迫使人们服从的正式机构和规章制度，也包含了非正式的各种安排；而前述这些机制，均基于人民和机构的同意或符合他们的利益而被设置。

在全球这一层级而言，治理过去一直被视为是政府间的关系，如今则必须强调的是，它同时也与非政府组织、各种公民运动、跨国公司，以及全球资本市场相关联；而且，这些全球治理过程中的行动者，也都与具有广泛影响作用的全球传媒互动。[②]

尽管学者们提出的“全球治理”概念还有很多，但客观而言，联合国全球治理委员会给出的诠释最为明确，最具权威性。由此定义作为出发点，我们可以把全球治理作时间和空间两个维度的理解：在时间上它是一个“过程”，是一个不断发展演进的进程；在空间上，它又同时是多层次的结构，由多种参与者遵循多种制度和规则，为解决某特定问题所形成的综合体。因此，全球治理可以被解构为多层次治理，在全球化背景下，各个层面的治理都是全球治理的一部分。在这个意义上，欧洲一体化给出我们一个比较有标本意义的研究对象，欧盟的形成和发展既是全球化的一部分，又在区域治理方面做了很多尝试，同时其内部各个层面的治理也多有借鉴意义。因此本文试图从欧盟多层次治理这个角度入手，对全球治理中公共领域的建构做些分析。

---

① Rosenau, J. N. and E. Czempiel, *Governance Without Government: Order and Change in World Politics*, Cambridge: Cambridge University Press, 1992, p. 5.

② Smouts, Marie-Claude, "The proper use of governance in international relations," *International Social Science Journal*, No. 155, 1998, pp. 81-83.

一、欧盟多层次治理的发展与研究

对欧洲一体化的研究通常被视为是国际政治和国际关系研究的范畴；相对而言，研究政治学，特别公共政治学的学者对这一问题的关注程度不足。事实上，欧洲一体化过程就其本质而言是欧洲内部政治体系发生根本变革的过程，所以我们应该突破单单从国际政治和国际关系角度来认识欧洲一体化进程的局限性，而对其内层的政治体制的变化做些深入的了解。因此，对于欧盟多层次治理的经验值得给予更多的注意。

欧盟自诞生以来，地理版图不断扩大，经济和政治一体化程度不断加深，在区域整合方面独领风骚。欧洲一体化的历程可追溯到第二次世界大战后，欧洲大陆主要国家就积极推动“单一欧洲”（the Single Europe）进程，其具体成果包括：1951 年法国、德国、意大利、比利时、荷兰、卢森堡等六国签订《欧洲煤钢共同体公约》（ECSC）；1957 年六国再度签订《罗马条约》，成立“欧洲经济共同体”（EEC）和“欧洲原子能共同体”（EAEC）；1992 年签署《马斯特里赫特条约》，对《欧洲煤钢共同体公约》以及《罗马条约》的相关内容进行修正，把“欧洲经济共同体”改称“欧洲共同体”（EC），进一步推动欧洲的政治、经济、货币以及军事和外交的整合，并于 1993 年 11 月成立“欧洲联盟”（EU）。此后又依据《马斯特里赫特条约》积极建构“经济及货币联盟”（Economic and Monetary Union，EMU），1999 年联盟正式成立，并于 2002 年起正式在 EMU 内发行和流通单一货币“欧元”（Euro）。欧洲半个世纪以来的一体化进程表明，欧洲一体化既是区域整合的进程，同时也是一个多层次治理的过程，为全球治理提供很多值得借鉴的内容。

从欧盟发展进程来看，它早已脱离了一般意义上的国与国之间的关系或一般国际组织架构。欧洲一体化进程中，不同层次的权力机制的互动，从国家以及超国家的竞争与合作到跨国社会治理以及地方治理等，都需要我们从治理的角度对其进行分析。这一错综复杂的治理网络里既有正式的制度和组织，又有非正式的决策过程，欧洲联盟构建的新治理体系一方面已经成型，具有一定的稳定性；另一方面也由于应对新的形势发展而形成新的权力互动模式。因此，治理的概念——而且是多层次治理——已是欧盟研究无可避免的发展趋势，且其研究重点更已由“整合动因的研究”转向“决策运作与参与行为者互动的研究”。①

在“多层次治理”的概念下，欧盟会员国虽然仍会依照其国内的政治经济与社会利益选择其政策偏好，但单一会员国掌控议题的能力已相对弱化，新参与者的重要性增加，新的行动者的结盟也会对决策模式产生越来越大的影响。为叙述方便，我们将欧盟多层次治理分为四个层次，这四个不同层次的治理彼此相关却又各有重点，它们形成欧盟多层次治理的基本架构：

（1）超国家治理（欧盟层次）；

（2）国家治理（会员国层次）；

（3）地方治理（各级地方政府层次）；

（4）跨国社会与经济治理（公民社会、行业组织层次）。

第一，超国家治理的主体是欧盟机构：其主要行为者为欧盟执委会、欧洲议会、欧洲法院等，主要功能：一是协商机制：经由会员国之间的平等协商机制，寻求不同立场间的折衷妥协，达成竞争利益间的平衡，化解会员国间的矛盾与冲突。二是经济方面：建立以商品、劳务、资本和人员四大自由流通为特征的共同市场与货币联盟，一般称之为“欧盟的第一支柱”，以求扩大欧盟内部市场规模，促进资源合理配置和生产力持续提升。三是经

① Eberlein, Burkard & Kerwer, Dieter (2002), Theorising the New Modes of European Union Governance? European Integration online Paper (Eiop) 6 (5). http://eiop.or.at/eiop/texte/2002－005a.htm.

由推进欧盟共同外交与安全政策建构欧盟的第二支柱：使会员国在外交、国防领域展开合作与政策协调机制，共同面对全球化带来的单一国家已无法独立应对的新挑战。四是透过司法与内政合作建构欧盟的第三支柱：确保四大自由流通后之内部安全并不断扩大和深化一体化建设，在欧盟层次共同行使部分主权职能，寻求在实现本国利益最大化和其它会员国利益妥协之间的平衡点。

第二，国家治理的主体是各会员国政府机构。它虽然仍是欧盟政治舞台的要角，但其重要性明显下降，且需要在超国家治理的架构下，找到新的定位。

第三，地方治理的主体是会员国各级地方政府。其主要功能：一是教育、科研、文化、卫生、体育等管理职权。二是城市与乡村的区域发展规划及环境生态保护等。三是执行欧盟、成员国政府两个层次制定的各项政策，如欧盟的地区援助政策和社会保障政策等。

第四，跨国社会与经济治理的主体是代表各阶层利益的民间团体、非政府组织、行业协会等。其主要功能一方面是向各级政府部门和欧盟机构反映各阶层、各行业的利益诉求，使政府在制定相关政策时能考虑这些利益诉求，同时向所代表的社会与经济利益团体解释各级政府的政策立场，也就是扮演中介的角色。另一方面也在调节本社会群体内部的利益矛盾等。这一层次主要是处理好社会各阶层以及不同利益群体之间的关系。

在上述四个层次的治理中，各会员国政府仍居主导地位，其它三个层面各自发挥重要的互补作用。多层次治理归根结底是要处理好超国家机制、政府、市场（主要代表是企业组织和跨国公司）、社会四者之间的内在互动关系。有学者把欧盟多层次治理归纳为如下几个特点：（1）不具国家地位的政府形式；（2）呈网状结构且无单一模式的决策过程；（3）会员国不再是地方治理与超国家治理之间唯一中介点；（4）国内政策欧盟化程度的升高；

(5) 多重政治认同的产生。[①] 这四个层次之间并非完全的上下级关系，彼此可以直接互动，例如诸多跨国社会与经济利益团体和地方政府都在欧盟总部所在地比利时首都布鲁塞尔建立了办事处，以便更直接地与欧盟制定相关政策的部门进行对话或游说。欧盟机构亦经常直接派员到地方指导和监督其地区援助项目，并评估其执行情况。多层次治理模式强调网络式的互动关系，因而亦可称为“网络式的综合治理体系”。

根据多层次治理概念可对欧盟决策机制归纳出如下几个原则：

第一，分权原则：这项原是德国、比利时等联邦制国家处理中央政府与地方政府间关系的一个基本原则，现已被引入欧盟条约，成为处理欧盟与会员国职权划分的一个基本原则，其核心内容是以最有利于实现其政策和立法目标的那个层次来决定；任何政策和法律的制定与实施都务必尽可能贴近民众、切合实际情况。换言之，如果地方政府层次就能有效解决的问题，则不宜拿到中央政府层次去解决；如果是会员国政府层次能有效解决的问题，就不宜拿到欧盟层次去解决。如果地方政府和成员国不能有效应对的问题，则宜由会员国政府或欧盟层次加以协调。这给会员国进行部分主权让渡提供合法依据，亦可防止欧盟过度越权，包揽会员国原本可以自行有效解决的问题。

第二，授权原则：欧盟机构的职权是由会员国政府协调一致，以条约或政治决定的形式授予的，欧盟机构只能在会员国授权的范围内行使其职责。地方政府权限和民间社会团体的职责也是由中央政府制定的法律、法规所授予的。

第三，欧盟法优先适用原则：欧盟法令包括由欧洲议会通过条约、协议书等第一层次立法、欧盟执委会制订的指令等第二层

---

① 蓝玉春：“欧盟多层次治理：论点与现象”，《政治科学论丛》，2005 年第 24 期，第 49—76 页。

次法规以及欧盟法院的判例等组成。由于这一原则，会员国立法不得与欧盟立法相抵触，并在出现抵触时，有义务修改会员国立法以便与欧盟立法相一致。

第四，比例原则：即任何政策和立法措施都应力求与其所实现的目的之间产生平衡关系，采取过度严厉的措施手段往往适得其反，反而不利于目标的实现。

第五，非歧视性原则：会员国之间、欧盟机构之间、地方政府以及社会团体、企业之间都应遵循法律面前相互尊重与平等的原则。

第六，尊重多样性原则：在不断深化经济和政治融合的同时，确保与维护各会员国乃至地区的特殊传统文化和语言的多元化特性。

多层次治理作为一个新的分析概念对欧盟政策研究提供崭新的观察侧面。从多层次治理的观点入手来了解当今欧盟公共政策，就比较能窥其全貌。在这种“网络式的综合多层治理体系”分析观点下，“公共利益如何在跨国社会与经济治理层面下获得保障?”“各层次组织的立场与各不同语言与文化背景的人们意见如何进行交流和对话?”以及“公民社会的力量如何整合?”等诸多问题变得特别突出。欧盟决策程序局限于精英治理、强调政府间协议的方式造成的民主与合法性的赤字等问题变得不容忽视，而必须在多层次治理的网络中寻求和整合更多的参与者。

二、从多层次治理的角度看欧盟公共领域的建设

一方面欧洲联盟在地理版图上不断扩大，欧元的发行与普及，到制订欧洲宪法的努力，欧盟不论在政治与经济上的一体化均已有骄人的成果。面对这一特殊的政治实体型态，正如上文所

分析，学界需要援引多层次治理的概念来解析此一发展，来解释这种权力运作模式能否以及如何有效地治理它所管辖的“欧洲公民”。在这一观点下，欧盟决策过程自然涵盖了有更多层面的组织机构与利害关系人，这些因素间的相互关系以及互动模式也自然是关注的重点。另一方面，相对于欧盟政治经济一体化进程稳步推进，欧盟内部的所谓民主与合法性基础却是越来越受到质疑，一个为欧盟提供足够规模的意见交流的公共领域显然未能同步建构起来，欧盟决策过程常常被批评为“欧盟公共领域的匮乏”。各会员国的国内政策经常受该国国内媒体的监督，相对于此，欧盟政策被认为是不够透明的，也较不受到民众的注意与媒体的青睐。事实上，欧盟决策机制中决策精英与各国人民之间存在着明显鸿沟的议论并不新鲜。早在 1990 年代初期讨论《马斯特里赫特条约》过程中，诸如民主赤字、合法性与沟通不足等问题就一直是欧盟各决策机构自我检讨的议题；虽然欧盟决策范围的扩大与决策重要性的提升，对人民日常生活与经济活动的直接与间接影响均不断地增加，布鲁塞尔作为欧盟决策中心——也常被称为欧盟首都，除了少数政治精英外，在多数欧洲人心中的距离却十分遥远。因此 2001 年欧盟各国首脑在莱肯会议的共同声明中也已指出，欧盟应寻求对策以发展一个欧洲公共领域，作为决策者与民众沟通的平台。2005 年“欧盟宪法”草案先后在法国与荷兰遭到公民投票否决后，多位欧盟领导人甚至发表共同声明指出，重要的欧洲议题在决策前未能充分讨论的现象过于常见，对许多人而言，欧盟管制的压力过大，决策过程难以捉摸，决策责任归属不够明确。决策透明度和民众参与不足的所谓“民主赤字”问题是深化欧洲一体化进程中必须严肃面对的。

如上文所述，公共领域对欧盟多层次治理非常重要，伴随而来的问题是：我们要依什么样的标准来衡量一个公共领域的结构是否合乎民主的要求？如果我们从系统论的角度出发，把公共领域视为一个居于民众与政治决策系统之间的一个中介系统，则可以下列指标来判定一个公共领域结构的民主程度：

第一，开放性：就输入的层面而言，这个公共领域对普通大众开放程度的高低，是评价该公共领域结构的重要标准。

第二，讨论性：就沟通结构的层面而言，公共领域的结构是否能为参与者提供充分机会，提出论据说服他人，并与之交换意见。

第三，影响性：就输出的层面而言，在公共领域形成的舆论是否能为决策当局所接受，并转换为实际政策。

从不同民主理论假设出发，会得出不同型态的公共领域条件的要求，过去各学派所主张的模型与要件也都站在单一主权国家的前提下发展出来的，因此对于一个超国家的“欧洲公共领域”应该如何，学界还很难有共识。但在“欧洲公共领域”的论述中，所谓“公共”的概念是站在欧盟层次，各会员国应该超越原来的疆界，跨出国界，以全欧洲利益为共同利益的范畴。因此正如哈贝马斯所言，欧洲公共领域就成了脱离本国国民立场进入欧洲公民身份，对欧洲人民所面临之共同问题进行意见交换、沟通与辩论的场所。[①] 现代欧洲民族国家人民的自我认同未必建立在历史文化这一共同前提上，而是建立在各种舆论不断地相互交流与辩论沟通的基础上。所以欧盟民主赤字与欧盟公共领域的缺乏才是导致具有欧洲意识的欧洲公民无法产生的根本原因。哈贝马斯在“为什么我们需要欧盟宪法?”一文中进一步强调公共领域缺乏对欧盟合法性的伤害。在公共欧洲公共领域不能带给欧盟决策当局正当合法基础的情况下，欧盟决策的合法性仅来自个别会员国，所以几乎只是透过会员国权力精英在政府间的协商谈判达

---

① Habermas, Jürgen (1997): Reply to Grimm. In: Gowan, P. / Anderson, P. (ed.) The Question of Europe. London: Verso. p. 264.

成的“政府间协议”，而与各会员国人民有相当的隔阂。[1] 若欧盟尚处于纯粹政府间组织，则单单依靠会员国政府间谈判或许足够，但今天欧盟的发展早已超脱前述阶段，而以超国家的决策机制向前迈进，这样的欧洲所需的合法性就必须来自欧盟内社会各个层面，而非个别会员国。过去欧盟制宪会议针对民主赤字的批评，虽尝试透过审议民主来弥补此一缺憾。但如果从制宪受挫的结果来看，制宪会议过程为营造“欧洲公共领域”的努力显然成效有限。

然而公共领域本身并不具备实际解决政策问题的功能，最终决策方案的选定仍然回到正式有权的机关，透过正式决策程序来承担责任，公共领域则扮演持续监督的角色。这一关键角色在当今社会多由大众传播媒体扮演。但是一个具有欧洲观点的媒体版图仅处于正在形成之初期阶段，各国媒体有关欧盟的报导多是与该国直接相关的内容，并聚焦于该国利益，因此，缺乏公共领域规范面的功能。基于“欧洲公共领域”的媒体论述，站在“公共”的欧盟层次，超越原来的疆界，跨出本国国界，以全欧洲利益为共同利益范畴的报导相对少见，因此对于提供欧洲公民“脱离本国国民立场进入欧洲公民身份，对欧洲人民所面临的共同问题进行意见交换、沟通与辩论”提供充分信息的功能自然无法实现。布鲁塞尔虽然已然成为欧盟决策中心也常被称为欧盟首都，欧洲各大媒体虽有驻任布鲁塞尔的特派员，但他们的报导却也被认为是“亲欧盟”或更精确的说“亲欧盟执委会”，缺乏批判精神。因此就欧盟而言，能在公共领域发挥作用的包括媒体在内的社会团体仍在发育之中，要实现多层次治理的目标还有很长的路要走。

---

① Habermas, Jürgen (2001): “Warum braucht Europa eine Verfassung?” In: Die Zeit, 27, 28. Juni 2001, S. 7 oder: http://www.zeit.de/2001/27/200127_verfassung.xml.

三、结 语

欧洲一体化本身就是全球化的一个组成部分，而且一定程度上是起引领作用的部分。欧盟在多层次治理方面的一些尝试为我们提供了研究全球治理的标本。在欧盟多层次治理的几个层次中，相对于超国家治理、国家治理和地方治理这些官方组织体系，跨国经济、社会和文化组织更值得人们期待。这些组织构建了“欧洲公共领域”，而欧洲公共领域的发展研究又能给我们研究全球治理提供难得的材料。

当前欧盟决策出现的瑕疵造成的所谓“民主与合法性赤字”，欧洲公共领域的建设能否有效地解决这些问题特别值得关注。包括公共领域建设在内的“网络式的综合多层治理体系”能否有助于逐步脱离过去精英决策模式，扩大参与范围，缩短欧盟“上层”决策者与“底层”大众间的隔阂，是欧盟多层次治理关心的重点。而且公共领域将是支撑这一网络的底层结构。随着新的传播科技的出现与新的媒体政治来临，欧盟要建构一个“欧洲的公共领域”将不可避免需要整合各种层次的参与者。

海外人才在印度经济改革中的地位与作用

高子平*

内容提要： 随着全球信息化进程的加快，印度裔海外人才迅速崛起，并与印度国内的经济改革良性互动，通过海外人才回流、侨汇、物质资本投资、服务外包等方式，直接推动印度国内高科技产业的快速发展。印度政府也不断调整政策，落实各项制度性安排，竭力促成海外高层次人力资本与物质资本在本国的有效配置。印度海外人才与母国关系的全面调整与发展对我国全面推进海外高层次人才引进战略、贯彻人才强国方略具有一定的借鉴意义。

随着印度市场化改革进程的加快，海外印度人、尤其是印度裔海外人才的地位与作用日益凸显。与中国改革开放进程中的海外华侨华人一样，他们通过直接投资、侨汇、技术合作、回国效力等多种方式参与到母国的经济建设中。但是，对海外印度人在

* 高子平，上海社会科学院信息研究所副研究员、经济学博士后。

迁出国和迁入国的社会、经济及文化领域的角色的实质性研究较少，[①] 而且依然停留于对侨汇和劳务输出等方面的社会学思考。本文拟在对印度裔海外人才现状进行梳理的基础上，重点探析海外人才在印度经济改革中发挥作用的过程及机理。

一、印度裔海外人才队伍的崛起

从 19 世纪 30 年代开始，印度人大规模移民海外。目前，印度人及其后裔广泛分布在全球 110 多个国家和地区，总数超过了 2000 万，海外印度人成为仅次于海外英国人和海外华人的第三大移民群体。印度独立前的三批海外移民总数约 2800 万，[②] 绝大多数最终又回到了印度。他们构成了印度“老移民”的主体，主要分为两个部分，一是契约劳工，主要是为了满足英国新占领的殖民地劳动力短缺而背井离乡，此类占“老移民”的多数；二是商人、职员、官员和专业人员，他们已经在东道国落地生根。印度独立后的移民潮出现在 20 世纪 60 年代。随着中东产油国的崛起，印度劳工源源不断地进入海湾地区，成为中东规模最大的一支外来劳务队伍，目前约 300 万人，尽管不能加入中东各国国籍，通常也不能携带家属，但长期性的劳务输出网络已经形成。同时，由于印度国内就业形势严峻、经济体制僵化、高等教育的发展与国内经济建设严重脱节等原因，致使大批印度学生留学海外，其中，很多受到良好教育的印度人直接到海外就业，他们的目的地为美国、加拿大、澳大利亚、新西兰和西欧。他们中的大

---

① “Brain Drain or Gain：An Alternate Theory for Development”，Paper Presented at the Annual Meeting of the International Studies Association，Hilton Hawaiian Village，Honolulu，Hawaii，Mar. 5，2005.

② K Laxmi Narayan：Indian Diaspora：A Demographic Perspective，Occasional Paper3，Jan. 5，2002.

部分都留在了海外，获得了绿卡或归化当地，这批人的后裔一般也都受过良好的西方教育，现在很多已经是商界成功人士或实业家。因此，如今的海外印度人主要包括三个部分：一是英殖民时代的老移民；二是迁往发达国家的海外人才，即通常所称的新移民；三是中东地区的劳工移民。其中，在发达国家的移民以专业技术类移民居多。

在20世纪90年代的自由化改革之前，印度政府对老移民始终没有任何官方的承认，也没有官方的正式接触和交流，以至于出现了带有某种贬义的海外印度人专用术语：Indian Diaspora。印度政府对前往中东的劳务移民则一直比较关注，制定了相关的法律来规范劳务输出的政策，并设立了专门机构来管理和保护劳工移民。对海外人才，则较早采取了不少针对性的积极措施，以吸引他们投身印度的经济建设，但在自由化改革之前的相关努力并不成功。20世纪90年代以来，随着经济全球化与信息化浪潮的推进，印度裔海外人才在海外、主要是西欧与北美诸国迅速崛起，成为世界高科技领域（特别是信息产业和生物技术领域）的重要生力军，甚至在某些关键性领域居于世界主导地位。

以美国为例。自从英国于1962年大幅度提高移民准入门槛、美国于1965年放宽业裔移民标准之后，美国成为了印度海外人才的主要目的国。印度海外人才作为科学家、工程师、健康专家等受雇于美国的工业和服务部门，更倾向于在大城市或者大城市周围的高科技公司、医院、大学、科研机构这样的工作地点附近居住。加之他们与美国主流社会在交流、交往过程中几乎不存在什么障碍，因此，并未像其它亚裔族群一样择地群居，而是相对更均等地散布在整个美国，尤其是美国工业经济和知识经济最发达的八个主要州，[①] 其中，印度海外人才最集中的是加州、新泽

① Colin Clarke, Ceri Peach and Steven Vertovec eds. South Asians Overseas: Migration and Ethnicity, New York: Cambridge University Press, 1990, pp. 206—207.

西州和纽约。据2000年的统计数据，加州非美国本土出生的印度裔海外人才在印度裔海外人才中占最大份额（198，201人），其次是新泽西州（119，491人）和纽约（117，238人），之后是伊利安诺州（83，916）、得克萨斯州（78，388）、宾夕法尼亚州（37，541）、密歇根州（36，323）、佛罗里达州（32，295）、马里兰州（32，276）和弗吉尼亚州（30，611）。同时，近年来，美国的印度裔海外人才增加最快的是依达荷州（517%）、奥林根州（419%）和科罗拉多州（400%），[①] 多数是刚刚申请到美国海外人才签证的印度青年科技人才。同样的情况还发生在澳大利亚南威尔士州的悉尼和维多利亚州的墨尔本、英国伦敦等地。如今，美国成为了引进印度人才（近年主要是IT人才）最多的国家，印度海外人才的崛起也主要表现为在美国高科技领域的迅速崛起，主要表现在：

1. 在规模方面，早在1971年，就有9000名医生和6000名科学家迁出印度，其中80%左右在美国，[②] 从而构成了第一代在美印度裔海外人才。他们人数不多，但是整体素质和层次很高，知识技术水平和社会地位不仅远远超过以往的三波移民潮，而且超过了后来的两代，只是规模和影响既赶不上以往三波，也不及后来的两代。到1980年，高达47%的印度裔移民被归类为“管理者、专业人士、决策者”，比美国白人（24%）和其它亚裔族群的比例都要高。[③] 在美印度裔海外人才的规模开始扩大。到1990年，美国移民局的统计数字则显示，生活在美国的成年印

① US Census Bureau：1990 and 2000 Censuses of Population and Housing，Summary File3.

② Mihir A. Desai，Devesh Kapur，and John Mchale：*The Fiscal Impact of High Skilled Emigration*：*Flows of Indians to the U. S.*，the Weatherhead Center for International Affairs，Harvard University，January 2003.

③ Harry H. L. Kitano，Roger Daniels，Asian Americans，Westport，Conn.：Greenwood Press，1997，p. 77.

度人中58%是大学毕业生,[①] 规模迅速上升。世纪之交,整个美国的印度裔人口增加了106%,总数达到170万(目前已突破200万),是美国亚裔群体中增长最快的族群,也使印度裔一跃成为美国第三大亚裔族群,仅次于华裔和菲裔。其中,受过高等教育、拥有学士学位以上水平的高达58.1%。[②] 换言之,在美国的印度裔移民中,本科以上水平的人数超过了110万,而且其中还有30%的拥有博士或硕士学位。如今,一支庞大的少数族裔高层次人才队伍已经在美国初具规模。

2. 在职业构成方面,在美国的印度裔人才队伍中,管理者和专业人士占43.6%,技术、销售和行政人员占33.2%,精密生产、工艺及维修人员占5.2%。可见,整个印度移民队伍的主体都属于海外人才,纯粹劳务性质的移民比例极低。[③] 一支规模庞大的印度裔海外人才队伍在美国初具雏形,并成为了美国高科技部门不可或缺的中坚力量。迄今为止,印度迁往美国的IT人才达25万名以上,占美国从事IT产业人才的1/3。[④] 印度裔IT海外人才成为美国IT行业中最大的少数族裔,技术精湛的IITians(印度理工学院毕业生)在美国大受欢迎,美国由此成为了引进印度IT人才最多的国家。在生物制药领域,印度裔海外人才同样占据重要一席。据统计,美国生物技术和制药领域10%的研究人员和15%的科学家为印度裔海外人才。[⑤] 美国医疗

① Harry H. L. Kifaw, Roger Daniels, op. cit., p106.

② Joe R. Feagin, Clairence Booher Feagin, Racial and Ethnic Relations, Seventh Edition, Printice Hall, 2003, p. 315.

③ Joe R. Feagin, Clairence Booher Feagin, Racial and Ethnic Relations, Seventh Edition, Printice Hall, 2003, p. 310.

④ Mihir A. Desai, Devesh Kapur, and John Mchale: *The Fiscal Impact of High Skilled Emigration*: *Flows of Indians to the U. S.*, the Weatherhead Center for International Affairs, Harvard University, January 2003.

⑤ 孙士海:《印度的发展及其对外战略》,中国社会科学出版社,1999年版,第162页。

专业的印度裔移民是最大的外来群体，美国的印度裔医师协会也成了美国医生最大的种族团体。在英国，印度人也不再是小商店主和普通的医生、护士，而是开始在英国信息产业中崭露头角。近年来，澳大利亚也增加了印度裔海外人才的名额，使其占到澳大利亚年度海外人才的10%左右，主要从事信息产业。

3. 在社会地位方面，印度裔海外人才在海外的经济、政治和社会地位不断上升。在美国，全美印度裔美国人的年平均收入达到6万美元，比其它任何亚裔移民群体都要高。2004年，硅谷印度裔技术人才队伍的总收入就达到了650亿美元。在美国IT领域经营成功的印度裔海外人才对印度的投资数额相当高，投资的速度为平均每年每人20万美元，① 从另一个侧面反映了如今这支队伍的整体收入状况。他们甚至成为了英、美、加等国国内选举中不可忽视的选民队伍。“毕竟，他们中的多数人也是投票人!”② 从美国的硅谷到澳大利亚的南威尔士，浓郁的南亚风情随处可见，印度教、耆那教和锡克教的神庙引人注目，印度的饮食、音乐、舞蹈、服装、瑜珈等开始在海外流行。难怪有玩笑说：“在硅谷任何一家公司，你都能闻到咖喱的味道。”印度人、主要是海外人才在信息产业方面发挥的关键角色，大大改变了全球海外印度人的形象。③

二、海外人才与印度经济改革的关系

海外移民、尤其是海外人才的崛起对印度经济社会发展的作

① “透视印度经济”，《世界知识》，2004年第5期，第33页。

② TR Jawahar：*Mother India and Uncle Sam*，Hindustan Times，March 25th，2006.

③ “Brain Drain or Gain：An Alternate Theory for Development” Paper presented at the annual meeting of the International Studies Association，Hilton Hawaiian Village，Honolulu，Hawaii，2005—03—05.

用问题一直存在很多争议，并形成了许多误解，诸如海外印度人不如海外华人爱国、印度裔侨汇只是贴补家用而鲜有生产性投资等。这种观念的形成主要是由于将海外移民对母国作贡献视为理所当然，似乎这是海外移民必须无条件履行的职责。实际上，即使在母国遭遇灾难（如中国抗战、古吉拉特大地震）时能够无条件地要求海外移民奉献一份力量，在和平时期也是不可能的。母国与移民之间的根支关系只是相互关系中的前提，母国是否有能力、甚至是否有意愿让海外移民发挥作用才是问题的关键。中国“文革”时期对“海外关系”的定位、印度半计划经济时代对“海外投资”的几乎禁止足见一斑。反之，正如中国的改革开放一样，印度当前的自由化改革也为海外移民（多数是海外人才）提供了用武之地，使双向合作与互利关系逐步形成。

第一，在产业结构方面。印度市场化改革的优先领域是信息产业和生物技术，而印度海外人才的崛起主要也就是信息海外人才的崛起，并且多数集中在南加州的硅谷，其次是生物技术类人才的崛起。仅 1995—1998 年，美国硅谷高科技企业中就有 385 家企业（约占总数的 9%）是由印度人建立的。在硅谷工作的印度裔技术人才达 30 多万，多数从事信息产业。在整个硅谷，印度人在多达 38%的公司中担任最高职务。他们不仅构成了美国信息产业的主力军，还直接充当了美国信息产业发展的领头羊。“硅谷印度人”一词不胫而走，并成为对在美印度裔 IT 海外人才的一种尊称和对印度海外人才新形象的一种经典式“概括”。

生物制药行业是印度经济改革中的第二个主要亮点。在印度，生物技术产业的发展一向受到高度重视，生物技术部的设立甚至早于信息技术部，是世界上最早设立的类似机构。印度每年毕业的生物技术专业的硕士达 6500 人，博士达 1500 人。印度在世界上第一个拥有了生物技术信息系统网络，处于生物信息技术领域的前沿地位。KPMG 公司近日发表分析报告称，目前全球医药产品市场为 6500 亿美元/年，年增速为 7%，而印度医药产品销售额为 60 亿美元/年，并以每年 10%的速度增长，主要用于出口。美国生物技术和制药领域 10%的研究人员和 15%的科学家为印度裔。[①] 美国医疗专业的印度裔移民是最大的外来群体，美国的印度裔医师协会也是美国医生最大的种族团体，印度与西方在生物制药领域的跨国合作网络已经初步形成。

第二，在物质资本投资方面。以往印度侨汇主要用于贴补家用的根本原因在于印度竭力限制外资的进入。因此，在 20 世纪七八十年代，这些汇款主要来自于在中东从事体力劳动的印度裔劳工，鉴于中东各国不许劳务移民携家眷以及劳务工人自身的各种因素，这些侨汇必然主要用于贴补家庭开支而不是投资。随着自由化改革进程的加快，对外资、尤其是海外移民投资的各种限制性措施迅速变为优惠政策，极大地刺激了海外移民的投资热情，海外人才取代了中东劳务移民，成为印度侨汇的主体。根据世界银行的统计数据表明，自 1995 年以来，海外印度人向印度的“汇款”数额增加了一倍之多，2005 年达到了 220 亿美元。在过去的 10 年间里，海外印度人投向印度的资金总额达到了 1540 亿美元。为了充分享受印度银行优惠的存款利率，海外印度人、尤其是海外人才在印度的存款也在不断增长。仅在 2010 年，海外印度人在印度的存款就达到了 320 亿美元，这占了印度外汇储备的 23%以上。这些资金的流入有助于稳定印度卢比的价格并抑制国内的通货膨胀。其中，一半以上的侨汇来自于欧美的海外人才。

尽管政府由于人才外流而造成了人力资本投资成本方面的损失，从而削弱了公共财政实力，但这些反馈回来的侨汇则大幅度增加了私人开支、特别是投资的额度。[②] 硅谷印度裔人才将相当一部分的收入都注入到了印度南部班加罗尔的高科技开发潮中，

① 孙士海：《印度的发展及其对外战略》，中国社会科学出版社，1999 年版，第 162 页。

② The Times of India：A taxing idea at the right time? Oct. 21，2002.

数额甚至已经超过了该地区主要外汇来源之一的出口业。[①] 虽然目前还难以统计具体数字，但这些投资已经直接影响到了孟买证券市场、南印度的房地产市场的行情。当印度政府削减25%的高校财政资助并要求亏空额由校方自筹解决时，印度理工大学的很多海外校友纷纷解囊，将一笔笔捐款源源不断地汇往母校。[②] 不仅如此，在美国大型公司担任高层管理的印度裔人才还借助其影响，说服所在公司在印度投资，巴哈雷奥就是其中的一个典型。作为美国一家科技信息公司的合伙人，他在三家高速成长企业中的投资不足800万美元，却从乐意为其投资的外国投资者那里吸引了2亿美元，主要用于投资设在印度的工厂。[③]

第三，在人力资本配置方面。尽管印度人才外流状况严重，而且主要是流向美国，但随着自由化改革进程的加快，很多印度裔人才开始了回流。与半计划经济时代对海外人才回流的表面热情欢迎、实际竭力排挤相反，这些人才携资金、技术、经验而归，不再是为了争夺国内人才的就业机会而回流，多数是自我雇佣、独立创业，因此，印度朝野的态度也与过去截然不同。从印度软件外包行业的迅速崛起可以看出，印度近年来经济的快速发展，尤其是信息产业的高速发展，与海外印度人才给印度带回的高素质人才所起的作用密不可分。印度的海外人才通常是以留学的方式前往美国、加拿大和西欧，并且一般都是西方一流二流大学基础和尖端科系的高材生。在美国拿到H1B的移民中，印度海外人才占了58%。但随着母国经济改革提供的机会不断增加，他们开始将目光投向了曾经背井离乡的地方。如今，在班加罗尔和海德拉巴两大高科技园区，不少的公司老总都讲着一口纯正英

① 邓蜀生：《时代悲欢“美国梦”——美国的移民历程及种族矛盾（1607—2000）》，中国社会科学出版社，2001年版，第318页。

② 印度：《经济与政治周刊》，2001年4月21—27日，第1274页。

③ 英国经济学家情报部：《国家报告（印度、尼泊尔）》，2000年第8期，第20—28页。

语，他们在美国闯荡多年，并带回了资金、过硬的知识技术和管理现代企业的宝贵经验，尝试着将班加罗尔打造成印度的“硅谷”。

三、印度政府的主要举措

与中国改革开放初期相似，印度在自由化改革中同样面临着国内物质资本匮乏和人才断层的双重困境。为了充分发挥海外移民、尤其是海外人才队伍的特殊作用，印度政府罕见地进行了几项重大政策调整，主要包括：

1. 为海外移民专门设定节日，表示礼节性认可与尊重。在半计划经济时代，印度政府对老移民基本上是不予承认和不予关注，促使海外人才回流的工作也由于政府官员的半心半意和国内经济形势不佳而难以取得实质性进展，只有劳务移民工作做得比较到位。因此，在自由化改革过程中，动员海外印度人的基本前提是承认他们的客观存在及历史贡献，正式将其视为本族群的重要组成部分和自由化改革的重要参与者，而不再是母国的负担。这种充满情感色彩的礼节性肯定对于凝聚海外印度移民具有重要的象征意义和心理作用，至少证明母国对其存在和身份的一种确认。为此，2003 年 1 月 9 日，第一届海外印度人节（Pravasi Bharativa Divas）庆祝大会举行，前总理瓦杰帕伊在介绍国内经济改革情况和发展目标的同时，高度赞扬了海外印度人的历史贡献和在今后母国经济社会发展中的重要作用，并正式宣布印度将实行双重国籍政策。虽然该年度性庆祝大会由于成本偏高、商业色彩浓等而受到质疑，并改为了两年一届，但这种庆祝本身就意味着对海外印度人、尤其是成功的海外人才的地位与作用的认可，也意味着印度政府决心将海外移民与母国之间的关系定位在互利共赢的基础之上，从而使两者之间的利润循环管道不再具有依附性质。

2. 主要针对海外人才，实施“一个半国籍”政策。1999年3月，印度内务部开始颁发“印度裔卡”（PIO），这一计划主要是针对老移民，也适用于新移民，居住于世界各国的四代以内的印度裔（极少数国家除外）都可以获得这种身份卡，只要交纳1000美元，便能得到为期20年、可多次入境的签证，并能在印度国内的不动产处置权、子女接受教育权等方面获得便利。但是，这一政策的功利性显而易见，因此海外印度人少有问津。印度及时取消了口惠而实不至的PIO卡计划，在规避各种政治风险的基础上，实行限制性的双重国籍制度（即“一个半国籍”），吸引海外高层次人才的回流。显然，这一待遇要求最迫切的就是在北美和西欧的印度裔海外人才。[①] 在如今的“双重国籍”政策实施过程中，印度政府明确规定：拥有双重国籍的海外印度人不能参加投票和竞选，不能参军，不能担任某些法定的职位，从而消除了国内民族主义势力及相关国家存在的一些疑虑。

3. 进行行政职能归并，提供“一门式”服务。印度国大党于2004年重新执政之后，在广泛听取了美加地区、西欧地区技术移民的意见和建议之后，果断地将原来的“印度侨民事务部”（Ministry of Non Resident Indian Affairs）改为“海外印度人事务部”（Ministry of Overseas Indian Affairs），权限也随之扩大，不仅负责印度侨民的事务，而且还负责印裔的事务，并直接单独负责海外人才回流事务，涉及海外人才引进的身份确认、权益维护、家庭生活等公共服务事项，全部由该部门统一管理，相关部门配合，从而打破了长期存在的对海外人才态度冷热不一、甚至相互掣肘的局面，并标志着印度吸引海外人才工作机制的整合与完善。

与中国的改革开放不同，印度的市场化改革始于产业高端，

---

① S. K. Mandal: Home Coming, Chronicle, and Mar. 2003.

惠及社会高层，因此，在吸引海外人才的人力资本、物质资本和社会资本的过程中，不仅政策调整过程迅速，而且力度惊人，甚至未经过多争议便轻易突破了宪法对国籍问题的明文限制，这在印度实属罕见，也充分反映了印度社会各界在吸引海外人才问题上的高度一致。

四、对中国的主要启示

中印海外移民和国内情势的诸多差异决定了不能简单地判断孰优孰劣，但印度作为举足轻重的新兴经济体，在海外人才政策方面的很多举措值得关注和比较，从中发现对中国的启示与借鉴。

1. 在国内物质资本趋于过剩的全新历史阶段，需要从主要吸引投资移民转向重点引进技术移民，全面实施海外高层次人才引进战略。海外人才在印度经济改革中的地位与作用日益突出，已经成为推动印度改革的“关键性力量”之一，但他们与海外华人在中国开放中的作用有所区别。印度政府长期对海外老移民的排斥与冷落使其对祖国相对疏远，尤其在原英属非洲、英属加勒比地区独立之后，当地的印度裔甚至体味过祖（籍）国见死不救、见难不帮的艰难时局。在印度市场化改革中，多数老移民事实上并未表现出对祖（籍）国的过多兴趣，回国投资兴业的比例极低。但在知识经济时代，不能单从海外移民对祖（籍）国的物质资本投资金额来衡量海外移民的贡献率。由于海外华人主要从事制造业和商业，因此这些人更倾向于回国投资设厂，并利用海外关系拓展国际市场，使“中国制造”走向世界。而印度“新移民”主要是专业技术类的自由职业者——医生、律师、科学家和工程师，通常定居在远离印度的地方，一般不具备到印度本土直接投资的现实条件，印度也从未经历过真正的大规模工业化进程，因此，海外印度裔海外人才更多地倾向于回国开公司，从事研发和外包。20世纪90年代，海外华人向中国内地的直接投资占了海外直接投资总额的一半以上。2000年，海外华人向祖国内地的直接投资额高达320亿美元，但同一时期，海外印度人、主要是海外人才对祖国的直接投资仅有2亿美元。但这不能简单地被认为海外印度人不如海外华人那样爱国，否则就无法解释他们为何将大量的外汇汇回印度，并在如今的自由化改革中大力支持国内经济改革。换言之，中印现代化发展思路存在差异，中印海外移民也呈现出不同的投资偏好。海外华人的职业特征决定了他们对发展工业和国际贸易的高度热情，而海外印度人的崛起主要是海外人才的崛起，作为自由职业者和高科技工作者，他们既没有回国投资办厂的偏好，也不具备海外华人所具备的一些优势。中国改革开放以来对海外华人招商引资的政策取得了极大的成功，但是，随着国内物质资本的相对过剩，需要将重点从招商引资转向吸引海外高层次人才，而印度的相关政策措施可以为我们提供参考。

2. 对海外移民身份认同需求与国内政治风险的重新评估。中国宪法于1954年正式规定了单一国籍制度，印度宪法则于1955年进行了同样规定。如果说当时中国面临的是东南亚邻国对华裔国家认同的疑虑，那么，印度面临的则是尼泊尔、锡兰（后来的斯里兰卡）、巴基斯坦等南亚邻国及缅甸境内的印度裔的忠诚度。无疑，当时的海外华人主要集中在东南亚，属于典型的“老移民”，因此，这一政策宣示能缓和东南亚国家对中国的顾忌，并促使这些老移民在当地安居乐业。但是，与印度一样，随着知识经济时代的到来和改革开放进程的加快，新移民队伍日趋庞大，而且这些新移民主要集中在欧美发达国家，在知识、技术、信息等方面都处于世界领先地位，属于典型的技术移民或投资移民，其中的相当一部分已经在西方获得长期居住许可，回国的成本及潜在的风险或顾虑显而易见，维系这一庞大的技术移民队伍与中国之间的利益兼顾是我国构建创新型国家、进入世界先进科技行列的必需之举。单一国籍政策建立在工业经济时代的单一所有权理念之上，并带有明显的民族独立的政治诉求。事实上，如今中国海外移民政策的重心已经从东南亚的“老移民”转向了欧美的“新移民”即海外人才，况且前者是文化层面上的关联，而后者主要是经济、技术层面上的关联。授予（主要是欧美的）技术移民以双重国籍身份所隐含的政治风险是天然存在的，但因此而拒绝授予双重国籍身份的短视性、与中国长远发展战略的相悖性也是显而易见的。问题的关键不在于是否存在政治风险，而在于如何规避风险，因为无法规避政治风险的可能只有一种，即中央政权的无能，这种情况已经完全可以排除。我国目前授予少数海外高层次专业技术人才和投资移民的所谓“绿卡”与印度曾经发行的“印度裔人卡”（PIO card）类似，效果不佳。而印度在授予双重国籍过程中的严格规定，如不能参军、不能参与选举、不能担任某些法定职务等要求，已经初步规避了主要的政治风险，同时顺应了经济全球化和知识经济的历史潮流，值得借鉴。

3. 对知识经济时代国际间利润循环管道的重新认识。随着知识经济时代的到来，虽然印度与西方、尤其美国再次形成了体制外利润循环管道，但是这有着本质的区别：第一，如今的印美间利润循环管道是印度的知识技术及其载体人力资本与美国的物质资本、制度安排的结合，而这些人力资本本身在印度不仅面临着难以增值的压力，而且面临着迅速贬值的风险，这些人力资本对母国的反馈已经远远超过了母国人力资本投资的成本；第二，知识经济中的产业关联度迅速提升，已非传统的制造业所能比拟，密切的跨国合作、尤其是高科技产业间的合作不仅势在必行，而且经常具有决定性意义；第三，外包和外服是这一循环管道的重要补充，从而克服了传统的利润外循环管道的高度封闭性，使印度国内相关产业获得了发展机会和投资资金；第四，最重要的是，在印度外包和外服中，尤其在体制外利润循环管道的运作中，起决定作用的虽然是发达国家，但印度并未由此被动，因为处于这一管道控制地位的恰恰是印度裔海外人才，他们充当了这一依附关系中的主导方。因此，不能继续沿用传统的依附论、尤其是工业经济中体制外利润循环的论调探讨如今印度海外人才在印度与发达国家、尤其美国之间的地位与作用，更不能将其作为反证中国现有海外人才引进政策的依据，而应该为中国真正实现从“引才”向“引智”的战略思路调整提供某种警示与启示。

试析日本综合研究开发机构的功能和影响

袁小兵*

内容提要：日本综合研究开发机构（NIRA）是日本唯一的国家级国立智库，也是日本少数几个不以营利为目的的研究机构。20 世纪是 NIRA 发展的鼎盛期，被称为日本思想库的“总管”。除自己开展研究外，更重要的是拟订适当的课题，委托其它思想库进行研究；对研究人员及协调研究计划的人员进行培养；为研究人员提供设备齐全的研究设施；与外国的研究机构进行合作和交流。21 世纪初期，日本政府对 NIRA 进行了改革，打破了研究人员的终身制，实行任期制。在人员聘请、预算使用等方面进行类似民间企业的自主运营。采用了一系列用人的竞争机制，对研究岗位原则上实行公开招聘。对有研究资质、能力的研究人员提供公平就职的机会，由外界专家组成评估委员会对研究成绩优异者给予重奖。新生 NIRA 的发展方向是继承旧 NIRA 的传统研究，以综合性政策研究为中心，以民间研究机构

* 袁小兵，上海社科院亚太研究所助理研究员。

的立场，更加中立、更加自由、更加大胆地发表研究观点，最终成为全日本政策研究的信息中心。

日本的智库大致分为三种：第一种是政府创办的的国营研究机构。它完全依靠中央和地方政府的财政拨款和社会捐款，研究政府委托的项目和社会关心的问题。由于政府对行政体系的改革，这类研究机构日趋减少。第二种是大学附属研究机构。这类机构的基本运行经费来自于政府的投入和学生的学费，研究项目经费主要依靠政府和基金会资助的立项课题，或企业的有偿委托项目。由于研究人员大都由大学具有实力的教师兼职，专业性与独立性相对较强，研究成果的可信度与公信力也较强，因而大学研究机构在日本逐渐壮大。第三种是民营咨询机构，完全按照企业的运作模式经营，以盈利为目的，主要承接有商业机会的研究项目。这类公司往往拥有雄厚的资金实力，强大的市场网络，出色的人力资源，先进的科学技术，为社会提供综合性咨询服务。它们的业务范围和服务网络覆盖了全日本的各个地区、各个行业，并进军海外市场，对于推动日本经济发展发挥了巨大的作用。野村综合研究所就是其中之一。

一、日本综合研究开发机构的体制构成

1974 年 3 月 25 日，145 名有识之士作为发起人，日本唯一的国家级国立智库——日本综合研究开发机构（National Institute for Research Advancement，简称 NIRA）正式成立。NIRA 的宗旨是遵循和平理念，民主运营，观点自由。主要职能是以政府政策制订研究为主，涉及经济、社会、科学技术等各领域。NIRA 每年度的财政预算方案必须由内阁总理批准后方可执行，如有变化，也必须得到总理的同意。

NIRA 设研究评议会（类似董事会），研究评议会共有 25 名成员，按出资比例组成，由会长任命，总理认可（否则无效），负责审议年度预算和有关管理方面的重要事项。此外还下设财务委员会和监察委员会，财务委员会负责制定年度预算，监查委员会负责提交监察报告。

NIRA 机构的最高领导是会长，其次是理事长、5 名理事、2 名监事，全部由内阁总理任命。2007 年该机构共有 40 名工作人员（属国家公务员编制），其中研究人员 25 名，行政人员 15 名，另外还聘请了 7 名客座研究员。

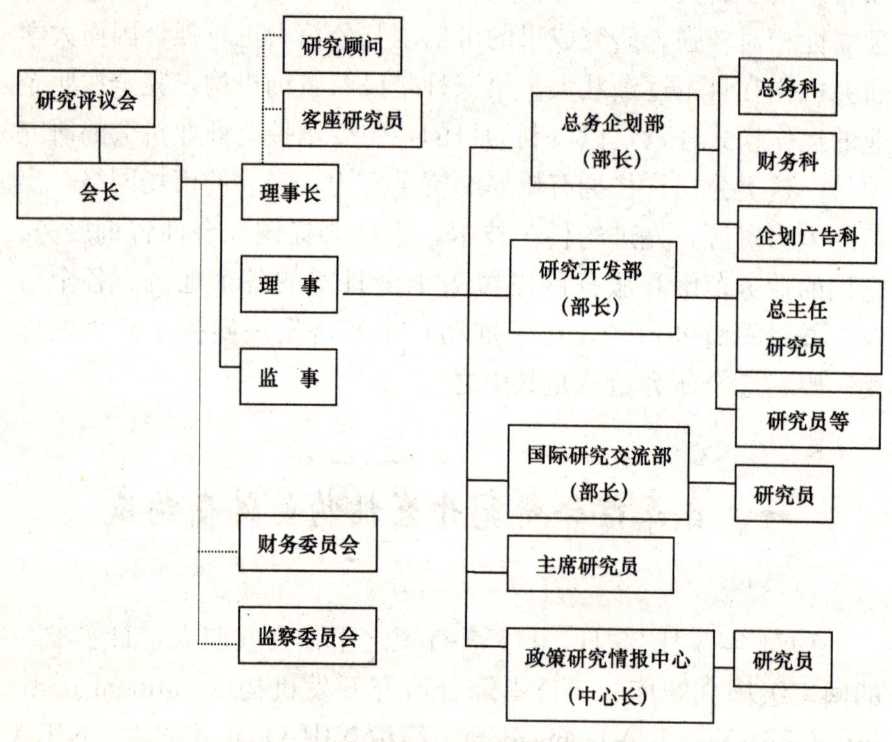

图 1　1974—2007 年 NIRA 的组织机构

20 世纪是 NIRA 发展的鼎盛期。由于它是日本唯一的属中央政府直接管辖的国有智库，因此被称为日本思想库的“总管”。

除自己开展研究外，更重要的是拟订适当的课题，委托其它思想库进行研究；对研究人员及协调研究计划的人员进行培养；为研究人员提供设备齐全的研究设施；与外国的研究机构进行合作和交流。

21世纪初期，国际社会发生了巨大变革，全球化时代的到来导致日本经济出现了持续的衰退，旧体制抑制了民间的创新和活力，已经无法适应新时代的发展，人们开始重新审视国家、地方、民间在社会和经济活动中的作用。国际化的进展、国际竞争的日趋激烈以及科学技术的飞速发展要求政府更有效率和效益、更加经济地运行。

2005年，日本发布《行政改革的重要方针》，对行政机构进行改革。这场改革涉及政府机构调整、职能转变、公营机构民营化、地方分权和公务员制度改革等各个方面，其范围之广，力度之大，为以往历次改革所罕见。其目的是要把国家的决策机制由中央政府转移至地方政府、由官僚主导改变为民间志向。2007年11月29日，NIRA正式由政府认可法人改为民间财团法人。

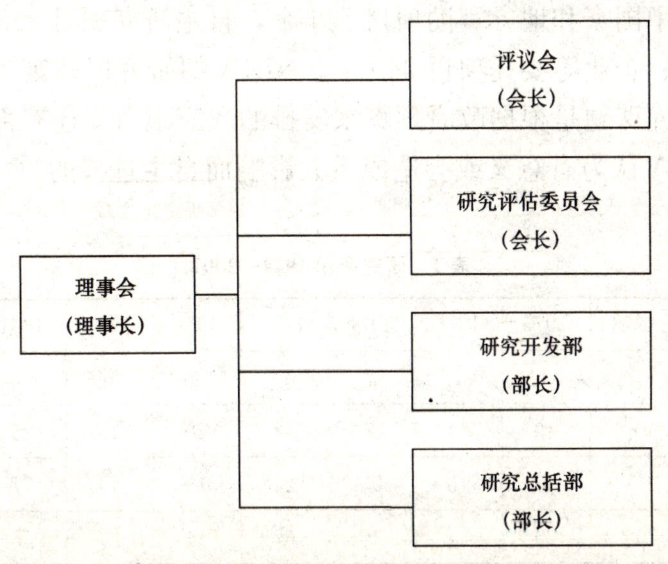

图2　2008年—至今NIRA的组织机构

新NIRA设在东京涩谷区惠比寿4丁目20番3号，共19名正式员工（截至2010年1月18日）。其组织最高机构是理事会，理事会由会长（最高顾问）、理事长（法人代表）、常务理事、理事共7人组成。理事会中只有常务理事是专职，其他的都是兼职。理事会下设评议员会（4人）、研究评估委员会（4人）、研究开发部（13人）和研究总括部（6人）4个职能部门。

新生NIRA的发展方向是继承旧NIRA的传统研究，以综合性政策研究为中心，以民间研究机构的立场，更加中立、更加自由、更加大胆地发表研究观点，最终成为全日本政策研究的信息中心。

二、研究活动的组织方式

NIRA从成立至2007年，共承担研究课题1089项（见表1）。其中国家和地方资助项目744个，自主研究项目293个，社会团体、企业等委托项目345个。NIRA的研究以政策为主，大部分研究课题是根据政府预算来安排的政府项目，还有部分项目是NIRA认为有意义或会造成重大影响而自主选择的。

表1 研究课题1974—2007

类别	1974	1975	1976	1977	1978	1979	1980	1981	1982
自主	1	4	1	2	5	6	0	6	14
委托	6	13	14	20	38	20	15	25	14
资助	5	12	16	23	24	18	14	27	32
总数	12	29	31	46	67	44	29	58	60

类别	1983	1984	1985	1986	1987	1988	1989	1990	1991
自主	19	6	4	7	6	4	4	5	11
委托	16	21	23	19	13	11	3	5	9
资助	37	34	6	19	21	18	7	6	7
总数	72	61	33	45	40	33	14	16	27

类别	1992	1993	1994	1995	1996	1997	1998	1999	2000
自主	6	6	14	8	8	7	6	18	4
委托	10	7	5	6	3	3	4	5	0
资助	10	11	7	11	10	10	10	9	6
总数	26	24	26	25	21	20	20	32	10

类别	2001	2002	2003	2004	2005	2006	2007	累计	
自主	15	10	10	7	10	26	33	293	
委托	2	0	1	3	2	4	6	345	
资助	8	3	7	6	7	5	5	451	
总数	25	13	18	16	19	35	44	1089	

http://www.nira.or.jp/past/introj/index.html.

http://www.nira.or.jp/about/financial/index.html.

NIRA 的课题来源有两方面：NIRA 理事长每个月都要邀请一批社会各界的知名人士召开座谈会，讨论社会焦点，由研究开发部政策研究情报中心整理归纳成课题。此外政策研究情报中心还收集全球政策信息，从中挑选出日本政府和企业最为关注的热点作研究项目。这些项目从最初的申请、批准、实施到最终的完成，整个过程中都存在着详细和缜密的项目评估体系，目的是要考察其研究是否有价值。

每年的研究课题最初由研究开发部拟定，交给研究评估委员会审查。NIRA研究评估委员会是具体实施项目审查和项目评估的专业部门，委员全部由外部人员组成，代表了各种不同的背景、领域、观点，保证审查评估工作公正、独立、中立。研究评估委员会在多次会议讨论后，决定其中几个课题的实施。

NIRA的重点课题一般由5名研究员组成课题组，课题经费2000万日元。在获得资助的项目从事先筹备、整体规划到分阶段实施的整个过程中，NIRA的评估委员会都将全程进行定期评估跟踪，以便及时调整进展方向和重点，确保项目达到最佳效果。

NIRA的发展目标是成为全日本政策研究的信息中心。为此，它的研究课题选择是纵向和横向的结合。纵向是由政府、行政主管部门以及社会公共基金等资助的政策性课题和中长期发展规划；横向是和地方政府、地区智库互相支援主要用于解决实际问题的课题。纵向课题研究与横向课题研究具有互补性，二者结合能使课题组合变得更加全面和科学。2005年，NIRA分别和日本各地方政府、各地区智库共同成立了“都市行政评估网络工作会”、“地区智库协议会”，利用这两个交流平台，资源互补，共享研究成果。

NIRA现有15名研究人员、5名资深研究员、4名研究员，2名研究助理、2名客座研究员。研究人员为退役官僚、公司高管、大学教授等。

改制后的NIRA打破了研究人员的终身制，实行任期制。在人员聘请、预算使用等方面进行类似民间企业的自主运营。采用了一系列用人的竞争机制，对研究岗位原则上实行公开招聘。对有研究资质、能力的研究人员提供公平就职的机会，由外界专家组成评估委员会对研究成绩优异者给予重奖。NIRA研究人员的工资分基础工资和项目工资两部分，后者是前者的1倍之多。

NIRA鼓励研究人员特别是年轻人自主研究，充分发挥想象力，提出独特的见解，并进而开展相关研究。研究题目获评估委员会通过后，配套资金300万日元。自NIRA成立至今，自主研究占研究总数的20％以上。

NIRA管理上实行高度分权和尊重研究人员个人创造性的体制，管理部门只负责组织课题研究，实行“课题小组负责制”，定期商讨工作。

NIRA创立之初共募集资金81亿日元（现金、有价证券、固定资产等）；其中中央政府出资50亿，地方公共团体17亿，民间14亿。1974—2007年，NIRA每年度的研究经费（见表1）由中央政府拨款（经费预算必须由内阁总理批准后方可执行，如有变化，也必须得到总理的同意）、地方政府拨款（经费预算必须经地方议会批准）、民间捐款（企业或个人的捐款额可以抵税）组成。

表2　经费来源1974—2007（单位：亿日元）

类别	1974	1975	1976	1977	1978	1979	1980	1981	1982
国家	50.0	20.0	20.0	20.0	8.0	8.0	8.0	6.0	6.0
地方	17.0	6.8	6.7	6.7	6.7	3.0	2.9	1.7	1.7
民间	14.0	2.7	3.6	3.1	2.0	4.6	2.7	4.8	3.7
总数	81.0	110.5	140.8	170.6	16.7	15.6	13.5	12.5	11.4

类别	1983	1984	1985	1986	1987	1988	1989	1990	1991
国家	6.0	3.0	2.0	1.0	1.0	1.0	1.0	1.0	1.0
地方	1.7	1.5	0.3	0.3	0.3	0.3	0.3	0.3	0.3
民间	2.7	3.5	3.0	0.6	0.1	0.0	0.7	3.0	1.0
总数	10.4	8.0	5.3	1.8	1.3	0.7	2.0	4.3	2.3

类别	1992	1993	1994	1995	1996	1997	1998	1999	2000
国家	1.0	1.0	1.0	1.0	1.0	1.0	1.0	1.0	1.0
地方	0.3	0.3	0.3	0.3	0.3	0.3	0.3	0.3	0.3
民间	0.5	1.4	0.1	0.1	0.3	0.8	0.1	0.0	0.0
总数	1.8	2.7	1.4	1.4	1.6	2.1	1.4	1.3	1.3

类别	2001	2002	2003	2004	2005	2006	2007	累计	
国家	1.0	1.0	1.0	1.0	1.0	1.0	1.0	179.0	
地方	0.3	0.3	0.2	0.2	0.1	0.1	0.1	59.2	
民间	0.0	0.0	0.0	0.0	0.0	0.0	0.0	59.1	
总数	1.3	1.3	1.2	1.2	1.1	1.1	1.1	297.3	

http：//www.nira.or.jp/past/introj/index.html.

http：//www.nira.or.jp/about/financial/index.html.

日本经济一蹶不振后，NIRA 的研究课题和经费随之锐减，人才严重流失，失去了往日政策研究的权威地位，最后面临着生存危机。为了重振 NIRA，2007 年日本政府对 NIRA 实行了由国营转民营的改革，精简部门和人员，政府不再编制预算。研究经费由政府拨款改为政府无息贷款，一定期限后按比例归还。

现在 NIRA 的研究经费主要来源于社会基金资助和有价证券利息（由政府拨款的不动基金）两大块，2009 年度 NIRA 的财政收入为 6 亿日元，比最多时几乎减少了一半。在资金严重紧缺的情况下，NIRA 在选择研究课题上大幅度缩小范围，突出重点，首先挑选政府和社会关注度高的问题，保证经费配置。

表 3 财政收支 2002—2007（单位：百万日元）

会计科目	2002	2003	2004	2005	2006	2007
财政收入	1029.31	1172.96	1077.35	1077.36	1005.31	529.49
基金资助	992.00	935.02	851.56	851.56	787.13	443.57
出版物	16.00	11.10	14.68	14.69	7.35	2.85
收取利息	0.01	0.01	0.00	0.00	0.00	0.00
有价证券利息	20.40	224.66	210.79	210.79	206.43	81.51
到期债券收益	0.57	1.82	0.00	0.00	4.40	1.56
其它收益	0.33	0.35	0.32	0.32	0.00	0.07
财政支出	1099.78	1483.46	1081.94	1070.25	925.79	411.03
项目研究开发费	115.90	499.58	97.72	97.72	79.12	44.67
国际交流项目费	25.02	25.02	16.38	16.38	5.47	0.00
区域交流项目费	3.39	3.39	5.59	5.59	12.91	1.93
研究资助项目费	58.15	58.15	58.69	58.68	46.95	0.00
研究管理费	297.12	297.12	304.74	304.74	259.49	128.81
项目公开费	48.93	48.93	58.28	58.28	21.62	7.75
项目情报费	107.64	107.64	98.67	98.67	60.31	22.56
项目出版费	14.27	14.27	11.67	11.67	1.68	0.52
一般管理费	410.40	410.40	403.30	403.30	412.83	199.94
辞职费	6.81	6.81	6.89	6.89	3.50	0.81
固定资产折旧费	5.14	5.14	0.19	0.18	1.55	2.91
固定资产处理费	0.12	0.12	0.62	0.62	16.56	0.05
法人税、个人所得税、项目税	6.89	3.87	7.53	7.53	3.80	1.08

http：//www.nira.or.jp/past/introj/index.html.

http：//www.nira.or.jp/about/financial/index.html.

三、社会影响与国际合作

20世纪80年代，日本经济摆脱了“石油危机”的影响后，开始快速回升，生产和需求十分旺盛，出现了历史上少有的繁荣期。这段时期NIRA的研究对日本经济和政治发生过重要影响。曾参与制定佐藤政府的《新经济社会发展计划》、田中政府的《经济社会基本计划》、三木政府的《70年代后半期经济计划》、大平政府的《新经济社会七年计划》、中曾根政府的《80年代经济社会的展望和指针》、竹下登政府的《新五年计划》以及政府各部门的产业发展规划、各地方的区域发展规划等等。由于有政府研究经费的大力支持，有公务员制度的稳定保障，NIRA人才济济，拥有一批政府退役高官和学界精英。建立初期，因其聘用了有政府背景和有影响力的著名研究员，每年都能接到社会团体以及大企业大量的委托课题。

NIRA研究成果的发表主要分研究报告和出版两大形式（见表4）。研究报告主要在NIRA的内部刊物上发表，1975—2008年共发表840篇。出版是登载在外部刊物或书籍中，同一时期共发表599篇。

表4　成果发表1975—2008

类别	1975	1976	1977	1978	1979	1980	1981	1982	1983
报告	9	32	33	28	52	38	22	28	36
出版	0	2	2	5	17	17	23	24	22
年报	1	2	1	1	0	1	1	1	0
总数	10	36	36	34	69	56	46	53	58

类别	1984	1985	1986	1987	1988	1989	1990	1991	1992
报告	54	48	38	33	40	37	19	20	9
出版	31	34	29	36	31	29	26	15	17
年报	1	1	1	1	1	1	2	1	2
总数	86	82	68	70	72	67	47	36	28

类别	1993	1994	1995	1996	1997	1998	1999	2000	2001
报告	23	21	18	17	18	11	13	6	15
出版	12	15	15	16	13	16	16	16	26
年报	2	1	1	2	2	2	1	1	2
总数	37	37	34	35	33	29	30	23	43

类别	2002	2003	2004	2005	2006	2007	2008	累计	
报告	7	9	12	18	28	39	9	840	
出版	18	22	17	18	12	5	2	599	
年报	1	1	2	1	1	1	1	40	
总数	26	32	31	37	41	45	12	1479	

http：//www. nira. or. jp/past/introj/index. html.

http：//www. nira. or. jp/about/financial/index. html.

NIRA 共有 4 本内部刊物：1.《NIRA 政策研究》（月刊），主要登载政策课题的论点和专家、学者的看法。2.《系列对话》（不定期），记录社会各界知名人士与 NIRA 理事长的谈话要点，发现社会关注问题。3.《NIRA 研究报告书》（季刊），发表资助重大课题的研究成果。4.《NIRA 系列专题研究报告》（不定期），登载委托课题和自主研究的成果。

除此之外，NIRA 从创立至今，每年都发表《日本智库年报》。NIRA 的《日本智库年报》创办于成立之初的 1974 年，是著名的、权威性的全日本智库研究成果统计年报。作为系列，

NIRA还每3年发表1次《NIRA World Directory of Think Tanks》，介绍全世界的知名智库。NIRA每3个月对它的会员提供一份《Policy Research Watch》，这是一份登载了全球政策研究机构出版物的研究刊物目录，并进行了仔细的分类，以便查询。

1995年，为纪念首任研究评议会议长大来佐武郎，NIRA创设了“大来纪念政策研究情报馆”。图书馆收集了3万多本全世界政策研究机构的出版物（包括日本的），供读者阅览。

NIRA首任研究评议会议长大来佐武郎先生是一位出色的经济学家、政治家、外交家，在大平正芳首相内阁期间担任外务大臣，是《中日友好条约》的缔造者之一，在1979年曾任中国国务院经济顾问，这是中国历史上第一次也是唯一的一次聘请外国专家担任国家级经济顾问。他以后曾担任过联合国国际大学名誉校长、东南亚国家经济顾问等要职。大来佐武郎先生从20世纪60年代开始一直主张建立东亚区域合作机制。

NIRA从创立至今，国际交流一直是其三大重点研究领域（国政、区域、国际）之一，而建立并加强与亚洲各国、各地区智库的合作关系是NIRA国际交流中的重点。NIRA在它的《1977年NIRA政策研究报告》中就曾提出：“发展与亚洲的关系是日本对外关系的中长期战略。”

NIRA与中国国务院发展研究中心、中国发改委国土开发与地区经济研究所、中国综合开发研究院、韩国对外经济政策研究院、韩国国土研究院、新加坡东亚研究所等著名研究机构都有着长期的研究合作关系。

20世纪90年代初，随着欧洲统一市场的形成和北美自由贸易圈协定的签订，战后逐渐形成的国际贸易格局面临着重大改变，建立和发展区域之间的自由贸易圈成为90年代国际贸易发展的趋势。1999年11月在菲律宾召开的“东盟10+3”会议上，韩国总统金大中提议，由三国研究机构就加强三国的经济关系开展合作研究，得到了中国总理朱镕基、日本首相小渊惠三的赞同。日本综合开发研究机构、中国国务院发展研究中心、韩国对外经济政策研究院分别受三国政府的委托，自 2001 年 3 月开始就“中日韩之间的贸易和投资政策建议”进行合作研究，并于 2003 年 12 月各自向本国政府提交了联合研究报告。其中的主要政策建议被三国政府采纳并付诸实施。此后，三方都认为合作研究颇有成效，并有继续延伸扩大合作研究的必要性，因此自 2004 年 1 月至 2006 年 3 月进行了第二阶段“建立日本、中国、韩国自由贸易圈”的可行性联合研究。2005 年 9 月 25—27 日，三方在北京共同举办了“迈向中日韩自由贸易区：目标和任务”国际研讨会，会议就中日韩自由贸易区对三国的农业、钢铁业、纺织业及服务业等的影响进行了分析和探讨，提出了相应政策建议。2006 年 2 月 7—8 日，三方在日本沼津市召开了“关于日本、中国、韩国自由贸易圈的研究”研讨会，主要讨论了三国之间开展服务贸易的有关事宜。三机构的合作研究持续至今，在每年秋季举行的三国首脑会议上都能看到三方研究机构合作研究的政策提议。

1995—2005 年，NIRA 和中国综合开发研究院、韩国对外经济政策研究院、新加坡东亚研究所、台湾中华经济研究院共同在中国深圳、中国香港、日本冲绳、新加坡、中国澳门、日本福冈、中国台北、韩国济州岛和中国南宁分别举办了 9 届“东亚经济合作论坛”，共同探讨不同时期东亚经济发展所面临的问题，发挥东亚地区第二轨道的智囊与桥梁作用。“东亚经济合作论坛”已经是一个相当成熟的论坛，其务实性的研究成果对东亚各国政府的决策起到了一定的参考，对推动东亚区域经济合作发挥着积极的作用。

NIRA 还与中国发改委国土开发与地区经济研究所、韩国国土开发研究院合作，共同开展“东北亚规划设想”的课题研究，并于 2005 年 7 月在中国长春市、9 月在韩国安养市、2006 年 3

月在日本东京都3次召开研讨会，讨论研究成果。

除了自身开展研究外，NIRA还先后聘请了17名亚洲学者作为客座研究员共同合作研究，为他们提供研究设施和资金。

日本综合研究开发机构是日本少数几个不以营利为目的的研究机构。由于是非营利机构，因此在组织体制和运行方式上具有很大的弹性和适应性，能够对所涉足的领域进行长远规划、深入研究，及时发现新的社会问题，提出具体的切合实际的解决办法，可以直接影响政府政策的制定和执行。改革后的NIRA正处在阵痛时期，研究资金和项目大幅减少，优秀人才大量流失，国际交流几乎停止。相信NIRA一定会渡过难关，重振当年全日本研究机构总管的研究地位。

中国已进入信息化、市场化、全球化时代。传统的组织结构、运作模式和管理方式已无法与美、日智库在其本国的地位和作用相比。庞大僵化的组织机构、门类齐全的研究部门、人数众多的研究人员等等弊端，已经使得中国的智库失去了创造力和竞争力。中日两国的国情差异很大，我们的社会主义新智库建设不可能完全照搬NIRA的模式，但是，“他山之石，可以攻玉”，学习借鉴日本国有智库的改革经验，尤其是发挥研究机构的社会功能是大有益处的。日本综合研究开发机构的改革经验告诉我们，构建新智库必须做到更有效地吸取新的世界发展模式，学习和制定更合理、更有效的战略和采取更明确的行动。必须足够灵活，及时应变，能够重新分配资源，重新引导本单位的研究活动。智库作为大脑与智慧的产业，必须学会利用最先进、最快速、最高效的技术手段全面提升自己的竞争能力、生存能力。

两岸钓鱼岛列屿周边海域执法合作机制研究

金永明*

内容提要：钓鱼岛列屿主权争议问题是中日两国之间一个棘手的难题，如何解决钓鱼岛列屿问题是一个值得研究的课题。而两岸实施海洋问题合作是一个有效解决其主权归属的合适途径。本文首先从日本针对钓鱼岛列屿领有权的基本见解出发，剖析了其立场与观点的非法性，指出钓鱼岛列屿为中国的固有领土。其次，为收回钓鱼岛列屿，指出美国应承担违反国际条约的责任，并具有应将钓鱼岛列屿交还中国的义务；同时，考察了中日解决钓鱼岛列屿的两种方案，即东海划界和钓鱼岛列屿合并和分开解决的方案。再次，分析了两岸就海洋问题进行合作的可行性和必要性，指出了保卫钓鱼岛列屿的路径——两岸钓鱼岛列屿周边海域执法合作的机制，以期对解决钓鱼岛列屿问题提供参考和借鉴。

* 金永明，上海社会科学院法学研究所副研究员，法学博士；中国海洋发展研究中心研究员。

钓鱼岛及其附属岛屿（简称“钓鱼岛列屿”，台湾称“钓鱼台列屿”）主权归属争议问题，是中日两国之间切实存在的一个无法回避、又十分敏感复杂的问题。[①] 所谓的敏感性，因为其主要涉及民族情感问题；所谓的复杂性，因为对其的认识和解决除涉及中日两国外，还涉及台湾地区和美国因素，包括美国对钓鱼岛列屿的立场和态度等，所以，解决钓鱼岛列屿问题十分困难。尽管针对钓鱼岛列屿问题已有多位学者进行了系统研究，但从两岸海洋问题合作的视角出发的相关研究成果并不多见。本文将就两岸钓鱼岛列屿周边海域执法合作体制予以考察，旨在为解决钓鱼岛列屿问题提供些许的思路和可能的路径选择，以作参考与借鉴。

一、日本针对钓鱼岛列屿问题的立场与态度述论

为研究解决钓鱼岛列屿主权归属争议问题，有必要首先阐述中日针对钓鱼岛列屿的立场和态度。而体现日本针对钓鱼岛列屿基本立场的文件最主要的是：《日本关于钓鱼岛列屿领有权的基本见解》（1972 年 3 月 8 日）。[②] 为便于了解和分析，将其全文列出。

① 关于钓鱼岛及其附属岛屿的称谓问题，中国大陆对外一般称其为钓鱼岛及其附属岛屿，对钓鱼岛及其附属岛屿的简称则未统一；台湾多称其为钓鱼台列屿，为方便计，也为了一致对外，有必要在两岸间统一其称谓。笔者认为，可将钓鱼岛及其附属岛屿简称为钓鱼岛列屿或台湾地区的称谓钓鱼台列屿。本文将钓鱼岛及其附属岛屿简称为钓鱼岛列屿。

② 《日本关于钓鱼岛列屿领有权的基本见解》内容，可参见 http：//www.mofa.go.jp/mofaj/senkaku/index.html，2010 年 4 月 12 日访问。

(一)《日本关于钓鱼岛列屿领有权的基本见解》内容

日本政府在1895年通过冲绳县当局多次对钓鱼岛列屿（日本称“尖阁诸岛”）进行了实地调查，不单认为其是无人岛，也慎重地确认其没有涉及清朝控制的痕迹，所以在1895年1月14日，内阁通过了在现地建设标志为内容的决定，并将其正式编入日本国的领土。

钓鱼岛列屿在历史上一贯属于日本的领土西南诸岛的一部分，钓鱼岛列屿并不包含在根据1895年生效的《马关条约》第2条日本从清朝割让的台湾及澎湖列岛之内。

同时，即使在《旧金山和约》中，钓鱼岛列屿也不包含在日本根据该和约第2条放弃的领土内，而是根据第3条作为西南诸岛的一部分置于美国的施政之下，并包含在日美于1971年6月17日签署的琉球群岛和大东诸岛协定（《归还冲绳协定》）将施政权归还日本的地域之中。上述事实非常明确地表明了钓鱼岛列屿为日本国的领土。

另外，钓鱼岛列屿不是台湾的一部分，这从中国对钓鱼岛列屿被包含在根据《旧金山和约》第3条置于美国施政权下的事实从未提出任何异议的做法，也是很明显的；中华人民共和国政府和台湾当局均是在70年代后半期开发东海大陆架的石油活动开始表面化后才主张对钓鱼岛列屿的所有权而成为问题的。

最后，一直以来中华人民共和国政府和台湾当局从所谓的历史、地理、地质根据出发对钓鱼岛列屿主张所有权，但这些不足以成为主张其所有权的国际法上的有效论据。

(二)论析《日本关于钓鱼岛列屿领有权的基本见解》

针对日本关于钓鱼岛列屿的上述立场，笔者认为，重要的有以下几个方面的内容，现逐一论析如下：

1. 钓鱼岛列屿是否为无主地，可否适用先占原则？实际上，钓鱼岛列屿在明、清时期即为中国领土而非无主地，这并非仅在中国官方册封史的文献中有记载，而且是国际间的共识。即使日本史地学家林子平的《三国通览图说》（1785 年）附《琉球三省并三十六岛之图》中，将钓鱼台、黄尾山、赤尾山涂上与中国福建省相同之颜色，明确表示它们为中国领土。此外，有许多欧洲国家当年出版的地图，也是将钓鱼岛列屿标为中国领土。因此，日本政府有关钓鱼岛列屿为无主地的论据，是不符合历史事实的，同时也是站不住脚的。[①]

钓鱼岛列屿不是无主地，就不能用先占原则作为拥有其领土主权的论据。日本政府提出的经过考察后钓鱼岛列屿是无人岛的说法，只是为了有意将无人岛等同于无主地。

所谓的无主地，是指不属于任何国家的土地，但并不一定是没有住民的土地。而先占是指早于其他国家，通过对无主的土地实施有效控制而取得领域的方式。但要使对无主地的先占有效，需具备以下两个要件：第一，想先占无主地的国家需要有将此土地作为自己领有的意思，并通过一定的方式予以表示。第二，国家必须对该土地实施有效占有。所谓的有效占有，是指国家权利事实上行使于该地域，尽管对于有效占有国际社会一般无统一的模式，要根据该土地的状况（地理条件和人口密度等）而定，对于居住困难的土地，诸如进行定期的巡航、必要时派遣国家机关等就可以认为是有效的占有，而单为插国旗等那样的象征性行为，一般不认为是有效的占有。[②] 换言之，“有效占有”应依该

① 郑海麟著：《从历史与国际法看钓鱼台主权归属》，海峡学术出版社，2003 年版，第 27—28 页。

② 田佃茂二郎著：《国际法新讲》（上），（日本）东信堂，1994 年版，第 191—192 页。

地域之实际情况、当时之交通情况，予以弹性解释。[①]

尽管日本内阁于1895年1月14日作出了在钓鱼岛列屿建立标志为内容并将其编入日本领土的决定，但日本所谓的对钓鱼岛列屿的调查和建立标志的内阁决定，都是秘密地进行的，原因是怕当时的清朝政府知晓引起争议。同时，至1969年5月5日止，日本政府没有在钓鱼岛列屿建立任何具有“管辖痕迹”或领土意思的标志，也就不符合上述国际法意义上的先占原则。[②]

2. 钓鱼岛列屿是否为日本西南诸岛的一部分，抑或为台湾的一部分？上述日本针对钓鱼岛列屿的政府见解或声明指出，钓鱼岛列屿历来为构成日本领土西南诸岛的一部分，根据《马关条约》第2条，钓鱼岛列屿并不在清朝割让给日本的台湾、澎湖列岛之内。

其实，日本声称钓鱼岛列屿向来为构成琉球西南诸岛的一部分，这是没有历史事实根据的。从历史上看，无论中国、琉球或日本的文献，根本找不出钓鱼岛列屿划入琉球王国版图、构成西南诸岛一部分的证据。相反，却有大量的文献证明，钓鱼岛列屿属于中国版图。日本声称钓鱼岛列屿为西南诸岛的一部分的理由，主要有以下两个方面：

第一，根据1953年美国琉球民政府发布的27号布告所划定的经纬度线。美国琉球民政府于1953年12月25日发布并施行了《琉球列岛的地理境界》（即27号布告）。按该布告所划琉球列岛地理境界之经纬度，6点加起来即包括从北纬24—28度，东经122—133度之内的琉球群岛，而钓鱼台、黄尾屿、赤尾屿位于北纬25—26度、东经122—124度之间，正好在其经纬度

① 参见傅昆成著：《南（中国）海法律地位之研究》，台湾123资讯有限公司，1995年版，第12—13页。

② 为显示对钓鱼岛列屿的行政管辖，1969年5月日本石垣市在各岛设置了钢筋水泥制的标识或标记。参见郑海麟著：《从历史与国际法看钓鱼台主权归属》，海峡学术出版社，2003年版，第30—31页。

内。这便是日本声称钓鱼岛列屿属于琉球领土一部分的论据。[①]

在此重要的是，美国琉球民政府布告所划的琉球列岛地界，是否具有国际法的效力？而根据国际法及有关国家间边界划分的惯例，涉及国家间边界问题时，应尊重历史上形成的自然疆界，如有争议，则必须与有关国家进行协商，单方面的意见是无法律效力的。关于两国边界的划分，一般有四条标准。首先是地文疆界标准，一般以自然地理实体作为划界标准。其次是天文疆界标准，界线与地图经纬线吻合。再次为几何疆界标准，指从疆界上某一固定点到另一固定点划一条直线为界。最后为人类地理疆界标准，如民族疆界依民族分布划分，宗教疆界按居民宗教信仰区确认，强权疆界由战争和实力确定等。而美国琉球民政府确定的琉球列岛地界范围是依据天文疆界、几何疆界标准的划分法，即先划定经纬线，然后用几何法切割之。而这种划分方法忽视了地文疆界标准，即横亘于东海大陆架和琉球群岛之间的东海海槽，以及由这一海槽分隔赤尾屿（属中国）和久米岛（属琉球）两地的分界标志。[②]

实际上，中国与琉球的地文分界，自明、清以来，不仅有大量历史及官方文献记载，且为国际社会所接受。其分界的标志就是赤尾屿和久米岛。[③] 即赤尾屿以西为中国的领土。特别是清朝沈复著《浮生六记》第五卷《海国记》中有关钓鱼岛的记载，证明钓鱼岛在中国的领域之内，例如，其载“嘉庆十三年（1808年），有旨册封琉球国王……十三日辰刻，见钓鱼台（即钓鱼岛），形如笔架。遥祭黑水沟（即东海海槽），遂叩祷于天后……

① 参见郑海麟著：《从历史与国际法看钓鱼台主权归属》，海峡学术出版社，2003年版，第22—23页。

② 参见郑海麟著：《从历史与国际法看钓鱼台主权归属》，海峡学术出版社，2003年版，第23—24页。

③ 参见郑海麟著：《从历史与国际法看钓鱼台主权归属》，海峡学术出版社，2003年版，第3—13页。

十四日早，隐隐见姑米山，入琉球界矣”。[①] 所以，包含赤尾屿在内的钓鱼岛列屿根本不是琉球群岛西南诸岛的一部分。

第二，利用《马关条约》割让台湾、澎湖列岛时没有提到钓鱼岛列屿这点来反推该群岛属于西南诸岛。即日本政府认为，既然中国声称拥有对钓鱼岛列屿的主权，并且说其为台湾的附属岛屿，那么其理应包括在《马关条约》割让之列，而《马关条约》第2条规定割让台湾、澎湖及其附属岛屿，并无提及钓鱼岛列屿，可见该列岛不在台湾、澎湖及其附属岛屿之内。既然不属于台湾、澎湖及其附属岛屿，那么就是西南诸岛的一部分。[②] 显然，这种推论是不能成立的。理由为：

首先，尽管《马关条约》第2条第2—3款中未提及钓鱼岛列屿，但并不能据此推出钓鱼岛列屿为西南诸岛的一部分的结论。因为台湾全岛及所有附属各岛屿所涵盖的其他许多岛屿都没有在《马关条约》第2条中提及，如接近台湾本岛的兰屿、琉球屿、花瓶屿、彭佳屿等。

其次，钓鱼岛列屿由于台湾渔民经常出没作业的关系，习惯上将该列岛视为台湾附属岛屿，这是一种历史的自然形成，对于这种地理概念的历史形成，中日的文献资料均有反映。例如，明朝嘉庆帝派遣的“宣谕日本国”的特使郑舜功所撰《日本一鉴》（1564年）便记有：“钓鱼屿，小东小屿也”（小东即台湾），即钓鱼屿被视为台湾附属小屿的；[③] 明治28年（1895年）日本海军省所撰《日清战史稿本》之《别记·台湾匪贼征讨》记载的尖阁岛位置，是在“台湾淡水港北方约90海里（小基隆之海面）”，

---

① 参见“山西人拿出新证据，钓鱼岛自古属中国”，载 http://www.tynews.com.cn/news_3592697.htm，2010年9月13日。也参见沈复著，彭令整理，《浮生六记》（新增补），人民文学出版社，2010年版，第83页。

② 参见郑海麟著：《从历史与国际法看钓鱼台主权归属》，海峡学术出版社，2003年版，第33—36页。

③ 参见郑海麟著：《从历史与国际法看钓鱼台主权归属》，海峡学术出版社，2003年版，第83—87页。

也是把钓鱼岛列屿视为台湾附属岛屿的。[①]

再次，钓鱼岛列屿在行政上虽从未划入台湾附属岛屿的范围，但在胡宗宪编的《筹海图编》、茅元仪辑的《武备志》、施永久编的《武备秘书》等官方文献中，已将台湾、澎湖列岛、彭佳山、钓鱼屿、黄毛山（黄尾屿）、赤尾屿等作为福建沿海岛屿划入海防区域，置于东南沿海军事指挥部的行政管制之内。[②] 即钓鱼岛列屿主权属于中国。

最后，从地理位置上看，钓鱼岛列屿与台湾岛都处于东海大陆架上，为中国大陆架向东南的延伸。从地质构造上看，钓鱼岛列屿属于台湾北部大屯山火山带，而西南诸岛则属于雾岛火山带。同时，西南诸岛与钓鱼岛列屿之间隔着一道深达 2700 米的东海海槽（冲绳海槽）。

因此，钓鱼岛列屿为台湾附属岛屿不但有历史文献佐证，而且获得现代科学的验证。为此，《马关条约》第 2 条第 2 款规定割让的台湾全岛及所有附属各岛屿，理应包括钓鱼岛列屿，所以，日本占据钓鱼岛列屿的法律依据，至少部分根据《马关条约》中的台湾附属各岛屿一并割让之规定。

3. 钓鱼岛列屿是否属于国际条约中日本应放弃的领土？众所周知，1895 年日本趁甲午战争清朝政府败局已定，在《马关条约》签订前三个月（即 1895 年 1 月）窃取钓鱼岛列屿，划归冲绳县管辖。1943 年 12 月中、美、英发表的《开罗宣言》规定，日本将所窃取于中国的包括东北、台湾、澎湖列岛等在内的土地归还中国。1945 年的《波茨坦公告》规定："开罗宣言之条件必将实施。"1945 年 8 月，日本接受《波茨坦公告》宣布无条件投降，这就意味着日本将台湾，包括其附属的钓鱼岛列屿归还

---

① 参见郑海麟著：《从历史与国际法看钓鱼台主权归属》，海峡学术出版社，2003 年版，第 34 页。

② 参见郑海麟著：《从历史与国际法看钓鱼台主权归属》，海峡学术出版社，2003 年版，第 34—35 页。

中国。但1951年9月8日，日本却同美国签订了《旧金山和约》，将钓鱼岛列屿连同日本冲绳交由美国托管。对此，当时的周恩来总理兼外长代表政府郑重声明，指出《旧金山和约》是没有中华人民共和国参加的对日单独和约，不仅不是全面的和约，而且完全不是真正的和约；中国政府认为是非法的、无效的，因而是绝对不能承认的。[①] 1971年6月17日，日美签订《归还冲绳协定》，将钓鱼岛列屿划入“归还区域”交给日本。对此，曾在1971年6月11日，台湾就发表了《关于琉球群岛与钓鱼台列屿问题的声明》，关于钓鱼台列屿声明指出，台湾对于美国拟将钓鱼台列屿随同琉球群岛一并移交之声明，尤感惊愕。台湾认为，钓鱼台列屿系附属台湾省，构成中国领土之一部分，基于地理地位、地质构造、历史联系以及台湾省居民长期继续使用之理由，已与中国密切相连，台湾根据其保卫国土之神圣义务在任何情形之下绝不能放弃尺寸领土之主权。即主张了对钓鱼岛列屿的所有权，并强烈要求美国结束管理时将其交还中国；[②] 中国外交部于1971年12月30日发表声明，强烈谴责美日两国政府公然把我钓鱼岛列屿划入“归还区域”，严正指出“这是对中国领土主权明目张胆的侵犯，中国人民绝对不能容忍”；“美日两国在《归还冲绳协定》中，把我国钓鱼岛列屿列入‘归还区域’，完全是非法的，这丝毫不能改变中华人民共和国对钓鱼岛列屿的领土主权”。即台湾地区和中国政府通过外交途径主张了对钓鱼岛列屿的所有权。[③]

实际上，钓鱼岛列屿主权归属问题是中日双方之间的问题，

---

① 参见《周恩来外长关于美国及其仆从国家签订旧金山和约的声明》（1951年9月18日），载田桓主编：《战后中日关系文献集（1945—1970）》，中国社会科学出版社，2002年版，第103—104页。

② http：//www.mofa.gov.tw/public/Attachment/91191746471.doc.2010 年 4 月12日访问。

③ 参见濑户内四海：《钓鱼岛列屿的历史》，载 http：//ameblo.jp/kablogsan/entry－10128484048.html，2010年4月12日访问。

没有中国的参与和同意，日本与任何第三方就此问题所作的安排都是无效的，并对中国没有约束力；[①] 在处理战后领土归属问题上，日本只能严格遵守其接受的《波茨坦公告》和《开罗宣言》，美日之间的任何条约或协定都不能变更钓鱼岛列屿的地位。况且美国政府早就声明："把原从日本取得的对这些岛屿的行政权归还给日本，毫不损害有关主权的主张；美国既不能给日本增加在他们将这些岛屿行政权移给我们之前所拥有的法律权利，也不能因为归还给日本行政权而削弱其他要求者的权利。"[②] 可见，美国政府也没有因条约或协定而承认日本对钓鱼岛列屿拥有主权。

4. 大陆和台湾从历史、地理、地质方面主张对钓鱼岛列屿的所有权的目的何在？笔者认为，大陆和台湾从历史、地理和地质方面主张对钓鱼岛列屿的所有权的目的，是为了证明钓鱼岛列屿是我国的固有领土，是为了说明中国对钓鱼岛列屿拥有权原，即原始的权利。

从历史上看，钓鱼岛列屿不仅是中国人民最早发现、最早命名、最早开发的，而且也是中国最早对其行使主权的。例如，在明代文献中已见钓鱼岛、赤尾屿和黄尾屿的名称；即使在美国施政下的琉球政府公文中，黄尾屿和赤尾屿等名称也原封不动地被使用，即中国对钓鱼岛列屿最先命名；早在我国明朝的众多历史文献中，如上提及的《筹海图编》、《武备志》、《武备秘书》等书籍中，都载明钓鱼岛等岛屿在中国的海防范围之内，即钓鱼岛列屿早已纳入中国海上防卫领域；明清时代，中国与自己的藩属琉球国往来甚多，除琉球每年派船前来纳贡外，每逢琉球新国王即位，中国皇帝都遣使前往册封，而在许多册封史录中都一致记载了中国与琉球的分界在赤尾屿和久米岛之间，即钓鱼岛列屿位于

① 例如，《维也纳条约法公约》第 34 条规定，条约非经第三国同意，不为该国创设义务或权利。

② 季国兴著：《中国的海洋安全和海域管辖》，上海人民出版社，2009 年版，第 25—26 页。

中国版图之内；康熙四十年（1701年），琉球国使臣蔡铎进献的中山世谱地图及说明中，记载琉球的36岛，其中并无钓鱼岛等岛屿，日本出版的一系列有关琉球的地图中也都无钓鱼岛列屿，即琉球国地图中向无钓鱼岛列屿。[①]

从地理上看，钓鱼岛列屿由五个无人小岛与三个岩礁组成，位于台湾的东北与冲绳的西南，南距基隆102海里，北距冲绳首府那霸230海里；如以中日两国领土（包含无人小岛）计算，则钓鱼岛列屿距离最近的中国领土彭佳屿和最近的日本领土先岛群岛各为90海里左右，所以，钓鱼岛在地理位置上恰在中日两国的中央。[②] 钓鱼岛列屿所在的这种地理位置也是我们主张不给其在东海划界中赋予效力的论据之一。

从地质上看，钓鱼岛列屿是新第三纪岩层被火山喷出物贯穿后形成的幼年锥形岛屿，与台湾北部沿海离岛花瓶屿、棉花屿及彭佳屿一样，都是观音山、大屯山等海岸山脉延伸入海后的突出部分，各岛多为隆起的珊瑚礁所围绕；而钓鱼岛列屿正好位于大陆架的边缘。其西面就是沉积物丰厚的台湾海盆，东面则隔冲绳海槽与先岛群岛相望。[③] 为此，有必要阐述东海（东中国海）大陆架的地质和地形等情况。

东海是中国大陆东岸与太平洋之间的一个半封闭海，包围东海的陆地分别是中国大陆和台湾、日本的琉球群岛与九州、以及韩国的济州岛。东海南北长约550—750公里（300—400海里），东西宽约260—520公里（140—280海里），总面积达75.2万平方公里（29.03万平方英里）。从地形学来看，东海就是由大陆

① 金永明著：《东海问题解决路径研究》，法律出版社，2008年版，第14—15页。

② 马英九著：《从新海洋法论钓鱼台列屿与东海划界问题》，台湾正中书局，1985年版，第23页。

③ 马英九著：《从新海洋法论钓鱼台列屿与东海划界问题》，台湾正中书局，1985年版，第23—24页。

架、冲绳海槽与琉球群岛所构成，而冲绳海槽就成为分隔东海大陆架与琉球群岛的天然界限。因为冲绳海槽在地质上具有既非大陆壳也非海洋壳的边界特质，所以，冲绳海槽在地形上为东海大陆架和琉球群岛的天然界限。[①] 即冲绳海槽两侧的地质结构完全不同，其东侧在地质上为琉球岛弧，地壳运动异常活跃，而西侧则为一个稳定的大型沉降盆地，所以，冲绳海槽构成中国东海大陆架与琉球岛架的自然分界线，它理应作为两国划分大陆架边界的事实根据。同时，从东海大陆架的沉积物特征和形成来看，其沉积物以富含生物遗骸的砂或砂质堆积物为特征，在成因上，其沉积物主要来自中国大陆，通过黄河、长江及其他中国河流输入东海堆积而成。[②] 可见，东海大陆架是中国东部大陆的自然延伸。

既然从历史、地理和地质等方面足以说明钓鱼岛列屿为中国的固有领土，其根本不是无主地，即中国对钓鱼岛列屿具有原始的权利，因而日本在 1895 年通过内阁决定将其划入日本领土的行为就不具有法律效力。

5. 中国大陆和台湾只是在 20 世纪 70 年代后期才主张钓鱼岛列屿的主权吗？众所周知，关于钓鱼岛列屿的主权争议爆发于 1969 年在联合国远东经济委员会新成立的“联合勘探亚洲海底矿产资源协调委员会”赞助下、由以艾默利为首的多国地质学家针对东海的物理勘探所出具的勘测报告（简称“艾默利报告”）。该报告有关东海石油蕴藏的乐观估计，在沿岸各方造成震撼，导致 70 年代东北亚的“海域石油之战”。[③] 但大陆和台湾针对钓鱼岛列屿的主权声明，历来存在。例如，上文中的中国政府周恩来

---

① 马英九著：《从新海洋法论钓鱼台列屿与东海划界问题》，台湾正中书局，1985 年版，第 13—14 页，第 17 页，第 23 页。

② 赵理海著：《海洋法的新发展》，北京大学出版社，1984 年版，第 51—67 页。

③ 马英九著：《从新海洋法论钓鱼台列屿与东海划界问题》，台湾正中书局，1985 年版，第 19—21 页。

外长于1951年9月18日发表的关于旧金山和约的声明内容就包含了对钓鱼岛列屿的主张。更值得注意的是，中日外交关系是在1972年9月29日《中日政府联合声明》发布后才确立的。例如，《中日政府联合声明》第4款规定，中日两国政府决定自1972年9月29日起建立外交关系；第8款规定，中日两国政府为了巩固和发展两国间的和平友好关系，同意进行以缔结和平友好条约为目的的谈判。1978年8月12日，中日两国政府缔结了《中日和平友好条约》。所以，在两国未建立外交关系前，中国政府针对钓鱼岛列屿问题的声明并不多见。但这不能表示中国政府默认了日本对钓鱼岛列屿的主权。为此，日本认为，中国大陆只是在70年代后期才主张钓鱼岛列屿主权的所谓见解是完全不符合事实的，也是根本站不住脚的。

（三）针对《日本关于钓鱼岛列屿领有权的基本见解》的几点结论

从上面分析《日本关于钓鱼岛列屿领有权的基本见解》内容，我们可以得出如下几点结论：

第一，日本在将钓鱼岛列屿划入所谓的日本领土时，其根本不是所谓的无主地，而是有主地，这个主人就是中国（清朝）政府，所以，日本不能用先占原则拥有对钓鱼岛列屿的主权。况且这种先占是有缺陷的。

第二，钓鱼岛列屿根本不是琉球西南诸岛的一部分，而是台湾的附属岛屿，且应包含在《马关条约》割让的领土之内。

第三，钓鱼岛列屿主权问题的解决需要由中日两国予以确定，日本与任何第三方缔结的条约或协定无法拘束中国，也不能改变钓鱼岛列屿的法律地位。对于战后领土归属问题，包括钓鱼岛列屿问题应由国际条约（《波茨坦公告》、《开罗宣言》）予以确认。从这些国际条约可以确定的是，钓鱼岛列屿为中国的领土，其所有权属于中国。

第四，钓鱼岛列屿现被日本非法地控制和占领。钓鱼岛列屿在1945年4月美军占领琉球后就已事实上脱离日本。因为，日本接受《波茨坦公告》，承认其领土限于四大岛及盟国决定的其他小岛后，琉球群岛和钓鱼岛列屿在法律上已完全脱离日本。同时，随着《马关条约》的废除和台湾归还中国，中国已在法律上恢复了对钓鱼岛列屿的主权，但由于日美《归还冲绳协定》的错误做法，致使钓鱼岛列屿的施政权给了日本，使日本非法地控制和占领了钓鱼岛列屿。但这种非法占据并不能改变钓鱼岛列屿的法律地位，也不能改变其属于中国的事实。

第五，中国大陆和台湾并不是只在东海储备丰富资源的调查报告出来后，才开始主张对钓鱼岛列屿的主权的，而是一直在主张的。

既然钓鱼岛列屿为中国的固有领土，而现状是其被日本非法窃占控制着，所以，需要考虑收回钓鱼岛列屿的方法和手段，即需要考察钓鱼岛列屿的解决方法。

二、钓鱼岛列屿主权归属争议解决方法考量

既然钓鱼岛列屿是美国根据所谓的《归还冲绳协定》将其的施政权交予日本的，所以最直接的解决方法就是要让美国将其交予中国，由中国恢复管辖属于自己国家的领土——钓鱼岛列屿。因为，美国将钓鱼岛列屿的施政权交予日本的做法，严重地违反了国际条约的内容和精神，应承担相应的责任。主要理由为：

第一，中国收回钓鱼岛列屿领土有国际法依据。首先，《开罗宣言》指出，中、美、英三国发表该宣言之宗旨在使日本所窃取于中国之领土，例如东北三省、台湾、澎湖列岛等，归还中国；其他日本以武力或贪欲攫取之土地，亦务将日本驱逐出境。可见，日本应将包括钓鱼岛列屿在内的领土归还中国。其次，

《波茨坦公告》第8项规定，《开罗宣言》之条件必将实施，而日本之主权必将限于本州、北海道、九州、四国及吾人所决定其他小岛之内。同时，日本于1945年8月15日投降，并在投降书上签字，《日本无条件投降书》第一条规定，日本接受《波茨坦公告》的条款，显然，日本同意无条件地将包括钓鱼岛列屿在内的所掠夺的领土全部交还中国。

第二，美日签订《旧金山和约》违反国际条约，在法律上无效，对中国无拘束力。1951年9月4日，美国单方面邀请了52个国家，在旧金山举行对日和会。于1951年9月8日以美、英、法等48个国家为一方与日本为另一方在旧金山签署的《旧金山和约》，规定日本放弃对台湾及澎湖列岛的一切权利；日本同意将琉球群岛和小笠原群岛等置于联合国托管之下而以美国为唯一管理当局。实际上，《联合国家宣言》、《开罗宣言》、《波茨坦公告》等国际协定都规定同盟国家不得与敌国单独媾和，对日和约应先经中、苏、美、英等四国外长会议准备，并采取大国一致原则才能签订全面对日和约，美国单独对日缔结和约违反了国际条约的内容和精神，侵害了其他盟国的合法利益，因为，在日本放弃的领土中，并未明确放弃岛屿的归属问题，这严重地侵犯了中国和苏联等国家的主权，自然遭到了苏联和中国的强烈反对。应该说，《旧金山和约》是美国操纵下部分国家与日本签订的片面和约，是一个违反国际协定、侵犯中苏等国主权、适合美国称霸亚太战略利益的和约。它是无法拘束第三者——中国的。

第三，美日通过签订《归还冲绳协定》，再次故意将钓鱼岛列屿的施政权交予日本。更令人气愤的是，美国在《旧金山和约》中将钓鱼岛列屿划入琉球群岛，置于托管范围之内，所以，美日签订《归还冲绳协定》时将钓鱼岛列屿列入“归还区域”，又一次丧失了中国收回钓鱼岛列屿主权的机会，致使日本控制了钓鱼岛列屿。美国这样做的主要目的为，利用日本遏制中国的发展，并在中日之间留下钓鱼岛列屿主权争议问题，以牵制中国和日本。

尽管美国具有违反国际协定的责任，但要让美国将钓鱼岛列屿从日本政府那里拿回来交给中国存在一定的难度。因为，美日是同盟国，美国又需要日本牵制中国等国家，以实现美国的亚太战略部署或目标。同时，如果中国将钓鱼岛列屿问题提交国际法院，诉讼美国应承担违反国际协定的义务，也存在一定的不可预见性。所以，钓鱼岛列屿问题的解决方法仍需要中日两国之间的平等协商，以得到合理解决，即利用和平方法合理解决钓鱼岛列屿的主权归属问题。这种方法既符合中日政治文件的要求；[①] 也符合《联合国宪章》和平解决国际争端原则和《联合国海洋法公约》的制度规范。[②]

可以预见，今后中日两国之间在核心利益上的争夺将主要集中于海上，所谓的海洋问题引发的冲突，钓鱼岛列屿主权归属争议问题就是其中之一。如何处理钓鱼岛列屿问题是摆在中日两国之间的一个棘手的难题。笔者认为，中日两国之间关于钓鱼岛列屿问题的解决模式，主要有两种方案：第一，钓鱼岛列屿问题与东海划界问题一并解决的方案，即将钓鱼岛列屿问题放在东海划界问题中一并解决的方案。第二，钓鱼岛列屿问题与东海划界问

① 例如，《中日政府联合声明》（1972 年）规定，中国政府和日本政府同意在和平共处五项原则的基础上，建立两国间持久的和平友好关系；根据上述原则和《联合国宪章》的原则，两国政府确认，在相互关系中，用和平手段解决一切争端，而不诉诸武力和武力威胁。《中日和平友好条约》（1978 年）前言指出，中日政府确认，中日政府联合声明是两国间和平友好关系的基础；第 1 条第 2 款规定，根据和平共处五项原则和《联合国宪章》的原则，缔约双方确认，在相互关系中，用和平手段解决一切争端，而不诉诸武力和武力威胁。参见《当前中日关系和形势教育活页文选》，红旗出版社，2005 年版，第 77—81 页。

② 例如，《联合国宪章》第 2 条第 3 款规定，各会员国应以和平方法解决其国际争端，避免危及国际和平、安全及正义。《联合国海洋法公约》第 297 条规定，各缔约国应按照《联合国宪章》第 2 条第 3 款以和平方法解决它们之间有关本公约的解释或适用的任何争端，并为此目的以（联合国）宪章第 33 条第 1 款所指的方法求得解决。

题分开解决的方案，即将钓鱼岛列屿问题从东海划界问题中分离出来，单独解决的方案。[①]

众所周知，在东海划界问题上，中日两国针对海域划界争议问题存在严重的对立和分歧，致使迄今仍未缔结最终的划界协议。两国针对海域划界上的对立和分歧，主要集中在以下方面：第一，海域划界应适用公平原则并考虑大陆架的自然延伸，还是应适用等距离原则包括承认日本单方面主张的“中间线”上的分歧；第二，针对钓鱼岛列屿的主权争议，两国均主张钓鱼岛列屿为自国的领土，且互不相让；第三，针对钓鱼岛列屿在海域划界中的地位与作用上的分歧，中国认为两国针对钓鱼岛列屿存在主权争议，考虑钓鱼岛列屿的实际状况和地理位置，在海域划界中主张不应赋予钓鱼岛列屿效力，同时主张其不能成为划定领海基线的基点，而日本所谓的“中间线”就是以钓鱼岛列屿为基点划定的；第四，在东海大陆架是共架，还是非共架上的分歧。中国认为，东海大陆架是非共架，其分界线为冲绳海槽的中间线，日本认为，冲绳海槽只是一个偶然的凹陷，东海大陆架是共架，中日两国应平分东海大陆架。[②]

考虑到中日两国均为能源资源消费大国，为进一步推进中日战略互惠关系，兼顾中日两国政府领导人的政治意愿，经过多次谈判和协商，两国政府于 2008 年 6 月 18 日发布了《中日关于东海问题的原则共识》（简称《原则共识》）。《原则共识》是一个政治性质的文件，并没有法律拘束力，也不改变双方针对东海划界的法律主张与立场，只是一个实施合作开发和共同开发的原则性意愿。例如，《原则共识》指出，经过认真磋商，两国一致同意在实现划界前的过渡期间，在不损害双方法律立场的情况下进行

① 当然，除上述两种解决钓鱼岛列屿的方案外，还有一种方案为将钓鱼岛列屿置于台湾问题之内一并解决的方案。

② 中日两国在东海划界问题上的对立和分歧内容，参见金永明：“中日东海问题原则共识内涵与发展趋势”，载《东方法学》2009 年第 2 期，第 102—104 页。

合作。同时，《原则共识》并没有涉及针对钓鱼岛列屿的归属问题，也没有作出相应的制度性安排，所以，针对钓鱼岛列屿的争议问题两国之间依然存在。这是不容忽视的事实！

由于海域划界问题涉及能源资源的归属问题，并关联主权，相关方一般均不会作出很大的让步，因此，可以预见，近期无法在中日两国之间达成最终的海域划界协议。鉴于中日两国均为能源资源进口和消费大国，应该说，两国存在合作的空间和必要性，所以，进一步推进《原则共识》中的合作开发和共同开发是两国应努力的方向。同时，也应消除两国针对《原则共识》的分歧，以切实开发利用东海海底资源，为两国的社会经济发展服务。[①]

总之，在东海问题（一般认为，东海问题包括海域划界、资源开发、岛屿争议和海上安全等问题）的解决上，中日两国需要做以下几个方面的工作：第一，如何处理日本单方面主张的“中间线”问题，包括大陆如何批判其的违法性。第二，如何进一步推进《原则共识》的实施，包括消除两国之间存在的分歧，为实施共同开发活动进行实质性的谈判和磋商，进而缔结共同开发协议。第三，如何处理钓鱼岛列屿在海域划界中的地位与作用问题，包括确定其在划定领海基线上的作用及其在划界中的地位问

① 笔者认为，中日两国关于《原则共识》的分歧，主要体现在以下两个方面。第一，合作开发与共同开发的区别。在《原则共识》中既存在合作开发，又存在共同开发。对于“春晓”油气田的开发就是合作开发。如果日本法人不向中国企业提出合作开发的申请活动，则我国对“春晓”油气田的开发活动仍可继续进行。而共同开发与合作开发的关键性区别在于，主权是否存在争议。传统意义上的共同开发，是指对争议海域的矿床或海域边界附近的矿床连接在一起的资源进行共同开发的情形。所以，《原则共识》中的指定区块的共同开发区域既不是争议海域，也不是海域边界附近的矿床连接在一起的区域，换言之，《原则共识》中指定的共同开发区块的法律地位是不确定的，可以把它看作是广义的合作开发区域。第二，合作开发与共同开发是否可以单独进行，还是需要共同推进上的分歧。应该说，《原则共识》中的上述内容是独立的，是两种独立的活动，是不需要同时推进实施的。只要有一种开发活动有所成效，就表明《原则共识》得到了发展。上述内容，参见金永明：“中日推进东海开发的路径选择”，载《东方早报》，2010年2月25日，第A17版。

题。应该强调指出的是，东海问题的核心是钓鱼岛列屿归属争议问题。因为，其关联海域的基线、划界和资源开发等问题。

针对与本文有关的内容，从国际司法判例来看，位于相向海岸之间的、主权存在争议的岛屿，一般在海域划界中多赋予其零效力，也不以其为基点划定基线，即最多只能划定12海里的领海，所以，针对钓鱼岛列屿问题，可以将钓鱼岛列屿归属争议问题与海域划界问题分开，使得东海问题的解决变得简单，并容易解决。换言之，笔者认为，可以利用第二种方法单独解决钓鱼岛列屿问题，但作为条件，应在今后的中日两国之间达成的协议或协定中对钓鱼岛列屿问题作出相应的规定或安排。

在钓鱼岛列屿主权归属问题上，笔者认为，目前的主要任务为：首先，应让日本承认在钓鱼岛列屿主权归属问题上存在争议，双方应就钓鱼岛列屿问题进行平等谈判和协商。其次，应设法让日本削弱或解除对钓鱼岛列屿周边海域的警备体制。再次，如何发挥台湾在保护钓鱼岛列屿方面的作用，可以考虑的路径之一为缔结两岸海洋问题合作框架协议，以共同保卫钓鱼岛列屿；同时，也可考虑让台湾参加中日两国之间的相关磋商和谈判工作。最后，如果中日两国无法就钓鱼岛列屿主权归属问题达成妥协，则可考虑将钓鱼岛列屿问题提交国际法院或仲裁解决的方案。①

① 尽管中国已于2006年8月25日依据《联合国海洋法公约》第298条规定，向联合国秘书长提交了书面声明，对于《联合国海洋法公约》第298条第1款第（a）、（b）和（c）项所述的任何争端（即涉及海洋划界、领土争端，军事活动等争端），中国政府不接受《联合国海洋法公约》第15部分第2节规定的任何国际司法或仲裁管辖。换言之，我国与他国之间关于海洋问题的上述争端不适用裁判包括仲裁制度，将由相关国家通过协商解决上述争端。当然，我国可以根据实际需要随时撤回上述书面声明，因为《联合国海洋法公约》第298条第2款规定，根据本条第1款作出声明的缔约国，可随时撤回声明，所以，中国仍有将海洋争端提交国际法院或仲裁解决的可能性。关于中国政府向联合国秘书长提交的上述书面声明内容，参见“中国依联合国海洋法公约第298条规定提交排除性声明”，载《中国海洋法学评论》2007年第1期，第178页。

鉴于中日两国迄今从未存在将争议问题提交国际法院解决的先例，又因为提交国际法院解决争端存在时间长、要求材料（证据）多、结果不可预见性等方面的特点，同时，从维护和发展中日两国战略互惠关系的大局出发，通过双方的谈判和协商和平解决钓鱼岛列屿主权归属问题应该是一个可行的选择方案。

最后，应强调指出的是，两岸合作维护和管理甚至保卫钓鱼岛列屿问题是一个很重要的路径选择，为此，以下研析两岸海洋问题合作方面的内容。

三、两岸海洋问题合作的可行性与必要性

随着两岸关系的良性互动和发展，笔者认为，两岸就海洋问题进行合作的条件已经具备。

（一）两岸海洋问题合作的可行性

两岸海洋问题合作的可行性，具体体现在以下方面：

第一，在政治方面。在坚持“一个中国”的原则（即“九二共识”）下，两岸磋商机制进一步健全，包括两会磋商和国共论坛机制的正常化实施，进一步推进了两岸关系的和平发展进程。例如，2005 年 4、5 月间实现的连战、宋楚瑜访问大陆活动，在两岸政党交流上迈出了重要一步，特别是国共两党共同发布的《两岸和平发展共同愿景》，决定共同促进两岸谈判，建立党际定期沟通平台等制度，推动了两岸协商制度的构建和恢复，而台湾政权的轮替，则加速了两岸合作发展和平关系的实际进程。根据国共两党领导人关于恢复两岸两会协商谈判的共识，海峡两岸关系协会和海峡交流基金会分别对自身的机构作了调整和完善，并做了相应的准备，2008 年 6 月，中断近 10 年的两会协商恢复，并签订了两个协议（《海峡两岸周末包机会谈纪要》、《海峡两岸

关于大陆居民赴台湾旅游协议》)；2008 年 11 月两会签署的四项协议（《海峡两岸空运协议》、《海峡两岸海运协议》、《海峡两岸邮政协议》、《海峡两岸食品安全协议》)，基本实现了两岸实质三通，在两岸关系上取得了历史性突破；2009 年 4 月 26 日，两会签署了三项协议（《海峡两岸金融合作协议》、《海峡两岸空运补充协议》、《海峡两岸共同打击犯罪及司法互助协议》)；2009 年 12 月两会又签署了三项协议（《海峡两岸渔船船员劳务合作协议》、《海峡两岸农产品检疫检验合作协议》、《海峡两岸标准计量检验认证合作协议》)；于 2010 年 6 月 29 日两会签署的《海峡两岸经济合作框架协议》和《海峡两岸知识产权保护合作协议》也已于 2010 年 9 月 12 日生效。应该说，这些协议的签订和实施是两岸政治互信、要求合作、共同发展的产物，已给两岸人民带来了实实在在的利益和好处，符合两岸人民的意愿。

事实证明，搁置争议、求同存异，符合两岸关系实际，已经成为推进两岸关系和平发展的重要指导思想，也是两岸建立互信、共创双赢的基础，符合两岸人民的意愿。两岸这种和平发展的政治基础为推进海洋问题合作创造了重要的基础和条件。

第二，在经济与贸易方面。为吸引更多的台商和台资来大陆投资，大陆出台了鼓励和保护台商权益的一系列政策和措施。这些政策和措施的实施，极大地推动了两岸经济的融合和发展，特别是进一步增强了台商来大陆投资的信心，取得了很好效果。例如，根据中国商务部的统计，台商投资大陆的项目数自 1989 年的 539 个，达到了高潮期 1993 年的 10948 个；此后出现了持续下降的趋势，在 1999 年降为 2499 个；自 2000 年起又出现了增加的趋势，在 2002 年以后又出现了下降的趋势。1989—2006 年台商投资大陆的项目数为 71847 个，实际投资达 439.1 亿美元。[①] 根据中国海关总署的统计，两岸贸易也有了长足的发展。1978

① See http://www.gwytb.gov.cn/lajmsj.htm，2010 年 4 月 19 日访问。

年两岸贸易总额为0.5亿美元，1993年突破百亿，为144亿美元，此后两岸贸易总额持续上升，2006年达到1078.4亿美元。[①]另据台湾“陆委会”统计，2007年两岸贸易金额达1302.4亿美元，对大陆顺差金额达705.6亿美元。[②]更值得注意的是，大陆对台湾的贸易一直为逆差，且出现不断扩大的趋势。换言之，台湾对大陆的贸易依存度日益增加。总之，近30年来，大陆积极推动两岸经贸和鼓励台商投资，大陆已成为台湾的第一大出口市场、最大贸易顺差和外汇储备来源地、最大投资地区和最多人员交流区，两岸经济关系的发展直接带动了台湾经济的转型和产业升级。[③]相应地，台湾则是大陆第七大贸易伙伴、第七大出口市场，第五大进口市场以及最大的贸易逆差来源地。[④]应该说，两岸经贸往来带来的实际利益，为两岸加强了解、增加互信、实现和平发展打下了良好的基础。同时，我们相信，随着台湾放松对大陆商品的进口限制，两岸之间的贸易逆差将会逐步缩小。[⑤]

在航运交流方面，两会签署的《海峡两岸空运协议》及其附件指出，双方同意开通海峡北线空中双向直达航路，建立两岸空（航）管部门直接交接程序，继续磋商开通台湾海峡南线空中直达航路及其他便捷航路。应该说，两岸空运直航是进一步加强两

① http://www.gwytb.gov.cn/lajmsj.htm，2010年4月19日访问。

② 北京联合大学台湾研究院编：《两岸关系研究报告》（2008年卷），九州出版社，2009年版，第117页。

③ 北京联合大学台湾研究院编：《两岸关系研究报告》（2008年卷），九州出版社，2009年版，第24页。

④ 北京联合大学台湾研究院编：《两岸关系研究报告》（2008年卷），九州出版社，2009年版，第136页。

⑤ 台湾所有可贸易货品共10936项，其中农产品2246项，工业产品8690项。至2008年2月15日，台湾允许自大陆进口（有条件进口）的农工产品为8721项，其中农产品1415项，工业产品7306项，即台湾限制大陆2215项商品对其的出口。参见北京联合大学台湾研究院编：《两岸关系研究报告》（2008年卷），九州出版社，2009年版，第137页。

岸交流实际需要的现实安排，并充分考虑了两岸间日益增长的人员和货物运输量不断增加的发展趋势。例如，2007 年台湾赴大陆投资人数达 39426 人，比 2006 年增长 1.7 倍；两岸旅行人数近 495 万人次，比 2006 年增长 1.5 倍；两岸空运货物进出口量约 29 万吨，占台湾空运货物进出口总量的 28%。[1] 可以预见，此后相关领域交流的上述数据将会继续增加。例如，据海峡两岸旅游交流协会统计，自 2008 年 7 月开放大陆居民赴台旅游活动以来，至 2010 年 4 月 20 日，大陆居民赴台旅游人数已超过百万人次。同时，两岸的旅游交流协会和观光旅游协会办事处在台北和北京的设立，必将进一步推动两岸旅游事业的进一步健康发展。

在两会签署的《海峡两岸海运协议》及其附件中，双方同意两岸资本及在两岸登记的船舶，经许可得从事两岸间客货直接运输，依市场需求等因素相互开放主要对外开放港口。实际上，两岸开放海运直航是海运贸易发展的需要，例如，2007 年两岸海运货物进出口量达 137 万个 20 英尺标准集装箱，散杂货达 1662 万吨，多数需要弯靠第三地间接运输。[2] 这不但大幅度地增加了运输成本和运输时间，也不利于台湾港口及其航行业的发展，也不利于两岸经贸的进一步发展。所以，两岸开展海运直航将大大提升海运经济效益，并加快流转速度。

两岸开展的海峡两岸邮政业务合作，也将进一步便利两岸人民的联系，提升两岸交流的频度和效率。这些都是有利无害的方便人民的好政策和好措施，值得坚持和推广。

第三，在其他领域。两岸之间的交流和合作也进一步拓展，以及相关政策和措施相应地调整和放松，为两岸关系的和平发展

---

① 北京联合大学台湾研究院编：《两岸关系研究报告》（2008 年卷），九州出版社，2009 年版，第 116—117 页。

② 北京联合大学台湾研究院编：《两岸关系研究报告》（2008 年卷），九州出版社，2009 年版，第 118—119 页。

提供了可靠的基础和保证。例如，在新闻出版领域，2008 年 6 月 24 日，海峡两岸广播交流研讨会在北京举行；2008 年 6 月 30 日，台湾行政当局新闻主管部门宣布恢复新华社、人民日报等到台湾驻点，并放宽大陆媒体驻点采访停留日程；2008 年 4 月 27 日，召开纪念海峡两岸出版交流 20 周年座谈会等。在学术研究交流领域，两岸学术交流活动不断进行，交流的领域不断扩大，例如，2008 年 6 月举行了海峡两岸知识产权论坛，2008 年 10 月两岸民法典研讨会在东吴大学举行；2009 年 12 月 19 日，由中国国际法学会和台湾国际法学会主办的两岸首届国际法学论坛在台湾政治大学举行；2010 年 3 月 28 日，海峡两岸法学交流 20 周年纪念研讨会在东吴大学法学院举行，两岸同仁共同回顾和总结了 20 年来法学交流的经历和成就，讨论和规划未来交流的远景目标和内容形式，并达成一系列共识，包括 2011 年在大陆举办“两岸法学院校长论坛”。① 2010 年 3 月 29—30 日，首届海峡两岸海洋论坛——海洋环境管理学术研讨会在台北市召开。② 在自然灾害的救助和恢复重建方面，台湾同胞特别关注四川地震灾情，慷慨解囊，自发地捐款捐物，例如，2008 年 5 月 16 日，台湾搜救队从桃园机场直飞成都，抵达四川灾区后立即加入救援行列，利用经验和设备优势搜救遇难人员；至 2008 年 11 月 25 日，台湾同胞共向四川地震灾区捐款 10.1 亿元，其中的 5 亿元已落实到灾后重建项目。③ 同时，针对台湾“八八水灾”，大陆同胞也给予台湾同胞很大的支援和帮助。

从上述方面两岸各领域的合作进程和成果可以看出，两岸的

---

① http://www.chinalawsociety.org.cn/Column/Column_View.aspx?ColumnID=74&InfoID=2254，2010 年 4 月 20 日访问。

② “首届海峡两岸海洋论坛在台北市召开”，《中国海洋报》，2010 年 4 月 9 日，第 1 版。

③ 北京联合大学台湾研究院编：《两岸关系研究报告》（2008 年卷），九州出版社，2009 年版，第 128—129 页。

联系已相当紧密，两岸和平发展趋势已基本稳定，同时，外部环境也有利于两岸关系的和平发展，所以，两岸在海洋问题上的合作已成为可行。另外，两岸在海洋问题上的合作也是必要的。

（二）两岸海洋问题合作的必要性

经分析，两岸海洋问题合作的必要性，主要体现在以下几个方面：

第一，民族利益使然。正如中国大陆领导人在纪念《告台湾同胞书》30周年大会上指出的那样，两岸是20世纪40年代后期中国内战遗留并延续的政治对立，这没有改变大陆和台湾同属一个中国的事实；两岸复归统一，不是主权和领土再造，而是结束政治对立。所以，为维护中华民族的国家利益，两岸有责任进行合作，以共同保卫中国的利益，包括领土和主权完整。在海洋问题上，中华民族重点面临钓鱼岛列屿主权问题、在东海的大陆架划界问题、以及外大陆架调查问题，在南海面临如何收回原属于中华民族的岛屿和岩礁等问题。这些问题均需要两岸的合作，才能发挥很好的成效。

第二，实际冲突所使。台湾四周环海，人民生活和社会经济等严重地依赖海洋及其资源，即台湾与海洋有紧密的关联。而如何合理地维护和管理周边海域是一个很重要的问题。特别是台湾远洋渔业发达，但台湾渔船到钓鱼岛列屿周边海域捕鱼时常被日本的海上保安厅驱赶、抓扣，发生不应有的事件，极大地损害了台湾渔民的权益，并造成台湾在该海域的捕鱼活动日益萎缩。同时，日本考虑到两岸的现状和关系，根本不把台湾作为谈判的对手，所以无法保障台湾人民的渔权。从这个意义上来说，大陆通过与日本的谈判维护台湾渔民的相关权益，是两岸进行合作的实际需要。当然，并不仅限于渔权问题，两岸面临的海洋问题种类很多，例如，如何在南海利用台湾占领的太平岛为大陆巡航船舶进行补给的合作，合作调查南海的大陆架包括测绘其外大陆架的问题；在东海海域划界问题上，如何发挥台湾的作用而进行的合作，共同调查东海外大陆架方面的合作；在公海进行海上恐怖活动方面的合作，包括共同打击海盗行为，维护海上通道安全、保护商船和人员生命方面的的合作，也十分紧迫和重要。总之，发生在海洋利益上的实际冲突，要求两岸就海洋问题进行紧密合作。

第三，海洋问题所求。众所周知，海洋及其资源是人类经济社会发展的重要依托，合理开发和利用海洋及其资源是国际社会发展的要求，同时，海洋问题众多而复杂，海洋新问题不断涌现，且人类未知的海洋领域众多，所以，针对海洋问题的解决，需要多层面的合作才能有效而综合地处理，特别是诸如地震、海洋自然灾害、海洋污染、海难救助等问题尤其需要双方的合作，共同应对和处理。即海洋既给人类带来了恩惠，也给人类带来了灾难，国际实践告诉我们，单靠一个国家和地区是无法处理和应对甚至解决海洋问题的，海洋问题的本质要求我们对海洋问题进行合作，为此，两岸针对海洋问题的合作十分必要，以共同处理海洋问题。

第四，前期合作所要。针对海洋问题，近期两岸已有合作的先例，例如，2008 年 2 月 26 日，执行两岸小三通航线（厦门—金门）的厦门籍“同安”号客船在金门港失火，台湾通知大陆海事救援船赴金门进行合作救援，开创了两岸海事合作的先例；2008 年 10 月 23 日，两岸海事部门首次进行了海陆空联合搜救演习，标志着两岸海上搜救合作迈出了第一步；2009 年 9 月，中国海监与台湾海巡在厦门—金门海域联合开展了打击海上非法采砂、非法倾废的专项执法合作；2010 年 9 月 16 日，海峡两岸在厦门、金门附近海域举行的海上联合搜救演练，均取得了很好的效果。这些合作实践要求两岸针对海洋问题的合作必须坚持和扩大，以共同维护海域安全和海洋权益。

第五，两岸发展所望。两岸关系自国共两党之间的党际交流恢复，特别是国民党重新执政以来，取得了稳定的发展。主要表现之一为两岸就三通、食品安全、船员劳务、农产品检验检疫、标准计量检验、金融、知识产权保护等方面已缔结了一系列的合作协议，并取得了很好的效果，深受两岸人民的欢迎。同时，两岸经济领域的合作协议也已签署并实施。[①] 可见，两岸在各领域的全面合作已经形成，为此，两岸可以就海洋问题的合作先进行规划，待条件成熟后可在两会间缔结两岸海洋问题合作框架协议，以对海洋问题的解决有所推进。

总之，当今两岸发展的情势启示我们，两岸针对海洋问题的合作条件已经成熟，为此，需要我们明确具体的部门职权，加快推进步伐，特别需要缔结海洋问题合作框架协议，以适应两岸实况和变化需要，保护中华民族的海洋利益。

四、两岸钓鱼岛列屿周边海域执法合作机制探究

两岸缔结海洋问题合作框架协议的目的之一，是如何共同保卫钓鱼岛列屿的主权。换言之，在海洋问题合作框架协议中应包含如何维护和管理钓鱼岛列屿方面的内容。从新近的国际法院判例来看，针对有主权争议的岛屿争端，实际控制方处于相对有利的地位。例如，2001 年卡塔尔诉巴林案、2002 年喀麦隆诉尼日利亚案和 2007 年尼加拉瓜诉洪都拉斯案，以及 2009 年罗马尼亚

① 即《两岸经济合作框架协议》（简称 ECFA）已于 2010 年 6 月 30 日在重庆签署。根据该协议，双方将尽快成立两岸经合会，作为 ECFA 解释、实施、安排后续协商与争端解决的机制，负责处理协议的推进落实事宜。参见 http：//www.dfdaily.com/node2/node10/userobject/ai228371.shtml，2010 年 6 月 30 日访问。

诉乌克兰案。[①] 为此，针对钓鱼岛列屿问题，如何在两岸间实施合作巡航执法是一个很重要的方面，应该推进执行，以显示对其的管辖和控制。

（一）两岸在海洋问题合作中存在的缺陷

尽管两岸针对海洋问题的合作已有一定的实绩，但也存在一些缺陷。主要为：

第一，临时性。两岸针对海洋问题的合作，具有临时性的缺陷。一般是出现问题或发现问题后，才进行沟通和协调，缺乏全面系统的考虑和安排，即两岸关于海洋问题的合作缺乏全面的规划。

第二，低层面。从目前两岸海洋问题合作的领域来看，还不够全面和深入，合作主要停留在民间和专家层面的学术交流和探讨。即使两岸海上执法部门之间有一定的合作先例，但仅限于信息沟通、个案处理，处于较低层面的层次和阶段，且尚未形成相应的制度，即缺乏系统性和常态化，合作的层次也有待提升。

第三，局部性。上已言及，海洋问题种类繁多，海洋新问题不断涌现，既要我们加强对海洋问题的研究，以认识和了解其规律、发展趋势，也要求我们合作处理海洋问题。从两岸海洋合作领域来看，还有进一步发展的空间，例如，针对海洋污染、海洋自然灾害、打击海上恐怖主义、海难救助等方面的合作。所以，两岸针对海洋问题的合作有广泛的潜力和空间。

（二）两岸钓鱼岛列屿周边海域执法合作机制方案

两岸不仅具有海洋问题合作的可行性和必要性，同时具备缔

---

① 国际法院新近案例相关内容，参见张卫彬："海洋划界的趋势与相关情况规则——黑海划界案对我国海域划界的启示"，《华东政法大学学报》，2010 年第 2 期，第 48—56 页。

结海洋问题合作框架协议的基础，因为，两岸针对海洋问题的立场与主张基本相同。例如，在东海，两岸都主张大陆架自然延伸至冲绳海槽，坚持用公平原则划界；主张南海诸岛主权并认同南海“断续线”，尤其在西沙、南沙、钓鱼岛列屿和领海基线问题上存在默契。特别是针对钓鱼岛列屿问题，台湾具有保护钓鱼岛列屿的法律责任。因为，大陆一贯主张钓鱼岛列屿为台湾的附属岛屿，且台湾依然处于中央政府的统治之外，同时，台湾地区行政部门已于 1999 年 2 月 10 日在公告的《第一批领海基线、领海及毗连区外界线》的文件中将钓鱼岛列屿列入，所以，台湾具有保护钓鱼岛列屿的法律责任。鉴于台湾地区保护钓鱼岛列屿存在力量薄弱、地位弱小的缺陷，为发挥两岸的作用和影响，两岸缔结包含保卫钓鱼岛列屿在内的海洋问题合作框架协议，显然是一个很好的模式和路径。

在此，重要的是确立在钓鱼岛列屿周边海域实施执法合作的方案，关键是应确定具体的职权部门并进行分工合作。由于两岸管理海洋事务的职能部门众多，笔者认为，在执法领域中，最主要的是中国海监总队和台湾海岸巡防署之间进行执法合作。

1. 执法部门职权简介。中国海监总队成立于 1999 年 1 月 3 日，为国家海洋局直属单位，是实施海上巡视、执法的机构。其主要职能为：依照有关的法律和规定，对中国管辖海域（包括海岸带）实施巡航监视，查处侵犯海洋权益、违法使用海域、损害海洋环境与资源、破坏海上设施、扰乱海上秩序等违法违规行为，并根据委托或授权进行其他海上执法工作。迄今，在大陆各地的分支机构已建立，并正在发挥应有的作用。特别是自 2006 年 7 月开始对管辖海域实施巡航执法以来，发现和处理了多种损害中国海洋权益的事件和行为，取得了很好的效果。尤其是 2008 年 12 月 8 日，中国海监东海总队船只对钓鱼岛列屿周边海域实施的巡航执法活动，显示了对其的管辖。所以，无论从理论上还是从实践上，将两岸钓鱼岛列屿周边海域的执法合作活动交予中国海监总队是合理的、可行的。

台湾海岸巡防署成立于2000年1月28日，是由原来的海岸巡防司令部、水上警察局、关税总局缉私舰艇部门等重新组合建立的，是具有警察性质、执行警察任务同时又兼有一定军事任务的特殊兵力。根据《海岸巡防署组织法》（2000年1月14日）第1条的规定，其主要维护台湾周边海域及海岸秩序与资源之保护利用，确保人民生命及财产安全。根据《海岸巡防署组织法》第10条的规定，海岸巡防署下设海岸巡防总局和海洋巡防总局；而关于执行本法所定事务，其组织另以法律定之。为此，依据《海岸巡防署组织法》的上述规定，台湾于2000年1月24日也制定了《海岸巡防署海洋巡防总局组织条例》。根据该条例第2条的规定，海域执法由海洋巡防总局负责。具体的职权为以下方面，主要为：掌理海域犯罪之侦防，海上、非通商口岸之查缉走私，依法执行海上交通、船舶碰撞、海难救助、海洋灾害救护、渔业巡护及其资源维护、海洋环境保护和其他依法执行事项，协调、处理海上涉外事务，海上巡防等。

2. 执法合作机制方案。考虑到两岸针对钓鱼岛列屿周边海域的执法合作十分必要和可行，所以，应在将来两岸缔结的海洋问题合作框架协议中包含针对钓鱼岛列屿执法合作的内容。使用上述协议的好处是，避免因钓鱼岛列屿问题的敏感性而带来的消极影响。针对钓鱼岛列屿周边海域执法合作机制，我们要遵循先易后难、逐步推进和不断提升的原则，因为在两岸之间直接进行钓鱼岛列屿周边海域执法合作目前还存在一定的困难，且易给周边国家带来消极的影响。笔者认为，两岸可以从海难救助、渔业合作、应对外国军事船舶的跟踪交接和补给援助等合作开始，待条件成熟后，再开始对钓鱼岛列屿周边海域实施联合巡航和执法合作活动。具体的合作活动与方式为：将台湾收集或发现海难的信息、情报及时反馈给大陆的执法机构（例如中国海事局）；大陆的执法机构（例如中国海监总队）赴钓鱼岛列屿周边海域巡航执法时，台湾提供执法船舶的补给协助工作；台湾渔船赴钓鱼岛列屿周边海域捕鱼时，告知大陆有关机构（例如中国渔业局），以便前去执法保护，包括应对日方的驱赶等行为；在我国管辖海域尤其在专属经济区内多发现外国军事船舶的活动，台湾可为大陆跟踪外国军事船舶的执法船舶提供补给援助等。考虑到大陆管理海洋事务的机构众多，为便于合作，沟通信息，提高效率，建议在中国海监总队和台湾海岸巡防署之间建立信息通报和热线联络制度。在此，重要的问题之一为安排与协调管理海洋事务各机构的职权。对于大陆来说，一个比较简单而可行的方案是委托或授权中国海监总队协调管理与台湾海岸巡防署之间的海洋合作问题，因为如上所述，中国海监总队具有根据委托或授权进行其他海上执法工作的权限。换言之，通过委托或授权，中国海监总队为联系台湾海岸巡防署的专职机构，其在接到相应的信息后，再将具体的事项通报各有关海洋管理部门，实施相关合作活动。对于台湾来说，根据《海岸巡防署组织法》设立的海岸巡防署（特别是其下设的机构海洋巡防总局）可以承担上述合作机制的重任。

上已言及，要实施针对钓鱼岛列屿周边海域执法合作制度，需要在两岸缔结海洋问题合作协议，而缔结此协议的任务无疑落到了两会的身上。为此，两岸政府可以授权两会缔结两岸海洋问题合作框架协议，而在此之前，应改变当前两岸针对海洋问题合作存在的缺陷，特别需要制订两岸海洋问题发展规划。两岸海洋问题发展规划是指导两岸海洋问题合作的基础性文件，具有指导性意义。为此，建议两岸相关部门可以就此发展规划进行商讨。

目前和将来，中国面临的安全威胁主要来自海上，所谓的海上安全或海洋安全。因为，中国为海洋地理相对不利的国家之一，又与多个国家之间存在海域划界和岛屿主权归属争议问题；随着全球化的进一步深入，开发利用海洋及其资源的力度和频度将不断拓展，引发的海洋问题必增；与主要周边国家的陆地勘界工作基本结束，来自陆地的威胁将相应地减少。[①]

尤其在进入21世纪以来，国际社会特别是主要大国相继制定和实施了开发海洋的战略和法制，针对这种状况，中国制定国家海洋战略（包括两岸海洋问题发展规划）、设置综合管理海洋问题机构之任务已刻不容缓。同时，为保卫中华民族的海洋领土，两岸针对海洋问题合作的条件和基础已经具备，需要我们共同采取有力措施，以保全中国的领土和主权完整，这已是落在我们当代中国人身上的具体任务之一，让我们为尽早推进实施两岸海洋问题合作活动而努力。

① 关于中国面临的海洋安全问题方面的内容，参见金永明："论中国海洋安全与海洋法制"，载《东方法学》，2010年第3期，第33—43页。

会议综述

亚欧会议的新发展与中欧关系

——第六届“亚欧合作与中欧关系”学术研讨会综述

欧王华*

2010年10月，举世瞩目的亚欧会议在比利时首都布鲁塞尔召开了第八次首脑会议。作为亚欧两大洲之间唯一的战略性跨区域合作机制，本次亚欧会议不仅实现了成立以来的第三次扩大，而且在当前国际格局动荡变幻的新形势下呈现出了蓬勃生机。日前，上海社会科学院欧亚研究所、上海国际问题研究中心、上海国际关系学会与上海世界史学会联合举办了第六届“亚欧合作与中欧关系”学术研讨会，来自京沪两地的30余名学者就亚欧会议和中欧关系等议题进行了深入讨论，会议还特别邀请中国亚欧会议高官张小康大使就相关议题发表主题演讲。我们在此仅将会议主要观点综述如下，以飨各位。

* 欧王华，上海社会科学院欧亚研究所科研人员。

一、亚欧会议扩容后的新形势

在2010年10月召开的亚欧会议布鲁塞尔峰会上，正式接纳俄罗斯、澳大利亚和新西兰三国为新成员，亚欧会议由此实现了第三次扩大。经过本次扩大后，亚欧会议已从成立之初的25个成员扩展到现在的48方，成为亚欧两大洲之间级别最高也是规模最大的合作论坛。如果单单从规模来看，它基本上涵盖了主要的亚欧国家，其成员国经济总量占全球总量的50%，人口与贸易额占全球的60%，可以说是当前仅次于联合国的跨区域合作平台，也是当前世界经济和国际战略格局中一支举足轻重的力量，其战略意义和国际地位不容小觑。本次扩容以后，亚欧会议的发展呈现出了一些新的发展态势。

1. 亚欧双方的力量结构对比更趋稳健，但是“欧强亚弱”的根本性结构失衡短期内难以改变。亚欧会议中，欧洲一方共有27国28方（各成员国加上欧盟），但亚洲方面只有东盟10国加上中、日、韩和印、巴两国。即便不考虑双方区域一体化的程度和经济社会发展水平等因素，在数量和规模上亚洲成员国与欧洲相差甚远。这次新加入的三个国家实际上跟亚洲比较接近，澳大利亚和新西兰强调自己是亚洲国家，而俄罗斯也开始重视亚太地区，所以是有利于亚洲方面的改变。

2. 会议的合作议题更加丰富多彩。自1996年召开首届亚欧会议峰会以来，各方提出了100多项合作倡议，这些倡议虽然以务虚居多，但是几乎涵盖了各个领域。布鲁塞尔峰会上，各方共提出了17个合作议题，中方也提出了4个新的合作议题。此次新加入的俄罗斯、澳大利亚都是能源和资源国家，二者加入进来以后，很可能会带动关于能源和资源议题的讨论。而新西兰则以环保领域见长，有望在这一领域提出新的倡议和见解。此外，横跨亚欧大陆的俄罗斯加入后，也将使各方对亚欧大陆桥建设的讨论更具实质性意义。

3. 欧方对亚欧会议和亚洲国家的重视程度有所增加，为亚欧会议未来发展带来新的机遇和活力。随着亚洲国家总体实力和影响力的不断提升，特别是中、印和其他亚洲国家在应对 2008 年全球金融危机中的出色表现，促使欧盟开始重新认识中国以及其他亚洲各国。欧洲正在逐渐适应和认同亚洲整体崛起的现实，并开始把亚洲的发展作为欧洲发展重要的机遇，希望通过加强和亚洲国家的协调与合作来拓展自身利益。

4. 亚洲国家对于东亚内区域合作的认同和协调都有所增加，但是协调的难度和复杂性也相应增加。从某种程度上说，亚欧会议推动了亚洲国家的区域合作和一体化认同。这次金融危机后，亚洲国家之间的区域内贸易额开始超越同区域外国家之间的贸易，它们参与东亚区域合作的认同进一步增强。亚洲国家在亚欧会议框架内的协调也有所增加，本次亚欧会议举行前的亚洲国家高官磋商会议有望成为一个新的协调渠道。但也有学者担心，俄、澳、新三国加入后将有可能使东盟主导下的“小马拉大车”式协调难度加大。

5. 亚欧会议机制化建设有望取得新进展。长期以来，亚欧会议一直因为缺乏足够的约束力和执行能力而备受诟病，甚至被人讥讽为“议而不决的清谈馆”。在布鲁塞尔首脑会议通过的文件中，专门论及了亚欧会议下一步的“机制化”问题，会议授权高官会议为亚欧会议商议筹划出一个便捷、高效的技术支持方式，并将在 2011 年向外长会议提供具体建议。新的政策建议将有望改变现有的协调模式，通过设立一个小型、精干、高效的技术支持机构，以提升亚欧会议框架下进行协调与合作的工作效能。

二、关于亚欧会议若干问题的争论

14年来，亚欧会议在取得一些成绩的同时，也还存在一系列争议和问题。概而言之，主要有下述几点：

1. 关于亚欧会议的进一步扩容问题。有学者认为，亚欧会议此次通过“第三小组”或“第三门”的方式吸收了俄、澳、新（西兰）三国，那么将来如何面临其他“非亚欧国家（比如美国）”的加入申请，这种毫无限制的扩容将会使其效率逐步降低。即便它不会正式宣布解散，但也会不可避免地逐步陷于瘫痪或被边缘化，这种情况在国际关系史上并非没有先例。因此应设立明确的入会标准，或者像APEC一样确定一个扩容的“暂停期”。反对者认为，亚欧会议是一个开放而松散的国际对话平台，目前很难而且也不应当对其他国家的申请入会设立标准，包括采取暂停扩容的做法。还有学者建议，可以考虑借鉴上合组织的做法，在短期内设立观察员和伙伴国制度，可以在近期解决这一难题。

2. 关于亚欧会议的“美国因素”问题。有学者认为，亚欧会议未来发展的关键在于美国，特别是未来两三年里美国的态度。如果美国没有表示出通过“第三门”加入的意愿，说明它没有这样的兴趣，那么亚欧会议可能会面临被边缘化的危险；如果美国申请加入，说明亚欧会议还是有活力的。但是如果美国加入，它就会直接影响欧盟和东盟的政策，这样亚欧会议就变成了一个大杂烩，有点类似于今天的东亚峰会。因此，未来几年美国对于亚欧会议的态度至关重要。反对者认为，亚欧会议建立的初衷就是要在美洲—亚太地区和欧洲—美洲战略纽带之外建立第三个战略对话框架，因此它从一开始就带有“去美国化”的特征。目前双方在互相倚重应对美国压力、威胁等方面仍然存在较大的战略需求，双方都希望通过亚欧会议来争取对方的支持，这正是其生命力之所在。还有学者认为，美国对于亚欧会议的影响力虽然没有消失，但随着其自身战略地位的下降和对欧亚地区影响力的下降已经有所减弱。同时，美国的政策并非固定不变的，其影响力也在随着亚欧会议成员国的具体政策而不断变化。比如，一旦某些国家认为需要美国来平衡区域内个别国家实力的过快增长时，“美国因素”作为一种平衡力量自然就会被引入。

3. 关于亚欧会议的“机制化”问题。有学者认为，亚欧会议“制度匮乏”的原因来自两个方面：一是亚欧合作最初倡议的时候就是要建立一个开放性的“软机制”，因为它不存在由“霸权国家”所提供的公共物品，所以就很难形成一个公共机制；二是它的成员数量多，差异大，具有较大的非均衡性。这两个因素在未来一段时间内难以改变，机制化建设可以取得小步进展，但是在可预见的将来也不可能搞成约束性的，或是比较强的约束性的机制。支持的观点认为，或许开放性的论坛和“软机制”更适合亚欧会议目前的发展现状，符合当前东亚地区“开放的区域主义”实践，而这也是亚欧会议的特色之一。反对者认为，虽然“开放式”论坛是亚欧会议的特色，但是成立执行机构将有利于一些思想和建议的落实。不过，这个执行机构必须是小型、精干且高效，不会出现官僚化倾向，而且不能涉及决策功能。

4. 关于亚欧会议的定位。有学者指出，亚欧会议无论是在名称和活动的实质内容上，甚至从国际法要求的角度来看，都很难从国际组织的角度给它一个明确的定位。而且它还不是一个约束性很强的国际机制，目前只能算是联系亚洲和欧洲重要的桥梁和纽带。也有学者认为，亚欧会议本身只是一个松散的对话平台，不应也不能对其寄予太多的期望。亚欧会议未来的发展不外三种可能：一个是维持现状；二是逐步边缘化；三是增加其活力，使之成为一个真正的促进亚欧合作和对话的组织而不是现在的论坛。但是，从当前的发展来看，维持其现状都需要作出巨大的努力。大部分学者认为，不管亚欧会议在搞什么，不管其合作内容是虚还是实，也不管其发展得快还是慢，从宏观的战略角度看，其存在本身对中国就是有利的。因此，对中国而言，亚欧会议的存在“有胜于无”，中国的定位也应当是“继续参与”，人为地“贬低”或“抬升”其现阶段的合作都没有多大现实意义。

三、中欧关系大局中的亚欧会议

中欧关系是亚欧会议形成和发展的重要基础所在，而亚欧会议则是推动中欧关系发展的重要平台，它们之间是一种相互影响的互动关系。首先，亚欧会议为中欧合作机制提供了一条重要的沟通渠道，可以让中欧双方进行有效的信息沟通，中欧领导人会晤就是从亚欧会议开始的。其次，亚欧会议框架下各个层次的对话，为中国与欧洲“三驾马车”之外的其他各欧盟成员国之间的对话提供了平台。再次，亚欧会议有助于中欧双方之间在战略上互相借重，进而在国际舞台上发挥更大的影响力，推动国际关系的民主化。最后，中欧关系的发展为亚欧会议进程提供了重要动力。

有学者指出，欧盟目前同样面临着扩大和增效之间的矛盾。由于欧盟扩大后放慢了一体化速度，近年来欧盟内部又出现了“重新国家化”的势头。各个成员国之间由于存在政策分歧，其共同战略目标在降低，因此各国之间的内外政策分歧重新扩大，“离心力”明显增强。英法之间最近的防务合作实际上是对欧盟共同防务政策的背离，甚至有欧洲媒体认为这是一战期间“协约国”的复活。在欧元区问题上，有欧洲媒体和经济学家评论说，德国最佳的选择是退出欧元区，因为欧元拖累了德国经济的发展。这种局面有可能会使欧洲大国未来更倾向于通过双边渠道而不是欧盟来开展外交活动，这将进一步加剧欧洲对外政策协调方面的难度。

欧盟在对华政策上，和它的对俄、对日政策一样，很难协调一致。欧盟和欧洲国家的对华政策目前正处于激烈的讨论和反思过程中。总体上看，2008 年以来欧盟和欧洲国家的对华政策开始变得更趋务实，对经济因素的考虑目前居于主导性地位。在双边层面，欧盟各成员国现在相对务实一点，在意识形态方面也较为低调，主要是专注于经济和贸易，以谋求切身利益。因此，双边交往目前比较热络，气氛也比较好。但是，欧盟层面上的对华态度仍比较强硬，欧洲学者自己也承认这一点。欧盟的强硬主要体现在一些政策领域，比如对保护主义、反倾销等，认为中国应提供更多的开放和互惠。欧盟现在注重发展内部，所以经济上定位比较强，对华的需求也比较多。欧盟驻华商会发表的几个报道都认为，中国市场开放度不高，欧洲公司在中国受到一些限制，由此可以看出它近期的关注点是在经贸问题上。目前中欧关系正在趋向正常化方向发展，在经贸问题上出现一些分歧是正常的。

意识形态和价值观分歧是中欧关系中比较根深蒂固的因素，它决定着双方关系好不到哪里去，但并不会失控，而且意识形态因素近年来在欧洲外交中的比重已相对有所下降。有学者指出，中国崛起实际上是对西方的挑战。特别是 20 世纪 80 年代以来，中国通过改革开放发展很快，成为全球化的一个最大受益者，而且旗帜鲜明地要建设“中国特色社会主义”。与此同时，国际体系的力量中心也从大西洋逐渐向太平洋地区缓慢转移。这个转移对于欧洲的知识分子来说一下子很难适应。由于价值观自身的恒定性，这一因素很难一下子根除。近年来中欧双方的经济利益正在不断趋同，但在意识形态和价值观领域的差异短期内恐怕难以彻底解决。不过，这同时也意味着意识形态问题是一个具有较大发展空间的合作议题，随着双方交往日渐增多，这方面的共识也会相应增加。

未来中欧关系持续发展的根本性因素在于双方自身的发展。这是因为，中欧双方关系发展过程中所形成的共同利益和战略依赖将会是制约双边关系的根本性因素。中欧双方开展的合作领域是一个不断扩展的过程，比如欧洲一贯高度重视的全球治理问题，亚洲国家近年来也正在经历一个逐步学习和接受的过程。再如金融问题，欧洲主权债务危机一定程度上就是美元危机的一个结果。欧洲国家虽然公开批评美国的比较少，这并不表明它们对此缺乏认识，这些都可以成为双方构建共识和合作的议题。与此同时，影响中欧双方关系发展的外部因素——“美国因素”将随着美国地位的下降，特别是随着其对欧洲和中国影响力的相对下降而有所减弱。但是，美国在政治、安全、战略等方面对欧洲的影响仍然存在。有学者指出，美国战略重心向亚太地区的转移具有双重效应：一方面使欧洲国家感到失落，另一方面促使欧洲国家的外交更趋平衡，这是对中欧关系比较有利的一面。欧洲人对于美国在中国周边采取的“遏制”和“围堵”战略心态比较复杂，一方面他们在很多方面认同美国的某些做法；另一方面他们并不希望美国独占亚洲。

有学者指出，中欧关系的发展是一个双向互动的相互影响过程，这对中国的外交技巧和智慧提出了更高要求。近年来中国社会经济的持续发展已经在欧洲引起了不小的震动，作为相对失势的一方，欧洲方面肯定会出现较大的心理落差，这同样需要我们进一步加深对欧洲的理解。就目前双方力量对比而言，欧洲的实力虽然相对有所下降，但是依然拥有强大的实力和国际地位。一旦我们的举措稍有不慎或是考虑不周，就会对欧洲国家造成刺激，引起不必要的反应。这是一种双重的反应：一方面是中国经济的持续增长使欧洲国家在经贸、金融等问题上更加依赖中国；另一方面，由于中国自身发展给欧洲国家带来了压力，其对中国的戒备心理也在同步增长。因此，中国未来对欧洲的外交方针需要进一步细化，外交决策需要进一步科学化，外交手段也需要进一步灵活多样。

图书在版编目（CIP）数据

后冷战时代欧亚国际关系的演进/上海社会科学院世界经济与政治研究院. —北京：时事出版社，2011.4

ISBN 978-7-80232-429-9

Ⅰ.①后… Ⅱ.①上… Ⅲ.①国际关系—研究—欧洲、亚洲 Ⅳ.①D85 ②D83

中国版本图书馆 CIP 数据核字（2011）第 044045 号

出版发行：时事出版社
地　　址：北京市海淀区万寿寺甲 2 号
邮　　编：100081
发行热线：(010) 88547590　88547591
读者服务部：(010) 88547595
传　　真：(010) 68418647
电子邮箱：shishichubanshe@sina.com
网　　址：www.shishishe.com
印　　刷：北京百善印刷厂

开本：787×1092　1/16　印张：22.25　字数：284 千字
2011 年 4 月第 1 版　2011 年 4 月第 1 次印刷
定价：54.00 元
（如有印装质量问题，请与本社发行部联系调换）